"十四五"职业教育国家规划教材

高等职业教育教学改革融合创新型教材·旅游类

参展商实务 （第五版）

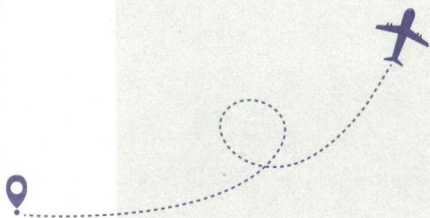

Canzhanshang
Shiwu

卢小金 主　编

胡慧敏 副主编

东北财经大学出版社　大连
Dongbei University of Finance & Economics Press

图书在版编目（CIP）数据

参展商实务/卢小金主编. —5版. —大连：东北财经大学出版社，2025.2. —（高等职业教育教学改革融合创新型教材·旅游类）.
ISBN 978-7-5654-5563-6

Ⅰ.G245

中国国家版本馆CIP数据核字第20252BS757号

东北财经大学出版社出版

（大连市黑石礁尖山街217号　邮政编码　116025）

网　　址：http://www.dufep.cn

读者信箱：dufep@dufe.edu.cn

大连图腾彩色印刷有限公司印刷　　　　　　东北财经大学出版社发行

幅面尺寸：185mm×260mm　　　　　字数：331千字　　　　　印张：16

2025年2月第5版　　　　　　　　　　　　　　　2025年2月第1次印刷

责任编辑：魏　巍　宋雪凌　赵宏洋　　　责任校对：郭海雷　吉　扬

封面设计：原　皓　　　　　　　　　　　版式设计：原　皓

定价：42.00元

富媒体智能型教材出版说明

"财经高等职业教育富媒体智能型教材开发系统工程"入选国家新闻出版广电总局新闻出版改革发展项目库，并获得文化产业专项资金支持，是"国家文化产业资金支持媒体融合重大项目"。项目以"融通""融合""共建""共享"为特色，是东北财经大学出版社积极落实国家推动传统媒体与新媒体融合发展的重要举措之一。

"财济书院"智能教学互动平台是该工程项目建设成果之一。该平台通过系统、合理的架构设计，将教学资源与教学应用集成于一体，具有教学内容多元呈现、课堂教学实时交互、测试考评个性设置、用户学情高效分析等核心功能，是高校开展信息化教学的有力支撑和应用保障。

富媒体智能型教材是该工程项目建设成果之二。该类教材是我社供给侧结构性改革探索性策划的创新型产品，是一种新形态立体化教材。富媒体智能型教材秉持严谨的教学设计思想和先进的教材设计理念，为财经职业教育教与学、课程与教材的融通奠定了基础，较好地避免了传统教学模式和单一纸质教材容易出现的"两张皮"现象，有助于教学质量的提高和教学效果的提升。

从教材资源的呈现形式来说，富媒体智能型教材实现了传统纸质教材与数字技术的融合，通过二维码建立链接，将VR、微课、视频、动画、音频、图文和试题库等富媒体资源丰富地呈现给用户；从教材内容的选取整合来说，其实现了职业教育与产业发展的融合，不仅注重专业教学内容与职业能力培养的有效对接，而且很好地解决了部分专业课程学与训、训与评的难题；从教材的教学使用过程来说，其实现了线下自主与线上互动的融合，学生可以在有网络支持的任何地方自主完成预习、巩固、复习等，教师可以在教学中灵活使用随堂点名、作业布置及批改、自测及组卷考试、成绩统计分析等平台辅助教学工具。

富媒体智能型教材设计新颖，一书一码，使用便捷。使用富媒体智能型教材的师生首先进入"财济书院"（www.idufep.com）平台完成注册，然后登录"财济书院"，输入教材封四学习卡中的激活码，建立或找到班级，进入教材对应课程，就可以开启个性化教与学之旅。

"重塑教学空间，回归教学本源！""财济书院"平台不仅仅是出版社提供教学资源和服务的平台，更是出版社为作者和广大院校创设的一个教学空间，作者和院校师生既是这个空间的使用者和消费者，也是这个空间的创造者和建设者，在这里，出版社、作者、院校共建资源，共享回报，共创未来。

最后，感谢各位作者为支持项目建设所付出的辛劳和智慧，也欢迎广大院校在教学中积极使用富媒体智能型教材和"财济书院"平台，东北财经大学出版社愿意也必将陪伴广大职业教育工作者走向更加光明而美好的职教发展新阶段。

东北财经大学出版社

参展商实务

第五版

Canzhanshang Shiwu

5TH EDITION PREFACE

第五版

前　言

本书自2010年出版以来，受到了高等院校同仁的普遍好评，在此深表感谢！本书于2014年7月入选首批"十二五"职业教育国家规划教材，2020年12月入选"十三五"职业教育国家规划教材，2023年6月入选"十四五"职业教育国家规划教材，这些荣誉既是对之前编写工作的肯定，也对本书的修订提出了更高的要求。

参加商品交易会意味着企业将直接面对成千上万观展商的检阅，企业的产品、展台设计、现场服务等都将迎接客户挑剔的目光，参展商在展会上的表现是企业整体形象的一个缩影。对每一位参展商而言，熟练掌握和运用参展知识对提高参展效果具有事半功倍的作用。

党的二十大报告提出："实施科教兴国战略，强化现代化建设人才支撑。"为了更加适应时代发展的需要，培养高质量的会展人才，为党育人、为国育才，本书在第四版的基础上进行了修订。本次修订主要做出以下更新：

1.更新思政内容，积极落实立德树人根本任务

本书以习近平新时代中国特色社会主义思想和党的二十大精神为指引，积极落实立德树人根本任务，通过更新"素养目标"，增设"价值引领"栏目，融入"文化传承""高质量发展""合作共赢""文化自信""绿色发展""科技兴贸""民族自信"等思政元素，引导学生树立正确的世界观、人生观和价值观，培养具备良好职业道德和社会责任感的会展人才。

2.更新案例内容，及时融入会展行业的新成果、新经验、新规范

随着大数据、人工智能等技术的广泛应用，会展业的数字化、智能化趋势日益明显，这要求参展商及专业买家必须采取相关措施，以应对会展业的新发展。为了使本书更加符合时代发展的需要，更好地服务于会展人才的培养，我们对各章的"引例"

"会展案例""会展链接""知识应用"栏目进行了更新或完善。这些案例内容不仅涵盖了会展业的新动态，而且融入了会展业的国际视野和前沿理念，展示了会展业的成功案例和先进经验，旨在帮助学生更好地理解和掌握会展知识，同时更好地将理论与实践相结合，提升解决会展实际问题的能力。

3.更新附录内容，完善对我国著名展览会的介绍

本次修订，我们在"附录1　中外著名展览会集锦"中增加了对上海国际汽车工业展览会、中国国际进口博览会的介绍。其中，上海国际汽车工业展览会是中国最早的专业国际汽车展览会，也是中国第一个获得国际展览业协会（UFI）认证的汽车展。中国国际进口博览会由习近平总书记亲自谋划、亲自提出、亲自部署、亲自推动，是世界上第一个以进口为主题的国家级展会，它的举办是中国着眼于推动新一轮高水平对外开放做出的一项重大决策。将这两个具有代表性的展会列入附录，能够使学生更全面地了解我国的展览会。

4.更新配套数字资源，创新教材呈现方式

本书充分利用现代信息技术，配套丰富的数字资源，并以二维码的形式呈现。其中，"行业广角"以文字和视频的形式介绍了参展成功案例及经验，"在线测评"以即测即评的形式检测学生的学习效果。

本书由桂林旅游学院卢小金任主编，胡慧敏任副主编。

受编者能力所限，本书可能存在疏漏或不足之处，我们殷切地希望各位专家和行业人士对本书提出宝贵的修改意见，使本书的编写内容臻于完善，从而更加适应高等职业教育发展的需要。

编　者

2025 年 1 月

Contents

目 录

目 录

Contents

数字资源目录

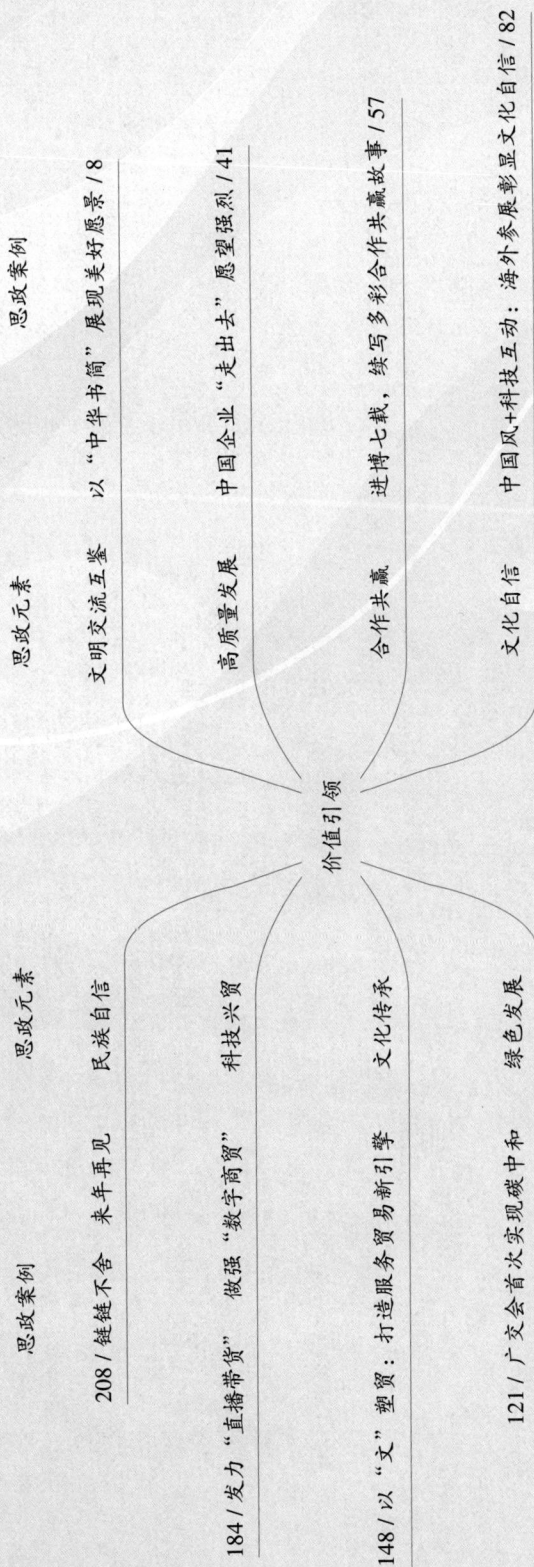

思政导图

第 1 章
展览会概述

第 1 章

学习目标

知识目标

- 掌握展览会的基本特性。
- 认识展览会的经济功能。
- 熟知展览会的相关知识。

技能目标

- 能够对展览会的经济功能进行分析。
- 能够对展览会办展机构的职能进行分析。

素养目标

- 热爱会展专业，树立守正创新意识。
- 坚定中国特色社会主义道路自信、理论自信、制度自信、文化自信。

知识导图

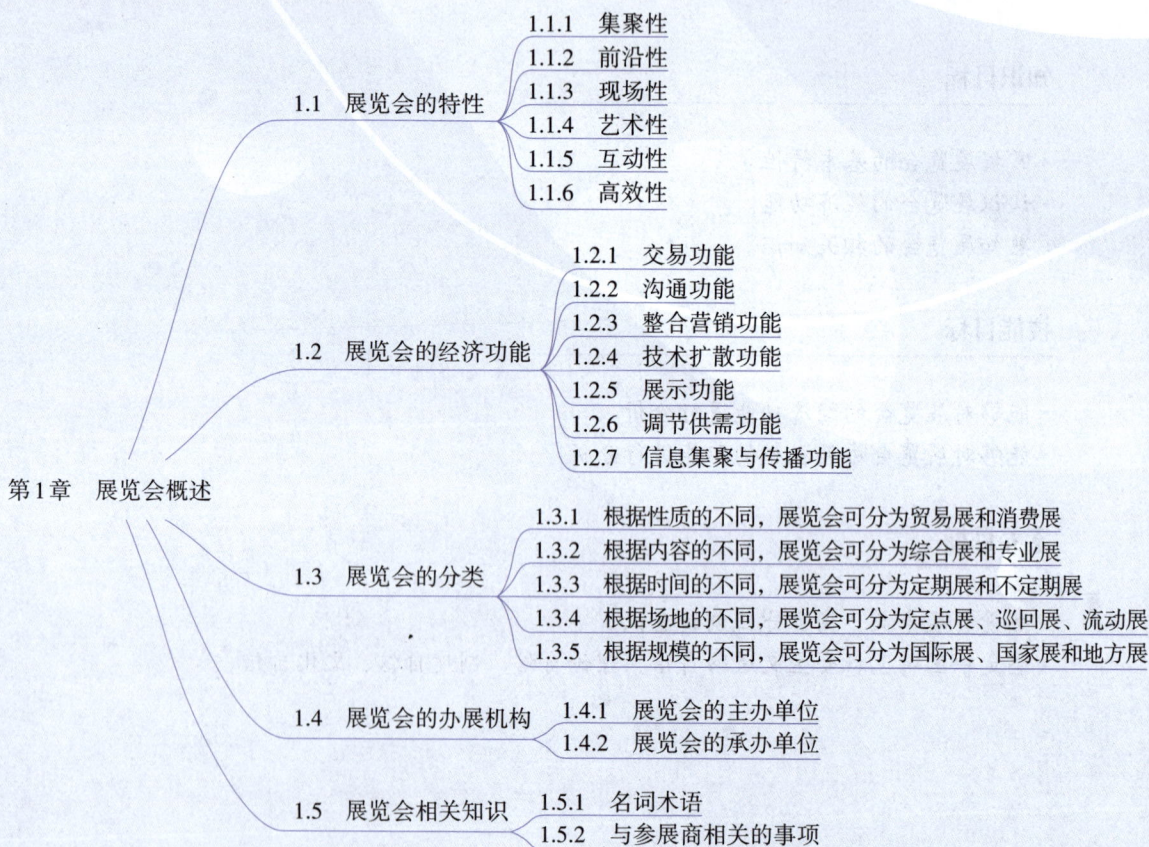

第1章　展览会概述

1.1　展览会的特性
- 1.1.1　集聚性
- 1.1.2　前沿性
- 1.1.3　现场性
- 1.1.4　艺术性
- 1.1.5　互动性
- 1.1.6　高效性

1.2　展览会的经济功能
- 1.2.1　交易功能
- 1.2.2　沟通功能
- 1.2.3　整合营销功能
- 1.2.4　技术扩散功能
- 1.2.5　展示功能
- 1.2.6　调节供需功能
- 1.2.7　信息集聚与传播功能

1.3　展览会的分类
- 1.3.1　根据性质的不同，展览会可分为贸易展和消费展
- 1.3.2　根据内容的不同，展览会可分为综合展和专业展
- 1.3.3　根据时间的不同，展览会可分为定期展和不定期展
- 1.3.4　根据场地的不同，展览会可分为定点展、巡回展、流动展
- 1.3.5　根据规模的不同，展览会可分为国际展、国家展和地方展

1.4　展览会的办展机构
- 1.4.1　展览会的主办单位
- 1.4.2　展览会的承办单位

1.5　展览会相关知识
- 1.5.1　名词术语
- 1.5.2　与参展商相关的事项

| 引例 | 第136届中国进出口商品交易会圆满落幕 |

第136届中国进出口商品交易会（简称第136届广交会）线下展览于2024年11月4日圆满闭幕。第136届广交会以"服务高质量发展、推进高水平开放"为主题，大力提升组展质量，三个展期分别聚焦"先进制造""品质家居""美好生活"题材，广纳新质生产力，展出大量智能化、绿色化、品牌化产品，备受全球采购商的赞誉。

党的十八大以来，习近平总书记始终心系广交会，两次致贺信，充分肯定广交会的重要作用，并为办好新时代广交会指明方向。作为中国重要的贸易促进平台，广交会直接联通国内国际两个市场，是国内国际双循环的重要节点，在构建新发展格局中发挥着独特作用。在全面建设社会主义现代化国家、全面推进中华民族伟大复兴的新征程上，广交会将全面贯彻落实党的二十大精神，深入贯彻落实习近平总书记重要贺信精神，认真落实党中央、国务院决策部署和商务部、广东省人民政府工作要求，创新机制，丰富业态，拓展功能，更好服务国家战略、服务高水平对外开放、服务外贸创新发展，为加快建设贸易强国、推动共建"一带一路"高质量发展、维护多元稳定的国际经济格局和经贸关系、构建人类命运共同体做出新的更大贡献。

第136届广交会线下展进出口参展企业超过3万家，到会境外采购商人数首次突破25万大关，出口意向成交额高达249.5亿美元，再次在中国对外贸易史上留下了浓墨重彩的一笔。

第136届广交会主要呈现以下特点：

*创新产品广受青睐。*本届广交会集中展示新质生产力发展成果，创新产品层出不穷，科技含量、品牌价值不断提升。现场展出新品115万件、绿色产品104万件、自主知识产权产品111万件。数字化、智能化、绿色化产品亮点突出，受到境外采购商青睐。举办435场新品发布活动，吸引约3 500名采购商线下参与。广交会设计创新奖（CF奖）共评选出120家企业的147件获奖产品，获奖产品展示厅吸引超3万人次到访。

*进口展企业收获颇丰。*本届广交会共有来自49个国家和地区的730家企业参加进口展，其中，"一带一路"共建国家企业占比65.5%、《区域全面经济伙伴关系协定》（RCEP）成员企业占比33%。众多国际知名企业集中展示智能制造和优质家居消费类产品，吸引了境内外采购商关注。

*线上平台运行平稳。*本届广交会参展企业累计在广交会官网上传展品约375万件，吸引来自全球224个国家和地区的45万名境外采购商线上参会。参展企业店铺累计访问量342万次，其中出口展店铺累计访问量339万次。企业累计连线展示986场次，共有3.2万人次观看。首次推出的广交会App吸引约8.7万人下载使用。

*配套活动成效显著。*本届广交会成功举办了860多场贸促系列活动，创历史纪录。举办348场"贸易之桥"系列活动，其中334场供采对接活动吸引了763家采购商和1 747家供应商"一对一"对接洽谈，意向采购金额累计超过8.5亿美元。举办55场专业会议活动，其中19场行业论坛吸引约2 500名观众参与。首次发布《中国品牌出海发展报告》等10份前沿性、趋势性主题报告。

　　贸易服务专业高效。本届广交会贸易服务区引进229家企业参展，线上线下提供金融保险、物流仓储、检测认证等全链条贸易服务。优化跨境电商展示区，组织7个跨境电商平台、34家配套服务商和6个跨境电子商务综合试验区参展，助力拓展贸易新业态。广交会产品设计与贸易促进中心（PDC）共吸引来自12个国家和地区的113家设计公司参加，较上届增长9.7%，共接待客户超1.1万人次，达成约1 400宗设计服务意向合作。

　　知识产权保护作用彰显。本届广交会继续高标准做好知识产权保护和贸易纠纷处理工作，营造良好的交易秩序，护航企业创新发展。线上线下受理知识产权投诉案件涉及被投诉企业共455家，最终认定206家企业构成涉嫌侵权；受理、调解贸易纠纷20宗，达成和解12宗。为参展企业出具展出证明7份。

　　第136届广交会线下展已圆满闭幕，但各国企业之间的广交精彩仍未落幕。广交会线上平台将继续常态化运行，持续为海内外展客商提供贸易服务。期待第137届广交会盛大开幕，续写全球展客商互利互惠的广交故事。

　　资料来源　崔征. 第136届广交会圆满落幕！到会境外采购商数量创历史新高［EB/OL］.［2024-11-04］. https://xapp.southcn.com/node_7ad55ad72d/4924bca827.shtml.

　　引例点评：广交会在为贸易伙伴带来更加广阔的市场机遇、推动全球贸易共同发展的同时，也向世界展示了这一全球贸易盛会的强大生命力，彰显了中国坚定不移扩大对外开放的信心和决心。展览会作为经济助推器的作用得到了社会的高度认同，政府部门为了发展经济给予大力支持，各企业为了拓展市场踊跃参展。事实证明，选择好的展览会参展是企业市场营销的最有效手段之一。

　　展览就是在固定的场所、特定的时间和期限内进行陈列、展示，以供来人观看。展览会是众多的参展组织或个人以促成交易为目的，将展品实物或样品、模型、图片等摆放在展览场馆进行展示、宣传，吸引观众前来观看或购买的一种社会活动。每个展览会又可看成一个展览会项目，其名称可以是展览会，也可以是展销会、展示会、交易会、洽谈会、博览会等。

　　展览业的诞生和发展与世界经济的发展密切相关。在古代农耕社会，人们往往在庆贺丰收、举行宗教仪式、欢度佳节的日子里展开交易活动，后来逐渐发展成为定期的、有固定场所的、以物品交换为目的的大型贸易及展示的集会。公元5世纪，波斯（今伊朗）举办了第一个超越集市功能的展览会。当时的波斯国王通过陈列财物来炫耀本国的财力和物力，以威慑邻国。欧洲文艺复兴时期，在通往罗马的旅途上，人们最喜爱的停留之处就是陈列着各种出版物的法兰克福书展，以及一个很大的商品博览会。18世纪，随着新技术和新产品的不断出现，人们逐渐开始举办与集市相似，但只展不卖，以宣传、展示新产品为目的的展览会。1791年，捷克在首都布拉格首次举办了这样的展览会。

　　18世纪60年代发生的以蒸汽机的发明和应用为代表的第一次工业革命和19世纪60年代后期发生的以电力的发明和广泛应用为代表的第二次工业革命推动了世界经

济的快速发展，展览会的规模也逐步扩大，参展的地域范围从一地扩大到全国，由国内延伸到国外，直至发展成为由许多国家参与的世界性博览会。首届世界博览会（当时又称万国工业博览会）于1851年在英国伦敦举行，这标志着旧贸易集市开始向标准的国际展览会与博览会过渡。在这次世界博览会上，有约630万人进行了参观，来自世界各地（包括中国）的展览品约14 000件。

1894年，莱比锡举办了第一届国际工业样品博览会。这届博览会不仅规模空前，吸引了大批来自各地的展览者和观众，更重要的是配合资本主义生产方式和市场扩张的需要，对展览方式和宣传手段等进行了改革和创新，如按国别和专业划分展台，以贸易为主，以方便商人看样订货。这种方式引起了展览界的重视，欧洲各地的展览会纷纷效仿。展览业从此翻开了崭新的一页，国际展览业对经济的全球化产生了强大的推动力。

19世纪末至第一次世界大战前，展览会成为发达国家争夺世界市场的场所，为世界经济的复苏注入了勃勃生机。第二次世界大战结束不久，一批因战争停办的展览会重焕生机。著名的米兰博览会、莱比锡博览会、巴黎博览会被誉为连接各国贸易的三大桥梁。值得一提的是，莱比锡博览会在冷战期间为沟通东西方贸易起到了重要的作用，又被誉为"通往东欧国际贸易市场的门槛"。由于展览业对社会经济的推动作用巨大，因此有人将其誉为"世界经济发展的加速器和助推器"。

展览会是一种流通渠道，它与批发、零售等流通媒介的功能大体相同，我们甚至可以将展览会看成一个巨型的商场。对参展商来说，展览会的作用就是宣传企业的产品，树立企业的市场形象，寻找潜在的目标客户，拓展企业的销售渠道，同时了解企业所在产业同类产品技术发展的最新动向，客观认识企业在行业中所处的地位，为企业制定发展战略提供依据。

1.1　展览会的特性

如今，越来越多的企业把参与大型商业展览作为商品促销或采购的重要手段。展览会不仅具有一般营销沟通工具的共性，如广告、促销、公共关系等，而且具有自身显著的特性：展示参展商的品牌和形象；是生产商、批发商、分销商进行贸易沟通、收集信息的场所；帮助参展商、客商准确把握行业发展趋势，制定符合实际的生产或经营战略、策略和计划；是低成本的营销中介体，成本优势突出。

组织良好的大型商业展览，常会给与会者带来意外的惊喜，这正是会展业历经百年历史仍旧不断发展、蓬勃兴旺的原因。随着科学技术的不断进步，展览会的时代特征日益明显。现代展览会一般具有六大特性，即集聚性、前沿性、现场性、艺术性、互动性和高效性。

1.1.1　集聚性

展览是人、信息、产品在时间与空间上的集聚，同时展览业的发展是为了适应经济发展的需要，因此展览会的地点也呈现集聚性。

1）人员集聚

在展览会期间，许多企业都满怀希望前来参展，参展人员与观展人员共聚一堂，平常难得见面甚至可能没有机会见面的人，为了各自的或共同的利益和需要，聚在一起，共寻商机。

2）信息集聚

由于专业买家和产品的高度集中，参展企业能够迅速获得诸如产品、价格、市场以及产业发展等方面的信息，这是展览会区别于市场和大卖场的显著特点之一。来自世界各地的观展人员能够将参展企业的信息迅速扩散出去，这为参展企业提供了广阔的贸易空间，创造了更多的贸易机会。因此，大型展览会是收集商业信息和寻求商机的最佳场所。

3）产品集聚

产品展示是展览会的主要功能之一。在展览会上，众多参展企业将自己的产品进行集中展示，以期获得市场的认可，找到合适的买家。现代专业展览会更是同类企业的同类产品集中展示的场所，能够吸引众多专业观众前来参观，从而使展览会的集聚性、竞争性和辐射性更为突出。买卖双方的高度集中，必然会给企业带来规模化效应。

4）地点集群

世界上的展览会名城和展览会城市圈，多处于经济发达地区。我国经济的持续快速发展，使得三大城市圈发展成为三大展览会城市群，即以上海为中心的长三角地区，以北京为中心的环渤海地区，以广州为中心的珠三角地区。

1.1.2　前沿性

在展览会上，参展企业一般会把最新的产品和技术拿来展示。新材料、新技术的大量运用，使得现代展览会极富科技性、时尚性和前瞻性。

1）科技性

参展商品是否受买家青睐，主要看原材料和生产工艺科技含量的高低。同时，一个展览会是否成功，又在很大程度上取决于行业内领军企业的出席率，以及行业内新技术、新信息展示和发布的多寡。在信息技术、汽车、航空等领域，产品更新换代频繁，这类展览会的科技性表现得更为突出。此外，越来越多的大型国际展览充分运用现代信息技术，本身科技水平就很高，尤其是电子识别系统、网上登记系统、声光电技术等，已被广泛采用。

2）时尚性

展览会具有展示时尚、引领时尚的功能，是引领世界潮流的新产品"横空出世"的最佳舞台。许多重大发明创造，如蒸汽机、电动机、海底电缆、飞机、汽车、可视电话、全球卫星定位系统等，都是从大型展览会走进人们生活的。在展览会上，新颖、时尚、前沿的产品得以充分展示，业内最新的技术得以广泛传播，人们求新、求异的心理需要得到满足，这些都是展览会服务的核心功能。

3）前瞻性

展览会上常常会展出一些新鲜出炉的概念产品，有的甚至是"夹生产品"或图示模型产品。这是因为展览会上展示的新产品，并不纯粹是为了寻求买家，还有相当一部分是来"试水"的，即通过专业人员的"百般挑剔"，使自己的产品得到改进。其实，这也是绝大多数展览会只对专业观众开放，或规定前3天只对专业观众开放的重要原因之一。专业会议与展览同时进行，且会议的分量不断加重，是现代展览会的一个突出特点。在与展览同时举行的会议上，前瞻性表现得更为充分。年会、论坛的听众一般会提前得到相关的文字和图片资料，甚至可以看到仅仅处于"萌芽"状态的新技术和新产品，在聆听多位业内权威人士的高水平学术报告后，还有机会与演讲者直接交流。

行业广角1-2

展会场景创新引领产业新生态，让未来触手可及

▶ 会展案例1-1

红旗品牌发布两款新能源重磅产品

第二十届上海国际汽车工业展览会（简称第二十上海车展）于2023年4月18日在国家会展中心（上海）盛大启幕。作为全球唯一涵盖整车、汽车供应链和汽车科技企业的国际A级车展，上海车展已成为世界汽车品牌展示创新发展成果的舞台。

第二十届上海车展以"拥抱汽车行业新时代"为主题，深度探寻汽车产业低碳转型实施路径，聚焦呈现打造优化产业链、供应链布局的发展成果，共吸引了千余家企业参展，百余款新车在此进行全球首发。

本届车展上，红旗品牌的参展规模明显扩大，展出面积达3 000平方米，集典雅与科技于一体，展台的每个分区都呈现出独特的魅力，为用户呈现了一场汽车艺术的巅峰盛宴。在新能源领域，红旗品牌带来了"旗帜"高端电动智能超级架构（FMEs）下的两大技术平台——电动平台（HME）和智能平台（HIS）；同时，红旗品牌的新能源车型红旗E001和红旗E202也与公众首次见面，携手为用户带去前沿科技与美妙出行的至臻感受。

红旗E001是面向新高尚先锋用户的一款豪华智能纯电轿车，也是红旗新能源FMEs下的首款全新产品，从新锐造型、卓越性能、智能科技三个方面为用户带来全方位的极致驾乘体验。

红旗E202是一款采用红旗新能源最新设计理念、搭载一系列前沿科技装备的纯电SUV，专门为新高尚家庭用户打造，兼顾用户休闲舒享与城市越野体验。

车展期间，红旗品牌共接待观众近20万人次，日平均接待观众超1.6万人次，连续5天接待观众超2万人次。这些数字不仅展现了红旗品牌强大的影响力和实力，而且说明红旗品牌在市场上受到了越来越多消费者的认可和喜爱。

资料来源 林宏. 红旗品牌发布两款新能源重磅产品［EB/OL］.［2023-04-18］. https://www.faw.com.cn/zt_fawcn/desjshgjqcgyzlh/5625018/5627691/index.html.

案例点评：将新产品在展览会上进行展示宣传，是新产品进入市场最便捷、最有效的渠道。

1.1.3　现场性

在展览会上，参展商将展品实物摆放在展台上，并进行现场解说和演示，观众则可以深入观察和了解展品，甚至可以触摸展品，亲身体验展品的各种性能。展览会给参展商与观众（企业客户）提供了面对面交流的机会，双方在获得语言信息的同时，还可以从对方的神态和微妙的肢体语言中，获取对方真实的信息。因此，展览会的现场性是其他营销方式很难具备的。这也是线上展览发展至今仍然只能作为实物展的补充，而不能对实物展形成强烈冲击的根本原因。

1.1.4　艺术性

展览是非常强调创意的。现代展览会十分重视对美的追求，一个成功的展览会，必然会给与会者以美的享受。展场的整体布置必须主题突出，风格统一，体现艺术性。众多参展企业争奇斗艳，将展场装扮成展示企业形象的"大花园"。参展企业要想"一枝独秀"，展台布置必须讲究，因为展台的视觉冲击力被称为"5秒钟的视觉形象"，展台布置精美，就能让观众驻足观看。在今天，一个精致展台的设计和搭建费用远远超过展位租金已不足为奇。为了给观众留下深刻的印象，有实力的企业仍然愿意为赢得"刹那的光辉"而"一掷千金"。

价值引领1-1　　　　　　　　　以"中华书简"展现美好愿景

随着2025年日本大阪世博会的临近，中国馆项目的建设进展备受瞩目。该项目主体钢结构重约1 116吨，所有构件全部在国内完成生产、预组装、预搭建，运输到大阪世博园区进行安装。

"中国馆的建设，可以说是中国建筑领域新质生产力应用的一次集中体现，充分展示了我国多项走在世界前列的建筑理念和技术，如采用可逆化的装配设计方式，用通俗的话来形容就是'乾坤大挪移'。"中国国际贸易促进委员会新闻发言人赵萍说。

大阪世博会中国馆的主题为"共同构建人与自然生命共同体——绿色发展的未来社会"，旨在通过文化展示和交流活动，进一步推动中国与世界各国的人文交流、民间友好和民心相通。这一主题的选定，不仅体现了中国对全球环境治理和可持续发展的高度重视，而且展示了中国同世界各国共同构建人类命运共同体、为子孙后代留下清洁美丽世界的美好愿景和不懈努力。

大阪世博会中国馆位于大阪世博园国际展区A7地块，占地面积约3 500平方米。该建筑以独特的"中华书简"设计理念和深刻的绿色发展内涵，向世界展示了中国文化的博大精深和人与自然和谐共生的美好愿景。

中国馆的建筑外观设计方案由中国建筑设计研究院设计完成，其外观设计灵感取自中国传统的书简长卷，融合竹子、汉字、书卷三个主要元素，通过竹黄色的外立面和绵延展开的形态，让观众一眼就能感受到强烈的中国元素和浓郁的文化气息。这一设计不仅展示了"道法自然、天人合一"的中华文明精神标志和文化精髓，也诠释了新时代中国坚定不移走绿色发展道路的核心理念。

未来，当参观者走进展馆，书简长卷的主题立意将得以延续，并与现代展览建筑有机结合；层层递进的展示空间犹如文明演进，使观众在参观过程中深刻感受到中国文化的源远流长和博大精深。同时，封闭的无柱展厅与自然采光空间巧妙结合、虚实相生，既便于布展，又在参观过程中营造了人与自然互动的美妙感受，呼应了人与自然和谐共生的主题。

资料来源 张伟伦. 以"中华书简"展现美好愿景 [N]. 中国贸易报，2024-10-24（A7）.

思政元素：构建人类命运共同体 文明交流互鉴

学有所悟：党的二十大报告指出："深化文明交流互鉴，推动中华文化更好走向世界。"2025年日本大阪世博会中国馆的建设和展示，不仅是中国文化走向世界的重要窗口，而且是中国与世界各国开展人文交流、增进相互理解的重要平台。通过这一平台，中国将向世界展示自己在绿色发展、文化传承和创新方面的成就和理念。

1.1.5 互动性

互动性强是现代商展的一个显著特点，其表现是多方面的。

1）买卖双方的互动

展览会具有强大的促销功能。为参展商提供免费参观券以增加专业观众数量的做法，已经被各种展览会普遍采用。在展览会现场，买方可以表明自己的需求，并得到最直接、最确定的回答；卖方可以推介产品的性能、价格优势，并得到回应。通过相互交流，买卖双方能够加深了解，各自的需求也能够得到满足。

2）同行之间的互动

"同台竞技"加深了同行之间的了解。通过参加展览会，参展企业可以清楚对手在做什么，了解自己在行业中所处的地位。最重要的是，通过与同类企业在生产技术、产品性能、营销策略等方面进行比较，参展企业可以明确今后的发展方向。

3）组织者与参与者之间的互动

展览会使组织者与参展商、组织者与专业观众之间建立了长期联系，大家互相信任、互相支持，实现了共赢。在这方面，连续性越好的展览会，组织者与参与者之间的互动就越充分。对于那些连续办了几十届的品牌展览会来说，组织者与参与者大多成了知根知底的老朋友。每逢开展时节，展场就成了老朋友聚会的场所。

▶ **会展案例1-2**

2024天津国际车展：向新·向上，共赴汽车盛宴

2024中国（天津）国际汽车展览会（简称2024天津国际车展）于9月29日至10月5日在国家会展中心（天津）盛大开幕。本届车展以"向新·向上"为主题，聚集

了国内外众多汽车品牌与前沿科技，为观众带来了一场集观展、体验、互动于一体的全方位汽车文化之旅。

2024天津国际车展总展出面积达20万平方米，横跨12个展馆及室外展场，共展出车辆950台，其中新能源车辆410台。宝马、梅赛德斯-奔驰、北京现代、捷尼赛思、一汽红旗、理想、小米、比亚迪等各大汽车品牌纷纷亮出自家明星车型，从豪华轿车到新能源先锋，从经典车型到未来概念车，应有尽有。

在比亚迪智能化街区，比亚迪随机邀请观众参与仰望U8的"应急浮水"试驾，感受智能驾驶技术的无限魅力。对于改装车爱好者来说，15家改装品牌、200台精品改装车齐聚一堂，整体规模达12 500平方米，为观众带来了沉浸式的玩车文化体验。从个性改装展示到汽车音响展示，再到越野改装车展示、房车露营生活展示，每一项活动都让人眼前一亮，充分展现了汽车改装的无限可能。

为了拉近汽车与年轻消费者的距离并赋能产业升级，2024天津国际车展联手知名IP核桃小鸭，设置了多种以核桃小鸭为主题的系列趣味互动体验活动。鸭趣城堡、快跑鸭卡丁车大冒险等互动项目，吸引了多年龄段观众参与互动。同时，"石头剪刀布"赢新能源汽车活动也再度登场，在为期七天的展会中，每天都会送出一台新能源汽车，为观众带来了超值惊喜。此外，2024天津国际车展还特别设置了多元化舞台表演，如木偶音乐剧《狮王荣耀》与《爱丽丝奇幻之旅》，为观众呈现了一场视觉盛宴。

资料来源　佚名. 2024天津国际车展：向新·向上，共赴汽车盛宴［EB/OL］.［2024-09-29］. https://www.sohu.com/a/812682608_120373643.

案例点评：在展览会上，生动有趣的互动体验是赢得客户的一种有效手段。参展企业可以通过巧妙设计互动环节活跃会场气氛，吸引目标客户。

1.1.6　高效性

展览会的集聚性、前沿性、现场性、艺术性、互动性形成的合力，成就了展览会的高效性。一旦参加了一个好的展览会，企业就有可能在最短的时间里，获取最多的商业信息，做成最大的买卖。就产品促销而言，成功的展览会有时就像一个大型订货会，大公司的大笔订单，多数是在展览会上获得的。创办于1957年的广交会每年举办两届，展位仍异常紧缺，就是一个极好的例证。因为只要拿到了广交会的展位，就意味着有可能获得外商的大笔订单。到目前为止，还没有哪一种商业形式，能在总体上比展览会更具高效性。

▶ **会展案例1-3**

第21届东博会和峰会闭幕　集中签约项目109个

2024年9月28日下午，第21届中国-东盟博览会（简称第21届东博会）、中国-东盟商务与投资峰会圆满闭幕。第21届东博会集中签约项目109个，其中投资

5亿元以上项目93个，制造业项目占69%，各方参展参会热情高涨。

东博会秘书处秘书长韦朝晖介绍，第21届东博会南宁主展区参展企业2 004家，东盟和区域外展览面积占比30.4%。其中，东盟企业740家，占比36.9%，印度尼西亚、马来西亚等6国包馆，东盟国家展览规模在国内所有国际性展会中继续保持最高。截至28日14时，累计进馆人数超过22万人次。桂林分展区展位总数1 093个，参展企业1 296家。

韦朝晖介绍，第21届东博会新设数字技术展区，全面展示AI（人工智能）大模型、虚拟现实、智能终端、裸眼3D等新技术、新产品、新场景，1/3展品是国内首次展出，低空经济管理系统、道路运输车辆风险管理平台等多项数字创新成果发布，"网红"仿生机器人、智航载人飞碟飞行器、可交互空中成像机等一批充满科技感和互动趣味的展品成为第21届东博会打卡新热点。

据介绍，第21届东博会集中签约项目主要涉及化工新材料、新能源及储能、有色金属、机械装备等重点产业和低碳高分子材料、高端半导体化学材料等新兴产业，一批"中国智造"加速走向越南、马来西亚、老挝等东盟国家，惠及东盟民众。

资料来源 黄浩铭. 第21届东博会和峰会闭幕 集中签约项目109个［EB/OL］.［2024-09-28］. http://gx.news.cn/20240929/ea63d04972884babb05e97c1802c2ec7/c.html.

案例点评：知名度高的国际展览会能够获得国际社会乃至官方机构的高度认可，可以集聚大量优质的商家和专业观众，因此能为企业带来较高的签约成功率，也为企业的转型升级和高质量发展提供了机遇。

会展链接1-1 ◀

展览会的五大价值

参展商对展览会的价值认知集中体现在信息传播价值、第三方认证价值、体验价值、理念价值、精神领袖价值五个方面。

所谓信息传播价值，是指展览会具有快速反馈市场信息并高效传播的特点。一个知名展览会实际上就是一次行业年会，从行业协会到产业链的各个环节均被聚集在一个时空里，是行业海量信息汇集的尖峰时刻。我们不难发现，世界一流品牌展览会的一个主要标志，就是能够聚集行业最有影响力的媒体参与，都有市场政策发布会和市场宏观走势分析专题论坛，50%以上的企业会通过展览会把最新的产品信息发布给目标消费群体。因此，信息传播是展览会最基本的价值，任何参展商都知道这个道理。

第三方认证价值表现为展览会实际上是一个公平买卖的市场，是供企业进行商业交易的特定场所，展览会所处的地位就是一个中立的第三方，其对展览产品的认证相当于第三方认证，具有一定的客观权威性。例如，许多产品因在1915年巴拿马太平洋万国博览会上获奖，从此名声大噪。因此，产品在展览会上获奖也是企业参展的主要目的之一。

体验价值主要表现在展览会聚集人气的功能上。由于展览会具有直接参与性和体

行业广角1-3

1915年巴拿马太平洋万国博览会盛况

验性，因此一次参展常常成为一次难忘的体验。展览会作为一个行业盛会，可以在短短3~5天内将众多业内人士聚集到一个展览场馆中，大家平等交流，联络老客户，结识新客户，发现潜在客户，了解竞争对手，观摩新产品，所有活动均以与他人进行平等沟通为纽带。这样的体验价值具有唯一性、时效性和前瞻性，是展览会作为市场营销工具区别于其他市场营销方式最重要的特征之一。

那么，展览会的第四个价值——理念价值是什么呢？这是许多参展商较难理解的一种价值。其实，机电领域的知名品牌展览会都在倡导、传播一种消费理念，而这种理念能够左右消费行为，在消费市场上可能引爆流行，在生产资料市场上可能引起生产方式的变革，因为消费理念是一种巨大的消费动力。例如，汉诺威工业博览会能够给参观者带来强烈的体验，使参观者的内心形成一种"极化"或"磁化"作用，进而固化为参观者的一种"观念"。只要企业参加了这个展览会，就足以说明企业能够紧跟着消费市场的步伐，有能力在本行业与竞争对手"逐鹿中原"。

展览会的最后一个价值是精神领袖价值，成熟的参展商善于运用展览会的这个价值去影响自己的消费群体，并与竞争对手进行较量，因为展览会的最高境界是成为一个消费者群体的"精神领袖"。一个达到"精神领袖"境界的展览会有一套清晰的价值观念，是某种生活方式的鉴定者和护卫者，能够为广大参展商"制造"一个通用型的价值观念或者价值信仰平台，从而带来巨大的商业效果。例如，法兰克福照明展被称为"世界照明行业的麦加"，是了解世界照明行业最新潮流动向和最先进的科学技术的平台，成熟的参展商为能够参加这样的展览会而感到自豪和骄傲，这不仅是企业实力的佐证，最关键的是这样的展览会令成熟的参展商有了一种精神上的归属感。

资料来源　袁帅. 正确认识展览会的五大价值［EB/OL］.［2015-02-02］. https://www.jiemian.com/article/231872.html.

1.2　展览会的经济功能

展览会具有强大的经济功能，包括交易功能、沟通功能、整合营销功能、技术扩散功能、展示功能、调节供需功能、信息集聚与传播功能等。

1.2.1　交易功能

贸易成交一般包括若干环节：生产厂家向客户宣传产品→客户产生兴趣并询问了解→客户产生购买意向→厂家与客户洽谈→成交。通常来说，实现这一过程需要较长的时间，但是在展览会上，实现这一过程所需的时间比较短。展览会使得买卖双方的贸易活动更轻松、直接、快捷、准确，消除了供求中的许多不确定因素，产生了高效低耗的经济功能，创造了经济均衡的巨大可能性。在展览会上，参展商为卖而参展，参观者为买而参观，均有备而来。参观者可以在有限的空间里了解最多的产品，而参展商可以在有限的时间内接触最多的买主，可以在潜在客户表现出兴趣时就抓住机会开展推销、洽谈工作，直至成交甚至当场回款，因此展览会具有交易功能。

1.2.2　沟通功能

展览会的沟通功能非常明显，不仅沟通量大、面广，而且沟通效果好，可以为参展商和观众提供彼此联系和交流的机会。一方面，在短短几天的展览会上，参展商可以接触到整个行业或市场的大部分客户，这比登门拜访等其他常规方式一年甚至几年所接触的客户还多；另一方面，参展商可以接触到行业主管部门领导、本领域专家、供应商、代理商等与己相关的各种角色的人，其中不乏决策人物、关键人物，形成的人际关系质量高。此外，展览会的环境氛围典雅，有利于进行高质量的交流。

会展案例1-4

2023中国国际五金展圆满落幕

2023年9月19日，全球五金行业的盛事——2023中国国际五金展（CIHS）在上海新国际博览中心拉开帷幕。CIHS在2023年强势回归，一开展就迎来了火爆的人气。本届展会的参展效果和人流量都超出了参展商及主办方的预期，很多参展商在展会期间就去预订2024年的展位，导致展位预订处被围得水泄不通，展位预订处因此成为本届展会人气最旺的场所。展后统计数据也印证了本届展会的火爆——展会共吸引68 405名行业买家到场，2 623家企业参展，展出面积120 000平方米，共计举办325场商贸对接会，来自全球的优秀企业与专业买家共同铸就了这场世界五金盛会。

展会主办方中国五金制品协会理事长张东立表示："本届展会无论是参展规模、到场观众数量、办展效果以及展商评价都超出了预期，是名副其实的强势回归。这与主办单位及其合作伙伴的努力工作，所有参展商、采购商和广大观众的积极参与是分不开的。辛苦准备3年多时间，精彩呈现了3天，不仅让大家满意，而且为明年展会的成功举办奠定了良好的基础。"

展会主办方德国科隆展览公司首席运营官奥利弗-弗雷泽（Oliver Frese）表示，"在过去的20年里，我们见证了中国五金行业的繁荣发展。随着多年的扩张和积累，CIHS已经成功发展成为在中国市场选择和访问海外买家的理想途径。我们很高兴通过我们的现场活动和服务为企业扩大其全球出口能力和分销网络提供全面支持。"

"这是我第三次参加CIHS。CIHS是一个非常重要的展会，我们可以在这里与老供应商见面，找到新的供应商和产品来拓展业务。在今年的展览中，我们看到了许多适合我们市场的新产品，我们也将在明年继续参加CIHS。"意大利伊皮埃尔公司总裁安德里亚·马奇尼先生说。

资料来源　佚名. 2023中国国际五金展圆满落幕［EB/OL］.［2023-09-26］. https://cn.hard-wareshow-china.com/press-center/390.html.

案例点评：展会吸引了行业内众多企业参加，参加者不分国界、不分语言，大家济济一堂，由陌生到相识，互相介绍和深入沟通，了解各自的需求，乃至达成共识、促成合作。因此，展会是企业与客户之间最直接、有效的沟通方式之一。

1.2.3 整合营销功能

展览会是企业展示产品、收集信息、洽谈贸易、交流技术、拓展市场的桥梁和纽带，在企业市场营销战略中的地位日益重要，展览营销已经成为很多企业的重要营销手段。

整合营销理论认为，产品、价格、渠道等要素可以被竞争者效仿或超越，品牌的价值却难以被替代，因为其与消费者的认可程度有关。整合营销的关键在于重视客户的行为反应，与客户进行良好的双向沟通，提高客户对品牌的忠诚度。展览会具有整合营销功能，企业可以利用多种营销方式，如报刊、电视、广播、网络、户外广告、实物展示等，增强客户对企业产品与品牌的认同度。因此，展览会具备营销工具的相关属性：作为广告工具，展览会可以将信息有针对性地传送给特定观众；作为促销工具，展览会可以刺激公众的消费和购买欲望；作为直销形式，展览会可以直接将展品销给观众；作为公共关系工具，展览会具有提升企业形象的功能。

1.2.4 技术扩散功能

科学技术的日新月异和飞速发展是推动经济全球化的根本动力。展览会为科研成果、技术革新、新发现与新创造在国际生产领域的应用和传播起到了不可估量的作用。在新产品、新技术层出不穷的今天，许多有利于生产发展的产品与技术都是通过展览会的宣传和介绍而被社会所接受的。

展览会促进了生产技术的交流，为高新技术的市场交易提供了条件，同时也为生产能力、生产要素的优化组合与配置提供了条件。

展览业可以促进新产品开发和实现科技成果转化。展览会使供需双方在一定的场所内充分交流信息，生产者为了避免自己的产品被淘汰，能够跟上时代潮流，会利用展览会上最新的科技成果进行科技创新，对现有产品进行二次开发，或者进行新产品开发，从而提高产品的质量和性能，促进科技成果的转化，实现科学技术的经济价值和社会价值。同时，科技成果转化可以使供需双方建立长期的经济合作关系，有利于经济社会的协调发展。

> **会展案例1-5**

创新动能澎湃 未来产业竞发——第二十六届中国北京国际科技产业博览会圆满落幕

第二十六届中国北京国际科技产业博览会（简称第二十六届北京科博会）由北京市人民政府主办，中国国际贸易促进委员会北京市分会，北京市科学技术委员会、中关村科技园区管理委员会，北京市经济和信息化局，北京市知识产权局和北京北辰实业集团有限责任公司共同承办，于2024年7月16日下午圆满落幕。

第二十六届北京科博会主题为"实施创新驱动发展战略 增强高质量发展动能"。2.2万平方米的展览云集了300余家企业机构，展出前沿科技、新兴产业和未来产业领域等千余项最新技术和科技成果。其中，特高压换流变用机械式真空有载分接开关、地震搜救机器人、ETFE（聚氟乙烯）气枕等超过300个项目首发首展。4天展期，线上线下同步开展，接待境内外观众6万余人次，线上磋商对接11 000余人次。吸引中央和各省、区、市170余家媒体探馆报道，全网媒体报道8 600余条，微博话题阅读量高达3 300万余次。

第二十六届北京科博会呈现以下四大特点：

聚焦自主创新·国际科技创新实力彰显

展览吸引30余家央企、100余家专精特新"小巨人"和独角兽企业、20余家高校院所及新型研发机构，吉林、山东、湖北、广东等18个省、区、市与计划单列市参展参会。京津冀协同发展成果展围绕"六链五群"产业协同，重点展示氢能储能、生物医药、智能网联新能源汽车和新一代信息技术等领域的协同创新成果。北京"三城一区"重点展示"汇童7"具身智能人形机器人、全球首台小动物五模态分子成像设备、PHA（聚羟基脂肪酸酯）新材料。区域创新合作展区重点展示粤港澳大湾区电化学储能系统相变器件热管理技术、成渝地区全球首创的3.0 T四肢关节磁共振成像系统等一批重大创新成果。

聚焦开放共赢·国际科技创新要素集聚

17个国家和地区的70余家外资企业和机构参展，41家世界500强外资企业精彩亮相。首次设立东盟展区，新加坡、印度尼西亚、马来西亚、泰国、越南五国共23家企业和机构组团参展，来自新加坡的深度扫描系统在中国首展，来自马来西亚的微生物蛋白技术备受专业观众青睐。赛诺菲、NEC（日本电气股份有限公司）等跨国企业展示多款全球首个、中国首个突破性药物和免疫预防产品，以及零售视觉分析大模型等新技术新应用。

聚焦重点领域·前沿科技产业竞展

在第二十六届北京科博会上，前沿科技创新产品和技术随处可见，引领了产业发展风向。人工智能让机器人"如虎添翼"，高速度、高精度、高稳定性、高可靠性的机械手臂获得观众高度关注；Diana 7七轴通用机器人获得2023年北京市首台（套）重大技术装备认定。数字经济点燃高质量发展新引擎，汇丰银行展出总额达30亿美元的新经济信贷基金；华光影像自主研发的8K广播级摄像机可以有效提升节目制作及播出质量。材料界"尖子生"争奇斗艳，纳米薄膜给手机、电池、助听器等多种设备穿上"防护服"；蒙烯玻纤织物帮助风力发电机快速化冰。科技塑造未来健康新场景，AI辅助诊疗设备能够快速根据情绪波动检测抑郁风险；阿斯利康乳腺健康创新园入驻企业展示的乳房病灶旋切式活检设备备受瞩目。

聚焦务实合作·贸易投资促进活跃

第二十六届北京科博会共举办32场贸易投资促进活动，现场签订合作协议41项。组织"中国-东盟科技产业投资贸易洽商会""'未来产业'系列推介发布活动""北京医药健康、新能源产业招商推介交流会"等活动，助力企业精准对接。同期同地举办2024北京国际投资贸易洽谈会，组织"北京-沙特经贸洽谈会""北京-沙特先进制造业洽谈会"" '首善金融 助企出海'专场交流会""和合之美——北京国际商事调解高质量对话会"等活动,一站式满足中外企业找投资、找政策、找企业的需求。组织东盟国家科技类企业探访未来科学城、中关村壹号等科技园区,促进科技领域对话合作。

资料来源 中国国际贸易促进委员会北京市分会. 创新动能澎湃 未来产业竞发——第二十六届中国北京国际科技产业博览会圆满落幕 [EB/OL]. [2024-07-17]. https://www.bjnews.com.cn/detail/172114294119673.html.

案例点评:每一个重量级的、关键技术的成功突破,都将带动一个产业,乃至一个产业集群的发展,都将重塑产业链、供应链、价值链,带动产业升级和经济的发展。北京科博会突出科技产业交流合作和国际贸易投资促进两大功能,进一步促进了创新链、产业链、资金链、人才链高效聚合,为北京推进国际科技创新中心建设、营造具有全球竞争力的开放创新生态注入了新动能。北京科博会的成功举办充分表明,展览会具有十分强大的技术扩散功能,企业对此应有充分的认识,并能够加以有效利用。

1.2.5 展示功能

行业广角 1-4

中国车企亮相
巴黎车展

展示功能是展览会最基本的功能。在展览会上,企业可以将自己的展品通过展台向公众展示,与国内外同类产品同台比较;还可以向广大客商展示企业的服务理念,增强国内外客商对企业的了解,扩大企业的影响力,树立企业的形象。现代展览会的展示功能对参展商提出了更高的要求,参展商要想吸引更多的观展者,必须充分利用各种展示技术。

1.2.6 调节供需功能

展览会可以视为供求信息市场,企业参展产品的信息实为市场信息,是市场经济的重要资源。信息市场是经济运行循环过程的轴心,展览会信息市场反映了信息交换中供求之间的各种经济关系,它连接着市场信息供应方、市场信息用户、市场信息资源应用等重要生产力要素,能够促进各类市场资源的优化配置,有效刺激需求,调节供给。

1)刺激需求

展览会为新产品提供了展示的平台,广大消费者在展览会上可以看到以前未曾见过的消费品,这可以促进消费者提高消费水平,促进消费结构的优化和重组。例如,在科技博览会上,新一代智能手机令观众爱不释手,智能家居系统深得观众青睐。这些新产品一经亮相,就为众多消费者所了解,进而催生新的产品需求。因此,展览会可以培养新的消费需求,从而更好地满足消费者的需要。

2)调节供给

展览会能够增进不同地域、不同文化背景、不同风俗习惯的人们之间的互相交流与了解,消除沟通障碍,扩大共识,为产品的跨区域、跨文化、跨民族、跨环节流通创造条件。因此，展览会作为一种产品流通渠道，能够促使产品从供给剩余的地方转移到供给不足的地方，从而有效调节余缺。

1.2.7 信息集聚与传播功能

展览会被誉为"信息冲浪""知识会餐"，这突出体现了展览会的信息集聚与传播功能。当今社会，信息已经成为现代企业经营的关键性战略资源。信息代表了商机，企业只有掌握了有效的信息，才能够迅速占领市场，取得竞争优势。有实力的展览会组织者不仅能够为参展企业创造一个信息交流的场所，而且能够为自己搭建一个信息碰撞的平台。

1）集聚信息

展览会将众多业内精英集聚在有限的空间范围内，有利于企业之间的交流，有利于企业发现自身与其他企业之间的差距以及自身在行业内所处的地位。因此，展览会是参展企业获取商业信息的一个直接渠道。

2）传播信息

一般来说，展览会提供的行业信息比企业从网络或者公关等其他途径获得的信息更加真实、可靠、丰富和及时。展览会提供的行业信息有三种形式：一是到场人员直接观察获得的信息，包括企业的产品形式、种类、推介方式等；二是企业发布的产品说明等纸质资料和数字资料；三是专业研讨会发布的行业内权威信息。需要说明的是，现代展览会在举办的同时，往往会召开相关的专题研讨会，从专业的角度来看行业发展的规律和本质，并对相关专业难题进行探讨。如果说展览会展示的产品代表了行业发展的现状，那么这种专题研讨会发布的信息则能够预测行业未来的发展方向，具有更大的潜在价值。

总之，在创新以及引领经济向积极方向发展方面，展览会起着灯塔作用。

1.3 展览会的分类

1.3.1 根据性质的不同，展览会可分为贸易展和消费展

贸易展是为制造业、商业等行业举办的展览，展览的主要目的是交流信息、洽谈贸易。贸易展的参展商一般是经过挑选而来的，观众的质量也很高。消费展主要展出消费品，面向消费者开放，参展商一般是生产、经营消费品的企业，主要目的是直接销售。也就是说，对工商业开放的展览是贸易展，对公众开放的展览是消费展。

1.3.2 根据内容的不同，展览会可分为综合展和专业展

综合展是指包括全行业或数个行业的展览会，也被称为横向型展览会，如工业展、轻工业展等，我国著名的广交会就属于此类展览会；专业展是指仅展示某一行业甚至某一项产品的展览会，如钟表展等。专业展的突出特征之一是常常同时举办

讨论会、报告会，以介绍新产品、新技术等。我国举办的专业展中，在国内外影响较大的有中国国际机床展览会、北京国际汽车展览会、中国国际信息通信展览会等。

1.3.3　根据时间的不同，展览会可分为定期展和不定期展

定期展有一年四次、一年两次、一年一次、两年一次等；不定期展则视需要而定，有长期展和短期展两种。长期展可以是3个月、半年甚至常设，短期展一般不超过1个月。在发达国家，专业展一般举行3天。在英国，一年一次的展览会占展览会总数的3/4。展览日期受财务预算、订货以及节假日的影响，有旺季和淡季之分。调查显示，3月至6月及9月至10月是举办展览会的旺季，12月至次年1月以及7月至8月是举办展览会的淡季。

1.3.4　根据场地的不同，展览会可分为定点展、巡回展、流动展

大部分展览会是定点在专用展览场馆举办的。展览场馆可分为室内场馆和室外场馆两种。室内场馆多用于展示常规展品，如纺织展、电子展等多在室内场馆举办；室外场馆多用于展示超大、超重展品，如航空展、矿山设备展等多在室外场馆举办。在几个地方轮流举办相同性质、同类展品的展览会被称为巡回展。流动展是利用飞机、轮船、火车、汽车或组合房屋等作为展场，在不同地点、不同时间展出相同内容展品的展览会，这类展览会一般规模比较小。

1.3.5　根据规模的不同，展览会可分为国际展、国家展和地方展

这里的规模是指参展商和观众所代表的区域规模。国际展是指20%以上的参展商来自国外、20%以上的观众来自国外、20%以上的宣传费使用在国外的展览会。参加国际展是企业开拓国际市场最有效的方式之一。国家展是指以本国观众为主的展览会，但参展商既可以是国内企业，也可以是国外企业。地方展是指以展览会举办地的观众为主的展览会，这类展览会的规模通常较小，主要是为了满足当地消费者对某类产品的特殊喜好，也可以是当地企业为了激发本地消费者对本土产品的特殊情感、开拓当地市场而举办的。

课堂互动1-1

同学们，你们都参加过什么展会呢？请举例说明这些展会的类型、特点。

1.4　展览会的办展机构

参展商在参加展览会前，要弄清楚办展机构的情况并与之联系。办展机构的能力和知名度对展览会的成功举办具有决定性的作用，也是参展商决定是否参展的重要影响因素之一。办展机构是指负责展览会的组织、策划、招展和招商等事宜的有关单

位，它可以是企业、行业协会、政府部门和新闻媒体等。根据各单位在展览会中作用的不同，办展机构一般分为以下几种：主办单位、承办单位、协办单位、支持单位等。

主办单位：拥有展览会的所有权并对展览会承担主要法律责任的办展单位。

承办单位：直接负责展览会的策划、组织、操作与管理，并对展览会承担主要财务责任的办展单位。

协办单位：协助主办单位或承办单位对展览会进行策划、组织、操作与管理，承担展览会一部分招展、招商和宣传推广工作的办展单位。

支持单位：对主办单位或承办单位的展会策划、组织、操作与管理或者招展、招商和宣传推广等工作起支持作用的单位。

▶ 会展案例1-6

第55届中国（广州）国际家具博览会

主办单位：中国家具协会
　　　　　中国对外贸易中心集团有限公司
　　　　　红星美凯龙家居集团股份有限公司
　　　　　广东省家具协会
　　　　　香港家私装饰厂商总会有限公司
承办单位：中国对外贸易广州展览有限公司
协办单位：广州市家具行业协会
　　　　　北京家具行业协会
　　　　　佛山市顺德区家具协会
　　　　　中山市家具商会
　　　　　东莞市家具协会
　　　　　玉环市家具行业协会
　　　　　广州市家具俱乐部
支持单位：香港贸易发展局
　　　　　台湾区家具工业同业公会

资料来源　根据中国（广州）国际家具博览会官方网站整理。

案例点评：一个展览会的办展机构通常包括主办单位、承办单位、协办单位、支持单位等，其中承办单位是负责展览会实际运营的主要机构。

1.4.1　展览会的主办单位

展览会的主办单位负责策划和制订展览会组织和实施的方案、联系和落实展场、组织观众，以及落实一系列配套服务（包括为参展商提供的货运、报关、布展、住宿、交通服务等），它是展览会的发起者，对展览会承担法律责任。成功的展览会，其主办单位一般都具有很强的号召力，这样才能保证展览会的质量和效果令人满意。展览会的主办单位大体可分为政府及其有关部门、行业协会、专业展览公司、各类企业和展览场馆经营企业五种类型。

1）政府及其有关部门

展览会不仅可以给展览会举办者自身带来直接的经济效益，而且可以给展览会举办地及与展览会相关的诸多行业带来间接的经济效益。政府部门也十分重视展览会的发展，不仅支持和鼓励展览会的举办，而且常常直接参与和主办一些大型展览会。在我国，由政府主办的展览会往往规模和影响力都比较大。对参展商而言，这类展览会可信度较高，参展效果较好。例如，中国进出口商品交易会（广州）、中国国际高新技术成果交易会（深圳）、中国-东盟博览会（南宁）等具有极高知名度的展览会都是由政府主办的。

2）行业协会

在一个成熟的市场经济中，政府管理企业的职能主要通过行业协会来实现。行业协会是一种民间性组织，其主要职能是在市场调研的基础上制定本行业规范，协调本行业企业之间的经营行为，为本行业企业提供各种服务。目前，在一些发达国家和地区，政府管理展览行业的职能已经和行业协会紧密结合在一起。在我国，行业协会在经济领域的影响力逐渐提高，不少展览会已经从由政府主办转由行业协会主办。例如，中国国际日化产品原料及设备包装展览会由中国洗涤用品工业协会主办。

3）专业展览公司

专业展览公司是专门从事展览会的开发、主办与服务的公司，其具有丰富的会展知识、经验和操作技能。作为一个产业，展览业的发展同样要适应市场经济规律，专业展览公司作为展览市场的经营主体，是举办展览会的主要力量。在市场经济发展成熟的国家，专业展览公司是展览业的主力军，如汉诺威展览公司、法兰克福展览有限公司、励展博览集团等。我国的展览业也在向市场化方向发展，许多专业展览公司纷纷成立，如中国国际展览中心集团有限公司、长城国际展览有限责任公司、上海世博会运营有限公司、中国对外贸易广州展览有限公司等。专业展览公司在我国的展览活动中十分活跃，已经成为我国展览业的重要力量。

4）展览场馆经营企业

在我国展览会的发展过程中，各地建立了许多规模不等的展览场馆，如国家会展中心（上海）、上海新国际博览中心、深圳会展中心等，这些展览场馆的经营企业经常自行主办和组织一些展览会，其中有些展览会已成为国内该行业中具有权威性的国际展。

5）各类非会展企业

一些非会展企业为了提高企业形象、进行技术交流和产品营销等，也会单独或者与有关协会和专业展览公司联合举办展览会。

以上五类展览会的主办单位并不总是单独主办展览会，它们也常常联合在一起共同主办展览会，以充分发挥各自的优势，使展览会达到更好的效果。

1.4.2 展览会的承办单位

展览会的承办单位要负责展览会的组织、公关、服务、广告宣传等具体工作。尤其是政府部门主办的展览会，主办单位仅给予办展工作支持和方便，具体工作均由展览会的承办单位来做。承办单位能为参展商提供各类服务，如场地和设施的出租、场馆展台的装饰布置、展品的运输保管，以及参展商的商务洽谈、住宿、餐饮、旅游、交通等。参展商在参展过程中遇到需要解决的事情或问题，也可以直接联系承办单位。

承办单位的办展能力与展览会的展出效果直接相关，因此承办单位必须具有强大的销售网络、出色的招展能力、较高的服务水平、良好的社会影响力，并且能吸引展览会的优质目标客户和专业观众前来出席展览会。

1.5 展览会相关知识

1.5.1 名词术语

（1）参展商。参展商是指在展览期间利用固定的展出面积展示自己的产品或服务并进行直接信息交流或商品促销的特定群体。

（2）商贸类展览会。以促进贸易成交、技术交流、经济合作、项目投资、服务推广等商贸性目标为主的展览会，称为商贸类展览会。

（3）公益类展览会。除商贸类展览会以外，以展示成就、公益宣传、公众教育等为主要目的，或者根据政治、外交等方面的需要而举行的专门性展览会，称为公益类展览会。

（4）展览会面积。根据我国的实际情况和已经广泛使用的称谓，展览会面积即展览会毛面积。所谓毛面积，是指展览会所使用的展览场馆的面积。一般情况下，毛面积也是展览会组织者向展馆租用的全部面积。

（5）展览会的展出面积。展览会的展出面积即展览会的净面积。所谓净面积，是指展览会期间参展商展出的面积和展览会公用的面积。

（6）规模以上的展览会。根据我国的实际情况，参照既有文件的规定，凡展览会的展出面积在1 000平方米以上的，均可称为规模以上的展览会。其他展览会称为一般展览会。

（7）展览场馆。举办展览会的固定场所即展览场馆。其名称可以是会展中心、展览中心、博览中心、展览馆等，也包括在科技馆、体育馆、博物馆、图书馆、会议中心、酒店等场所范围内专门开辟且固定用于展览活动的场所。

（8）展览场所。临时或偶尔举办展览会的地方可称为展览场所。例如，专业市场不能称为展览场馆，但可以称为展览场所。

（9）展览会的参观人数、人次。在展览会开幕期间，如果对观众逐一进行登记，则所有进入展览会现场参观的人员数之和即展览会的参观人数；如果没有对观众逐一进行登记，则是以人次为单位。

（10）展览公司。在公司营业执照的经营范围中明确列出举办展览会、展销会的公司即展览公司。

（11）展览服务公司。在公司营业执照的经营范围中未列出举办展览会、展销会，而列出提供与展览会相关的服务，如设计、制作各类广告，室内装饰工程设计及施工等服务的公司即展览服务公司。

（12）效果图。效果图是指通过高科技手段与人工设计表现具体的事物或产品的一种图形。

（13）布展期。布展期是指展览会在举办之前现场施工布置的期限。

（14）撤展。展览会结束后，搬运走展品、拆除展具及特装的行为即撤展。

（15）展具。展具是指由展馆提供的或参展商自带的搭建标准展位或特装展位所需的成品展架、展板、灯具、桌椅等。

（16）特装。特装是指在光地面积内通过不同的材料、展品包装、展位结构包装而形成的一种具有特色的展示空间。

（17）标牌。标牌是指用特定的材料制作而成的可用于展示具体内容的标志。

（18）门楣。门楣是指展览会标准展位正面顶端的非展位内展示空间，是展览会主办单位为参展企业设计的一种企业标识或产品说明、名称的展示位置。

（19）专业观众。专业观众是指通过注册获取参观证，免费参观展览会以及与参展商洽谈交流的各类个人和团体。

1.5.2　与参展商相关的事项

1）参展合同条款

参展合同条款主要包括参展条件、展位租用说明、付款方式、合同终止条件等。参展合同条款的技术部分包括搭建和拆除展位的时间和要求、展台设计方案、可用材料、展台高度、地面承重能力、电源安装要求、垃圾处理和回收规定、防火、保安、事故责任、保险、事故预防等。如果参展商因故不能参展，其所交参展费用是否退回应视其取消参展的日期而定。

2）提供给参展商的服务项目

一般来说，展览会组委会会尽可能帮助参展商解决参展中的技术问题和组织问题，如果参展商是第一次参展，则会得到这方面的更多照顾。

展览会组委会会向参展商发出参展条件、确认展位租赁事宜的文件，以及各类服务表格；帮助参展商进行公关宣传，并向参展商提供一系列服务，有的服务项目是免费的，有的服务项目则按固定价格收取服务费。

展览会组委会提供的服务项目主要有：

（1）展位租赁、清洁和安保。

（2）出租家具、厨房用具、地毯、照明设备、音响设备等。

（3）展品运输。

（4）货箱打包、存储。

（5）出租会客室。

（6）购买运输和展览保险。

（7）安装电线、水管等。

（8）摄影摄像。

展览会组委会还负责为展台工作人员发放出入证，为参展商发放展出期间的停车证。

3）会刊

展览会组委会还会向参展商发放会刊。会刊上参展商名录的排列通常有三种顺序：第一种是按照参展商名称的字母顺序排列；第二种是按照参展商的展品名称排列；第三种是按照参展商在展厅平面图中的位置排列。会刊还为参展商提供广告服务。

4）参展商可参与的相关活动

在展出期间，参展商可以根据展览会组委会的要求举办产品发布会或讲座，以宣传本公司的产品及制作工艺。举办产品发布会或讲座需要提前在展览会组委会进行登记，登记服务一般是免费的。展览会组委会负责提供会议室、开展对外宣传、吸引观众参加讲座。

此外，参展商还可以参加专家研讨会或论坛，这有助于参展商了解行业发展趋势。

会展链接1-2 ◀

国际著名的展览会评估机构

面对日益繁荣的展览业市场，为了更好地维护参展商、观众和主办者的利益，一些展览会评估机构应运而生。这些展览会评估机构编写的展览会评估报告是参展商选择展览会的重要依据之一。

1.国际展览业协会（UFI）

从世界范围来看，对展览会进行评估和资质认证最权威的组织是国际展览业协会（UFI）。

UFI于1925年在意大利米兰成立，总部现设在法国巴黎。UFI对申请加入其协会的展览项目和主办单位有严格的要求和详细的审查程序。通过UFI认证标志着展览会具有高品质。

UFI评价展览会成功与否的定量标准包括：收入、租用面积、售出票数、服务收入、参展商数量、参观者人数等。定性标准包括：参展商类型、观众类型、媒体评论、展览期间的现场气氛。

上述评估内容都会对外公布，如果某些目标未能达到，主办方应分析原因、制定策略，以避免这种情况再次发生。

2.博览会和展览会统计自愿审核学会（FKM）

FKM隶属于德国经济展览和博览会委员会（AUMA），总部设在柏林，于1965年由6家德国会展公司共同创建，创建的目的就是制定统一的展览会相关指标统计审核标准，保证会展数据的透明度和真实性。FKM只为成员单位申报并主办的展览会开展审核，每年4月发布对上一年展览会的审核结果，并公布当年申报的展览会名单。

FKM的工作任务是制定展览会数据统计的标准和规则，并聘请经济审计机构对展览会主办者填报的展览会统计数据进行审核。FKM的成员单位应按照FKM的规则和标准申报展览会统计数据，接受FKM组织的专门机构对统计数据的审计，并保证在任何场合和情况下所使用和发布的展览会统计数据均与FKM公布的统计数据一致。授权的经济审计机构通过随机抽查的方式对各成员单位申报的展览会数据进行审计，包括派人员到展览会现场了解情况、展览会结束后对展览会财务进行审计，或者通过问卷调查的方式进行，最后出具审计报告。

FKM主要进行三个指标（即展览面积、参展商数量、观众数量）的量化分析和横向对比。展览面积包括净展览面积和毛展览面积，净展览面积主要是指国内外厂商租用的展台面积，以及与展览主题有关的图片陈列区和表演区的面积；毛展览面积则还要加上公共通道及服务区的面积。参展商是指带有产品或服务的公司及组织，由其职员租用场地参展，如果公司的产品或服务由代理商参展，则该公司不列为参展商。观众数量一般由电子入场系统统计，或统计每天售出的参观券数量。FKM还会分析观众结构，是专业观众还是普通观众，以及观众的来源地、职业、所属行业、职务、年龄、参观频率等。

经过多年的实践，FKM已经成为德国展览界品牌和质量的象征，受到了众多参展商和展览会主办者的青睐，很多非德国展览会主办者也申请成为FKM的成员。

3.法国综合性和专业性展览会统计审计办公室（OJS）

OJS于1967年由法国16个专业展览会和23个大众性质的博览会共同发起成立，并在1970年得到法国财政部的支持，成为政府认可的展览统计数据认证机构。

OJS成立的目的是对展览会的统计数据进行公正的认证，建立公平的竞争环境，保证展览会的透明度，为参展企业和参观企业提供可靠的展览会质量信息。

OJS对自愿参加这一统计系统的商业性展览会进行统计认证，主要认证数据有展览会的销售面积、参展企业数量、观众人数。为了执行这一任务，OJS在全国组织了12个独立的会计师事务所，常年对参加这一统计系统的展览会进行统计和监督，复查后拟出正式统计报告，并在OJS官方网站上公开发布。

OJS的建立对法国展览业的发展起到了很好的促进作用。

资料来源　徐建国. 2006—2007世界服务业重点行业发展动态［M］. 上海：上海科学技术文献出版社，2006.

知识掌握

◉判断题

（1）展览业的诞生、成长和发展与世界经济的发展密切相关。　（　）

（2）19世纪末至第二次世界大战前，展览会成为发达国家争夺世界市场的场所，为世界经济的复苏注入了勃勃生机。　（　）

（3）大型商业展览具有一般营销沟通工具的共性：广告、促销、直销、公共关系等。　（　）

（4）展览会从内容上可分为贸易展览会和消费品展览会。　（　）

在线测评1-1

判断题

（5）根据各单位在展览会中作用的不同，办展机构一般分为以下几种：主办单位、承办单位、协办单位、支持单位等。　（　）

◉简答题

（1）展览会有哪些基本特性？

（2）展览会有哪些功能？

（3）说说综合展与专业展的区别。

（4）参展商的含义是什么？

（5）参展商在参展时可获得哪些服务项目？

知识应用

◉案例分析

高交会：中国科技第一展

2024年11月14日至16日，第二十六届中国国际高新技术成果交易会（简称第二十六届高交会）在深圳国际会展中心（宝安）举办，展览面积达40万平方米，来自全球100多个国家和地区的5 000余家知名企业与国际组织参展。意向成交金额突破1 200亿元，为历史之最。

第二十六届高交会共设置国际科技展、未来科技展、国之重器重大装备展、科技巨头产业链展、半导体与集成电路展、电子信息与大数据展、人工智能与机器人展、低空经济与空天展、高端装备制造展、专精特新展、智慧农业与数字乡村展、新能源产业展、高端医疗器械展、生物科技医药展、新材料展、节能环保和绿色低碳展、产教融合展等多个专业展，全方位展示世界高新技术发展趋势，发布高新技术最新成果，在全球范围内进行高新技术成果交易与洽谈。

深圳作为中国改革开放建立的第一个经济特区，是中国改革开放的窗口。举世瞩目的"深圳速度"创造出世界城市化和现代化史上的奇迹。以深圳为代表的粤港澳大湾区，不仅是中国式现代化的典型代表，而且代表着改革开放最前沿、科技发展最先进的地区，是中国建设世界级城市群和参与全球竞争的核心高地。"促进科技进步、促进科技合作、促进科技运用"的高交会，实现了世界级展会与世界级地标的深度融合。

据介绍，高交会每年拥有10 000多个高新技术项目参展，为投资商寻找到最新的专利、技术、项目以及大量的投资合作机会，为众多企业增益赋能。微软、IBM、索尼、高通、三星、惠普、西门子、东芝、甲骨文、LG、日立、松下等多家跨国公司多次参展。腾讯、华为、金蝶、科大讯飞、大族激光等一大批优秀中国民营企业从这里走向世界。腾讯董事会主席马化腾在出席高交会论坛并接受采访时表示，"在1999年，我们参加了第一届高交会，才有这样一个机会接触到资本市场，能够第一次融资，这让腾讯有了腾飞的基础。"高交会凭借其在世界范围内独一无二的区位优势，已经成为中国高新技术领域对外开放的重要窗口、中国科技创新企业打造世界级品牌的顶级平台，更是全球企业展示前沿科技、分享创新精神的殿堂。

科技立国，国运所在，国脉所系，国昌所依。会展业是国民经济的先导性产业之一，是构建开放型经济新体制的重要功能性平台。科技类展会应该以科技成果为前提，以科技难关为话题，发挥人才、金融、信息、知识产权保护等产业协同优势，使展会与展会举办地真正成为高科技成果的转化市场。秉承"国际性、科技性、专业化、市场化"等特点，高交会这个中国高新技术领域对外开放的重要窗口，将在推动高新技术成果商品化、产业化以及促进国家和地区间经济技术交流与合作中发挥更加重要的作用。

资料来源　唐炜妮. 高交会：前沿科技圣地　创新精神殿堂　中国科技第一展11月深圳举行[EB/OL]. [2024-05-23]. http://www.chinanews.com.cn/cj/2024/05-23/10221908.shtml.

问题：阅读以上案例，结合本章所学知识，谈谈高交会的功能和作用。

案例分析1-1

分析提示

◉实践训练

到你所在城市的展览会参观，并向参展商们了解展览会展出的效果及对该展览会的看法。

学习评价

本章学习评价表见表1-1。

表1-1   学习评价表

学习内容	评价要点	配分	得分
学习内容	展览会概述		
知识掌握	掌握展览会的基本特性	10分	
	认识展览会的经济功能	10分	
	熟知展览会的相关知识	10分	
技能提升	能够对展览会的经济功能进行分析	15分	
	能够对展览会办展机构的职能进行分析	15分	
素质养成	热爱会展专业，树立守正创新意识	20分	
	坚定中国特色社会主义道路自信、理论自信、制度自信、文化自信	20分	
分数合计		100分	

第 2 章

参展相关要求与程序

学习目标

知识目标

- 掌握国内参展基本程序。
- 掌握国外参展要求与程序。
- 了解展位施工要求与程序。

技能目标

- 能够选择有效的展品参加展览会。
- 能够准确提交参展申请，进行展位预订。

素养目标

- 遵守国内及出国参展程序与要求，增强法律意识，培养遵纪守法的自觉性。
- 遵守展位施工程序与要求，培养安全意识及责任意识。

知识导图

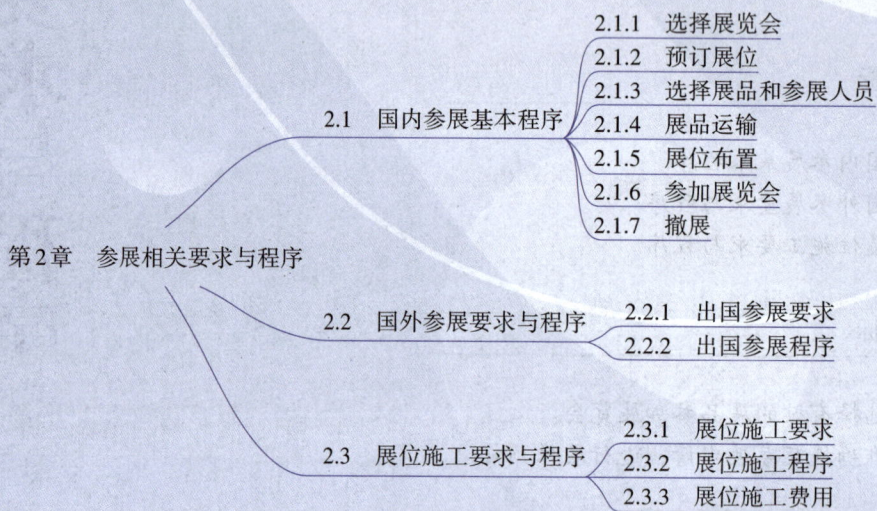

第2章　参展相关要求与程序

2.1　国内参展基本程序

- 2.1.1　选择展览会
- 2.1.2　预订展位
- 2.1.3　选择展品和参展人员
- 2.1.4　展品运输
- 2.1.5　展位布置
- 2.1.6　参加展览会
- 2.1.7　撤展

2.2　国外参展要求与程序

- 2.2.1　出国参展要求
- 2.2.2　出国参展程序

2.3　展位施工要求与程序

- 2.3.1　展位施工要求
- 2.3.2　展位施工程序
- 2.3.3　展位施工费用

| 引例 | 关于组织参加第四届中国国际消费品博览会的公告 |

淮安市各相关企业：

第四届中国国际消费品博览会（简称消博会）将于2024年4月13日至18日在海南国际会展中心举行。本届消博会将更加聚焦"新""奇""特""优"消费品，打造全球消费精品展示交易重要平台。为更好地借力消博会助推淮安企业展示品牌形象、开拓国际市场，省商务厅拟组织全省有代表性的企业参加本届消博会展览展示和采购交流活动，现将有关事项公告如下：

一、展示地点和规模

展示地点：海南国际会展中心。

展示规模：江苏省共500平方米。

二、展示主题

综合前三届消博会我省参展情况和本届参展要求，今年我省以"苏新消费"为主题，统一搭建、统一设计，突出江苏传统文化、彰显现代江苏特色风采，面向全球展示我省企业的品牌形象，推动我省优质产品"销全国、卖全球"，推动我省企业"买全球、购全国"。

三、参展商条件

本届消博会展览设国内展区和国际展区，国内展区聚焦各地消费精品、中华老字号、国潮新品牌等；国际展区以境外品牌或企业为参展主体，展品聚焦时尚生活、高端食品保健品、旅居生活、珠宝服饰、数字和服务消费等。

参展企业条件：一是注重品牌传承保护和创新发展，具有良好的开拓省外、国际市场的基础和潜力；二是注重品牌价值延伸挖掘和产品创新设计，引领当代消费风尚；三是具有江苏特色的"新""奇""特""优"消费精品；四是符合展示主题的非物质文化遗产代表性项目及老字号企业。所有参展企业必须经营状况良好、无重大违法违规情况，且具有大局观念、服从省内统一安排。参展企业推选坚持好中选优，由市商务局推荐、省厅遴选。

四、采购商要求

参展采购商应是有采购需求，注重成交意愿和规模的重点行业、重点企业（交通食宿请参会企业自理）。

五、费用预算

本次展会已列入《江苏省商务厅2024年贸易促进计划》重点展会项目。江苏展区整体特装，展位费为1 800元/平方米（光地）。其中：特装费用由省商务厅负责；展位费将根据企业的申请面积，按照有关规定予以支持，费用由企业展前据实支付，展后由省商务厅根据财政流程进度统一申报。

六、其他要求

消博会是全国首个以消费精品为主题的国家级展会和亚太地区规模较大的消费精品展，请有意愿参加的我市企业分别填写《参展商申请表》《采购商申请表》，加盖公章后于3月6日前反馈至市商务局市场运行与消费促进处。

联系人：高××

电话：0517-8390××××，159××××××××

电子邮箱：××××××@qq.com

淮安市商务局

2024年2月29日

资料来源　淮安市商务局. 关于组织参加第四届中国国际消费品博览会的公告〔EB/OL〕. 〔2024-02-29〕. http://boc.huaian.gov.cn/col/13406_124154/art/17067168/1709198923578nFqDIgBO.html.

引例点评：在我国，对于政府主导的大型展览会，企业所在行政管辖区权威性的团体或组织机构会根据企业的意愿组织企业统一参展，参展企业可以获得一定的展位价格优惠或政府补贴。企业可以在规定的期限内提出展位预订申请，办理相关手续。

2.1　国内参展基本程序

企业到展览会去参展，应该了解参展的基本程序。参展的基本程序如图2-1所示。

图2-1　参展的基本程序

2.1.1　选择展览会

企业如果打算参展，面对的首要问题就是如何在众多的展览会中做出选择。各地展览会的形式多样、种类繁多，有些是综合性大型博览会，但更多的是专业性展会，地区间的侧重也有所不同。企业在参展前要对展览会进行市场调查，了解展览会的举办时间、地点，展览会的影响力和知名度，同行对展览会的态度，参加展览会的专业观众人数，以及可能达到的效果等。企业在选择展览会时，关键要看所选的展览会是否能够达到企业的参展目标，费用支出与收益比是否符合企业要求。

2.1.2　预订展位

参展商选择参加某个展览会后，应与主办单位取得联系，获取参展相关资料，填写参展报名表（大型展览会一般采用网上报名，参展商可根据网上的提示进行操作）。参展报名表填好后，发给展览会组委会，在得到确认之后，签订参展合同或协议，交纳展位费，并按时将相关资料传真或邮寄给展览会组委会，这样展位便得到最后的确认。参展商预订展位流程如图2-2所示。

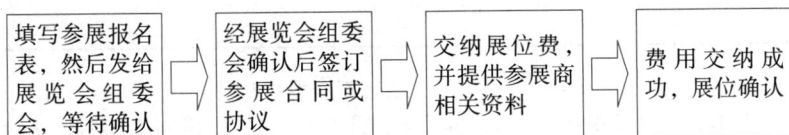

图2-2 参展商预订展位流程

> 填写参展报名表,然后发给展览会组委会,等待确认 → 经展览会组委会确认后签订参展合同或协议 → 交纳展位费,并提供参展商相关资料 → 费用交纳成功,展位确认

会展案例2-1

第21届中国-东盟博览会参展报名表样式

第21届中国-东盟博览会参展报名表见表2-1。

表2-1 第21届中国-东盟博览会参展报名表

公司名称	中文:		
	英文:		
公司类型	□生产商 □经销商 □批发商 □零售商 □进出口商 □其他_____		
公司地址	中文:		
	英文:		
邮 编		进出口企业代码	
工商注册号		注册资金	
联 系 人	□先生 □女士	职 务	
电 话		传 真	
电子信箱		公司网址	
主要展品/项目 (中英文)			

请在下列专题中填写贵公司所申请的展位规格和数量,并选择展示商品所属类别:

◆广西南宁国际会展中心

商品贸易 (展位:_____个,或净地:_____平方米)

智能装备 (1) 智慧能源及电力 □发电设备 □输配变电设备 □成套设备及电工附件
　　　　　　　　　　　　　　□新能源技术及应用

　　　　　(2) 工程机械及运输车辆 □工程机械 □矿山机械 □运输车辆 □港口物流机械

　　　　　(3) 食品加工及包装设备 □包装设备 □加工设备 □通用设备及附件

信息技术 □数字经济创新应用 □智能家电及消费电子

绿色建材 □门窗幕墙 □装饰材料及建筑辅材 □节能建筑 □智能家居

公共防疫及卫生 □防护用品及装备 □防护材料与生产设备 □防疫消毒及清洁用品
　　　　　　　　□防护设备及软件系统等

续表

投资合作（展位数：_____个，或净地：_____平方米）

☐ 国际工程承包 ☐ 劳务合作 ☐ 资源开发 ☐ 能源开发 ☐ 基础设施建设 ☐ 园区合作

☐ 农业合作 ☐ 西部陆海新通道 ☐ 粤港澳大湾区合作 ☐ 环保合作

先进技术（展位数：_____个，或净地：_____平方米）

☐ 数字经济 ☐ 通信技术 ☐ 生物医药 ☐ 智能制造 ☐ 计算机科学 ☐ 节能低碳技术

☐ 材料技术 ☐ 东盟科技创新

服务贸易（展位数：_____个，或净地：_____平方米）

☐ 金融服务 ☐ 其他服务_____

注：1. 以上各项均须填写清晰、完整，填写内容将录入东博会会刊中。

　　2. 报名截止日期：2024 年 7 月 29 日。

　　3. 此表不作为企业参展确认凭证。资格确认以中国-东盟博览会秘书处

　　　 正式盖章的《展位确认书》为准。

参展单位签章

日期：　　月　　日

案例点评：预订展位需要认真填写参展报名表，并在规定的时间内将填好的报名表发给展览会组委会。

2.1.3　选择展品和参展人员

在展品的选择上，要选择能体现自身产品优势的展品，因为展品是参展企业能够直接给观众留下深刻印象的最重要的因素。选择展品有三条原则，即针对性、代表性、独特性。针对性是指展品要符合展出的目的、方针、性质和内容；代表性是指展品要体现企业的技术水平、生产能力及行业特点；独特性是指展品要有自身的独特之处，能和其他同类产品相区别。同时，参展商选择的展品要符合展览会的相关规定。

在人员配备上，人员配备的质量决定了参展企业在展会上的成败。展台工作人员的配备可以从以下四个方面来考虑：第一，根据展会性质选派相关部门的人员；第二，根据工作量的大小决定人员数量；第三，注重人员的基本素质，如亲和力、沟通能力等；第四，注重人员专业知识的掌握程度和操作演示的熟练程度。

▶ 会展案例2-2

广交会参展展品管理规定

一、参展商品

广交会展品（包括展位内摆放的产品、张贴的宣传图片及发放的资料，下同）须是参展企业或经参展企业许可的、由联营（供货）单位提供的产品（物品），并符合以下规定：

（一）由参展企业对参展展品进行登记。

（二）展品不得跨展区摆放（即未按《中国进出口商品交易会参展展品范围》的要求摆放）或摆放于展位净展览面积之外。

（三）凡涉及商标、专利、版权、质量认证的展品，参展企业须取得合法权利证书或使用许可合同（以下统称权利证书）。

（四）由供货单位提供的展品，参展企业和供货单位须在参展前签订书面展品参展协议（协议内容包括：展品类别，展品参展的展位号，商标、专利、版权、质量认证条款及时效等，并附相应合法权利证书复印件）。口头协议一律无效。

凡不符合以上规定的展品，视为违规展品，禁止参展，由此产生的责任与后果由参展企业承担。

二、展品管理

（一）参展企业负责对所属展位展品进行管理。

1.参展企业的展位负责人在广交会举办期间须携带以下展品资料：

（1）展品清单；

（2）《商标、专利、版权、质量认证情况备案清单》及商标、专利、版权、质量认证的合法权利证书（复印件）；

（3）如联营（供货）单位共同参展，参展企业与供货单位签订的展品参展协议书（正本）。

2.广交会期间各展位负责人须每日对本展位展品进行检查，如发现来历不明的展品，要立即向所属商会和交易团进行书面报告，并立即撤下展台。

3.若更换展位负责人，代替人须逐项核实确认展品及展品资料，并对展位展品负责。

（二）广交会期间各商（协）会组织展品检查组负责检查广交会有关展区参展展品摆放情况，并将检查及处理情况报大会业务办。各交易团负责对本团参展展品进行检查。广交会业务办监督管理、保卫办予以协助配合。

三、对涉嫌违规展品的查处程序及处理办法

（一）对侵犯知识产权的展品，按照《涉嫌侵犯知识产权的投诉及处理办法》处理。

（二）对跨展区摆放或摆放于展位净展览面积之外的展品，由各相关进出口商（协）会认定，并根据本办法第三条第（六）款的规定给予处罚。

（三）对虚打质量认证标牌的展品及其他不属于知识产权范围的违规展品，由各相关进出口商会在交易团的协助下给予认定，并根据本办法第三条第（六）款的规定给予处罚。

（四）对展品进行检查时，检查单位（检查人）应向参展企业（展位负责人或当事人）出示证件。检查单位负责对检查时发现的违规情况做现场记录和现场处理，并将现场记录和处理情况于当日报广交会业务办。

（五）检查单位对展品进行检查时，参展企业（当事人）须按要求提供有关资料，说明情况，并对检查记录确认签字。对拒检者，其展品视为违规展品，并根据本办法第三条第（六）款的规定给予处罚。

（六）对出现违规展品的参展企业，分别给予下列处罚：

1.已查明属违规的展品，按以下两类情况处罚：

（1）属超出展位范围摆放的展品，由参展企业在当天自行完成整改，将该展品放入展位范围内或清理出展场。在当天不自行整改的，由广交会指定机构暂扣或统一清理出展场，统一清理出展场的运费，及暂扣期间产生的管理费、保管费等所有费用，由参展企业所在交易团和参展企业自行承担。如受场地限制等特殊因素无法整改的，对超出正常展位摆放范围的展览面积，按所在展区每平方米展位费的3倍予以罚款。

（2）除第（1）点所述情况外，其他违反参展展品管理规定的展品，由参展企业立即自行撤下，不自行撤下的由广交会指定机构予以暂扣或没收。

2.拒不执行上述处罚的，视情节轻重再给予下列追加处罚：

（1）通报批评；

（2）取消其两届广交会参展资格，性质严重的永久取消其参展资格。

（七）举报人或当事人如对处理有异议，可向广交会申诉或依照有关法律、法规进行申诉。

四、其他

（一）广交会鼓励单位和个人举报违规行为。商标、专利、版权权益人应提高自我保护意识，如发现其他参展企业涉嫌侵权，应及时向广交会举报。

（二）参展企业使用的样本、目录以及所有已批准在广交会上发放的刊物，对涉及商标、专利、版权、质量认证的产品宣传，须符合有关法规。编印单位亦须按有关法规进行严格审查。有关权益人如发现涉嫌侵权，应及时向广交会进行举报，由广交会进行查处。

资料来源　中国进出口商品交易会．参展展品管理规定［EB/OL］．［2022-03-10］．https://www.cantonfair.org.cn/zh - CN/pages/% E5%8F% 82%E5%B1%95%E5%B1%95%E5%93%81%E7%AE% A1%E7%90%86%E8%A7%84%E5%AE%9A.

案例点评：参展商选择的展品既要符合企业的参展意图，也要符合展览会关于展品管理的规定，以免产生麻烦。

2.1.4　展品运输

在国内参展时，展会组织者会在参展商手册里说明展品运输的相关注意事项，参展商可以据此亲自将展品运到展览场地。如果参展商不方便亲自运输，则可以委托运输代理提供门到展位的服务。

2.1.5 展位布置

通常情况下,展品本身并不能说明企业产品的全部情况,也无法显示全部特征,所以一般需要配以图表、资料、照片、模型、道具、模特或讲解员等真人实物,借助装饰、布景、照明、视听设备等展示手段,对展品加以说明、强调和渲染。展位是企业显示自身实力和产品特色的窗口,富有个性和视觉冲击力的展位布置可以使企业在众多的参展商中脱颖而出。展位布置的根本任务是帮助企业达到参展目的,因此展位应能够反映企业的形象,能够吸引观众的注意力,能够提供工作的功能环境。

展会组织者通常会给布展留出足够的时间,一般展览会的布展时间为1~4天。布展前,参展商应到现场办公室办理入场登记手续、交纳装修管理费用、领取布展工作证等,布展流程如图2-3所示。所有电动工具必须从正门登记进、出场,否则将不予放行。每天闭馆时,带出展馆的物品必须填写放行条,放行条在现场办公室领取,盖上展览会组委会公章方可生效。

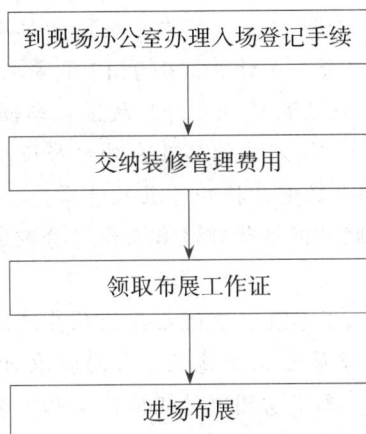

```
┌─────────────────────────────┐
│ 到现场办公室办理入场登记手续 │
└─────────────────────────────┘
              │
              ▼
┌─────────────────────────────┐
│      交纳装修管理费用        │
└─────────────────────────────┘
              │
              ▼
┌─────────────────────────────┐
│       领取布展工作证         │
└─────────────────────────────┘
              │
              ▼
┌─────────────────────────────┐
│         进场布展             │
└─────────────────────────────┘
```

图2-3 布展流程

2.1.6 参加展览会

展期工作是参展商参展的主体内容,能否实现参展的预期目标就看参展人员在展期的工作成效了。在展览会期间,展台工作人员要注意吸引观众,提升人气,做好观众接待、资料分发、洽谈交流、展台记录和市场调研等工作,要善于从观众中寻找目标客户,并努力与之建立起联系,及时、详细地记录下每一个到访客户的情况及要求,每天将潜在商机及客户资料发回公司,以便及时处理及回应;同时,展台工作人员每天都要进行总结汇报,并且根据需要适当调整业务计划和安排等。按一般规律而言,展览会开幕后的前3天,是专业观众到来的高峰,也是展览会的黄金时段。参展商在这个时间段应全力以赴,合理安排人员进行现场演示或推销,争取把潜在的客户转变为真正的客户,把可能的机会变成签订的合同。

行业广角2-1

广交会贸易纠纷处理规范

会展链接2-1

广交会证件的办理

广交会设立证件服务中心，为与会人员提供方便、快捷的办证服务。

一、证件分类

广交会证件包括大会工作人员证、服务证、参展商证、进口展参展商证、参展代表证、贵宾/接待证、商事（贸易纠纷）证、商事（知识产权）证、筹/撤展人员证、车证等。其中，交易团工作人员证、参展商证为硬卡式IC智能证件，可多届使用（每届、每期须重新注册），须妥善保管，勿弯折，远离强磁场。

二、部分证件的用途及名额安排

（一）参展商证

1.用途：供参展单位业务人员使用。

2.名额安排：

（1）按展位数分配参展商证名额。一个标准展位3个名额。

（2）工程机械（室内）、农业机械（室内）展区的参展单位，参展商证名额为每12平方米3个（小数部分按四舍五入计算，小于12平方米按3个名额计）。

（3）工程机械（室外）、农业机械（室外）展区、车辆、家具（户外展场）、体育及旅游休闲用品（户外展场）、铁石装饰品及户外水疗设施展区的参展单位，参展商证名额为每20平方米3个（小数部分按四舍五入计算）。

（4）各交易团应严格按照"网络管理服务系统"分配的名额办理。

（二）参展代表证

1.用途：供协助参展商从事参展、洽谈业务的人员使用。

2.名额安排：按每个标准展位每期每天2人的标准计算各交易团办证指标额度（小数部分按四舍五入计算）。各交易团可依据实际工作需要增加指标，提出书面申请后，由证件服务中心负责审批。

（三）筹展证

1.用途：供从事现场布展工作的人员使用。

2.名额安排：交易团的筹展证指标是参展商证指标的2/3。特装施工服务商的筹展证指标由审图系统根据施工面积计算自动生成。交易团和特装施工服务商可根据实际工作需要增加当届各期或全期的指标，提出书面申请后由证件服务中心负责审批。

（四）撤展证

1.用途：供从事现场撤展工作的人员使用。

2.名额安排：按交易团参展商总人数的10%分配，特装施工服务商撤展证指标由审图系统根据施工面积计算自动生成。交易团和特装施工服务商可根据实际工作需要增加当届各期或全期的指标，提出书面申请后由证件服务中心负责审批。

（五）车证

1.筹/撤展货车证：供筹/撤展货车进入轮候区域和指定展区使用。

2.筹/撤展小车证：供筹/撤展小车在筹/撤展期间进出和停放在指定展区地下停车场。进入地下停车场的车辆，司机须持广交会有效证件。

3.内停车证：分内停小车证和内停大客车证。持内停小车证车辆在规定日期内可进出和停放在指定展区地下停车场，进入地下停车场的车辆，司机须持广交会有效证件；持内停大客车证车辆在车证有效期内可进出和停放在指定展区大客车停车场。

4.酒店临停车证：供宾馆酒店接送中外宾客的车辆使用。持酒店车证车辆可在车证有效期内按指定路线进出广交会展馆和停放在指定展区的指定位置（须事先申请停车位）。

三、办证人员和办证资料要求

1.办理与参展有关的证件，须由交易团指定专人负责，凭团部工作证或保卫证进入办证点，不受理个人的办证申请。特装施工服务商也需要指定专职办证人员负责办理本单位的筹/撤展人员证和车证，办证前请先通过线下方式到C区办证点提交专职办证人员名单和材料，办理服务证（留展负责人）。

2.交易团办证须使用统一规格的办证专用章，专用章由各交易团向广交会证件服务中心领取启用。该印章为各交易团办证的唯一专用章，请各交易团妥善保管。

3.本人有效身份证彩色复印件、扫描件、翻拍件必须能清楚地辨认出人像和字迹。凡当届第一次申请办理参展商证或参展代表证者，必须查验身份证原件。

4.本人180天内两寸半身证件专用彩照（40毫米×50毫米），头部占照片的2/3。如因照片规格和质量不符合要求，将可能无法及时办理及使用证件。

5.特殊工种（如电工、焊工等）参加筹展工作需要提供专业资格证复印件。

6.交易团、参展企业须交齐参展费后才能领取参展商证。

四、证件更换

1.交易团工作人员证、参展商证允许更换，参展代表证、筹/撤展人员证和车证一经发出，不退不换、丢失不补，请妥善保管。

2.交易团更换参展商证，应将办证资料通过网上传输到广交会办证系统。

3.广交会每期开展首日零时开始，交易团工作人员证、进口展区招展代理机构工作人员证、参展商证，如需换人办证，每换一证，收取人民币100元。

五、证件遗失和补办

1.与会人员如遗失任何广交会证件，应在第一时间通知安全保卫部门和所在管理部门。丢失参展商证、交易团工作人员证的，由各交易团通过系统提交补办申请，经证件中心在线审核后即可办理，无须线下提交书面申请。丢失补办需要交纳人民币200元/证的服务费。

2.证件持有人如事前没有申报丢失或被盗，其后证件被冒用、伪造而被广交会保卫部门查获的，将被视为违规使用证件，原则上不再补办证件。

资料来源 根据中国进出口商品交易会网站资料整理。

2.1.7 撤展

　　在展览会即将结束的最后1天，观众稀少，参展人员可以适当进行撤展准备，如检查展品，将包装物料准备齐全，等到清场时即可开始撤展。撤展时秩序比较混乱，为妥善起见，所有工作人员最好都到撤展现场收拾和清理，防止遗漏或错拿展品。撤展时要注意安全，要将租借的展具及其他物件退还，并收回押金，展品运出展馆时要出示撤展证。需要注意的是，在展览会期间，不可以随意撤展。

会展链接2-2 ◄

中国国际投资贸易洽谈会参展流程图

　　中国国际投资贸易洽谈会参展流程如图2-4所示。

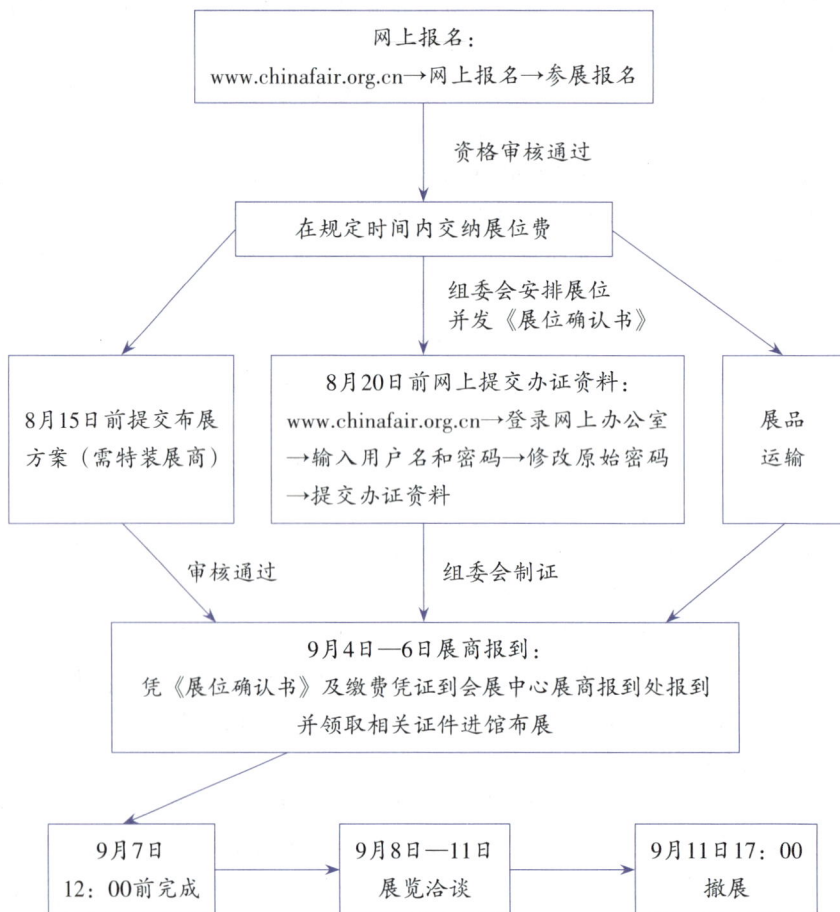

网上报名：
www.chinafair.org.cn→网上报名→参展报名

资格审核通过

在规定时间内交纳展位费

组委会安排展位
并发《展位确认书》

| 8月15日前提交布展方案（需特装展商） | 8月20日前网上提交办证资料：www.chinafair.org.cn→登录网上办公室→输入用户名和密码→修改原始密码→提交办证资料 | 展品运输 |

审核通过　　　组委会制证

9月4日—6日展商报到：
凭《展位确认书》及缴费凭证到会展中心展商报到处报到
并领取相关证件进馆布展

| 9月7日12：00前完成 | 9月8日—11日展览洽谈 | 9月11日17：00撤展 |

图2-4　中国国际投资贸易洽谈会参展流程

　　资料来源　中国国际投资贸易洽谈会．参展程序［EB/OL］．［2025-01-10］．https://www.china-fair.org.cn/CifitSystem/index/#/Exhibitor/ExhibitorProgram？name=%E5%8F%82%E5%B1%95%E7%A8%8B%E5%BA%8F．

课堂互动2-1

在线展会，也称网络展会、虚拟展会。在信息技术飞速发展的今天，在线展会也越来越普及。请同学们通过网络查询在线展会的参展程序是什么样的，并以某个展会为例进行说明。

2.2 国外参展要求与程序

出国参展已成为我国企业开拓国际市场的有效做法之一。出国参展可以使我国企业扩大商务接触面，寻找到更多的商机。许多具有较高知名度的国际展会，如法兰克福消费品展览会、科隆五金展览会、米兰马契夫国际消费品展览会、美国拉斯维加斯消费电子展、迪拜国际博览会等，都有中国企业的参加。

2.2.1 出国参展要求

由于我国目前仍然属于外汇管制的国家，出国参展涉及展品出口及外汇兑换问题，一般企业要想出国参加展览，要向经国家批准、有出国展览权的主办单位进行申报。根据我国有关出国参展的管理规定，出国参展企业必须拥有进出口经营权。出国参展企业必须严格遵守出国参加展览会的外事纪律和展览会组委会的有关规定，保证安全顺利地往返展会。

出国参展的相关要求如下：

（1）严格遵守国家法令、外事纪律及外事授权规定，一切行动听从指挥。

（2）维护民族尊严、国家利益和企业信誉，不做任何有损国格和企业信誉的事情。

（3）进行谈判、签订协议和合同等重要活动时，要有谈话记录；不得利用工作之便谋取私利，不得背着组织与外商私下交往。

（4）参加外事活动、与外宾接触时，言谈要有分寸，举止要合乎风俗。对客户和参观者的询问要热情回答，不得冷落客户。

（5）严守国家机密，严防窃照、窃听、泄漏国家机密。对外谈判不要涉及内部机密。与外商谈判时不要把机密文件放在桌上。出国不得携带内部机密文件，包括本公司的内部资料、内部报刊或记有内部情况的笔记本。

（6）一般情况下个人不得单独行动，如有特殊事情，需要通过正当程序向团长请假，其他人一律无权批准个人外出。未经许可不得擅自与外国任何机构和个人联系。

（7）提高警惕，发现可疑情况时，要立即报告，并进行检查。

（8）不得进入不健康的场所。

（9）遵守展览会的有关规章制度，不得提前撤展，按展览会规定处理样品。

2.2.2 出国参展程序

出国参展程序见表2-2。

表2-2 出国参展程序

序号	时间安排	工作内容
1	展览开幕前6～10个月	参展商与出国展览组团单位取得联系，索取展览会概况、费用表及《参展申请表（代合同书）》等资料
2	参展商收到展览会概况、费用表及《参展申请表（代合同书）》等资料后	参展商将《参展申请表（代合同书）》填好并盖单位公章后，传真给出国展览组团单位或进行网上申报
3	参展商签好《参展申请表（代合同书）》后1个星期内	参展商将展位费全款汇至出国展览组团单位账户，以确认展位
4	展览开幕前约105天	出国展览组团单位发给参展商有关参展程序的介绍材料
5	展览开幕前约105天	参展商确认展位数、派人单位名称、出访人数，以及持因公护照还是因私护照
6	展览开幕前3个月	出国展览组团单位发展品箱号及运输指南（国家不同，下发时间也有所不同）
7	展览开幕前3个月	参展商将出国人员详细资料传真至出国展览组团单位
8	展览开幕前约75天	参展商将单位英文全称、地址等会刊资料以电子邮件或传真的形式发给出国展览组团单位
9	展览开幕前约75天	参展商确定装修方案及预订增租展具
10	展览开幕前2个月	展品集中发运（国家不同，集货时间也有所不同）
11	展览开幕前2个月	出国展览组团单位下发《出国任务通知书》及《出国任务批件》，办理护照等出国手续
12	展览开幕前2个月	出国展览组团单位将展览主办方邀请函快递给参展人员
13	展览开幕前1个月	参展商付清人员费、运费等所有参展费用
14	展览开幕前1个月	参展人员将护照、照片等材料快递至出国展览组团单位或送当地政府外事办公室，准备办理签证手续
15	展览开幕前1个月	参展人员确认具体行程
16	展览开幕前约15天	通知集中出发地点及时间
17	展团出国前1天	出国人员集中学习
18	展览开幕前2天	展团出国
19	展团回国后1个月内	出国展览组团单位开具发票

价值引领2-1　　　　　　　　中国企业"走出去"愿望强烈

"忙，实在是忙。"如果要用一个词来形容中国会展人2023年以来的感受，"忙"大概是最高频的字眼。

美国拉斯维加斯消费电子展、英国伯明翰国际春季消费品博览会、德国法兰克福国际灯光照明及建筑物技术与设备展览会……如今，这些大型国际展会都少不了中国企业的身影。

"企业'走出去'的愿望非常强烈，只要有展会都想尝试，传统的大型专业展是绞尽脑汁拿到展位，新兴的许多展会也想去看看怎么回事儿。"作为一名会展人，上海市国际展览（集团）有限公司副总裁白沁沁自2023年以来除了忙还是忙，企业客户的需求，催着他们不能停下来。2024年，白沁沁已经安排了印度尼西亚、泰国、俄罗斯、澳大利亚、土耳其等多个国家的海外办展项目，组团赴海外参展的企业数量更多。

许多会展企业也有类似感受。2023年汉诺威米兰展览（上海）有限公司在中国完成了26个来展、50个出展项目。"2023年以来，我们感到展商、观众对出国参展的热情很高。"公司董事总经理刘国良说，出于供应链布局、地缘政治等多方面的考虑，中国展商迫切想要出国参展办展，巩固传统市场，拓展新兴市场。2024年和展商沟通，不少展商反馈要留一半预算出国展览，这也反映了展商的市场观念有所改变。

中国企业不再满足于展出产品和解决方案，而是更加积极地参与共建全球工业产业链，参与各项技术论坛和行业对话活动，致力于中国工业的全球化融合发展。

随着国际航班、人员签证等跨境往来更加便利，相关支持政策措施持续发力，外贸企业加速复苏，2023年一季度之后，企业出国参办展恢复速度逐渐加快，海外展会迎来更多中国参展商。

"展览会仍然是企业获取订单最便捷、最经济的方式之一。多年来，展览始终是我国外贸发展的重要平台。"从业35年的浙江省会展智库专家李保尔说。

中国已连续多年保持世界货物贸易第一大国地位，2023年有进出口实绩的外贸企业突破60万家，其中民营企业55.6万家。"有如此庞大体量的外贸民营企业，中国会展业'走出去'大有可为。"李保尔说。

资料来源　李婕．"走！去海外参展办展"［N］．人民日报（海外版），2024-03-26（6）．

思政元素：高质量发展　树立中国品牌

学有所悟：会展业作为现代服务业的战略先导产业，将发挥越来越重要的作用。随着全球供应链的重塑和中国制造"走出去"的步伐加快，中国展览"走出去"的数量也越来越多，中国会展业将不断优化现有业务价值链和管理价值链，提升用户体验，构建企业新的竞争优势。同时，中国会展业也将继续加强与国际市场的合作与交流，推动中国品牌在全球范围内的传播和推广，为中国品牌的崛起贡献更多力量。

2.3   展位施工要求与程序

展览会主办方提供给参展商的场地一般是一块净地或者是一个标准展位的框架，参展商为了提高展出效果，一般都会根据自己的展出需要对展位重新设计、搭建或装修布置。

2.3.1   展位施工要求

为了维护展馆的正常秩序，保证展馆安全和卫生清洁，参展商在施工过程中应遵守展览会组委会的相关规定。

（1）施工人员应佩戴施工证件进馆施工。

（2）施工单位和施工人员在施工中对展馆安全承担责任，对进入展馆的施工人员应进行消防安全教育，要求施工人员严格遵守消防安全操作规程，并采取相应的安全措施。

（3）搭建、安装特装展位的参展商，一般在施工15天前，将特装展位设计平面图、施工图报给展览会组委会，由展览会组委会报消防部门审批，审批合格后的设计平面图、施工图由展览会组委会交付展馆展览现场部审核，审核合格的单位在施工前到总服务台交纳特殊装修施工管理费和展后特装物清理保证金，参展单位或施工单位在撤展期间将特装物清理干净，经展览现场部验收后，退还保证金。

（4）特装展位在开展前由消防检测机构做电气设施消防安全检测，由施工单位自付电检费，检测合格后方可供电。

（5）严禁将易燃易爆、化学危险品、压力容器带入展馆。

（6）严禁在展馆内明火作业，如有特殊需要，须经消防部门批准后在馆外作业，并设看护人员和采取相关的防护设施。

（7）施工单位要爱护展馆建筑物和设备、设施，施工中应注意保护好墙面、地面，不得在上述任何部位钉钉子、打螺丝、打孔、粘贴图案或宣传品。展馆顶部龙骨严禁吊挂物品。

（8）搭建物的安装要牢固、安全，施工过程中展材、展具要轻拿轻放，禁止砸地面、墙面，以免对展厅造成损坏。如发生损坏，须按规定赔偿。

（9）施工单位不得在监控设施、空调排风口处搭建隔离物、展板或堆放任何物品。禁止遮挡安全疏散指示及应急照明，不得损坏和挪用消防设施、器材，不得圈占消火栓，严禁占用防火间距及堵塞公共通道。

（10）施工单位在展厅台阶、地面上做标识，须经组委会广告公司同意。

（11）施工单位使用的地毯等材料应为符合消防规定标准的非易燃物，固定时请使用非残留性的单面、双面布底胶带。

（12）展馆内所有设施、设备、展材展具及桌椅未经同意不得擅自挪用，如施工单位需要上述物资，请到总服务台办理租用手续。

（13）展馆内禁止吸烟、饮酒和开展各种形式的娱乐活动。使用音响设备应低于70分贝。

（14）施工单位应按规定的时间进出展馆，若提前进馆施工或延长工作时间，须经展馆展览现场部及保卫部同意，并按标准支付费用。

（15）施工单位在施工过程中要注意各展厅楼面高度和地面的负荷重量，避免发生事故。

（16）施工单位进行用电线路和设备安装时，应由持有效电工作业证的人员完成。

（17）展厅内禁止使用碘钨灯、高压汞灯，不准超负荷使用电器。

会展链接2-3

中国安全生产协会会展安全工作委员会成立

近年来，会展行业呈现蓬勃发展之势，对于促进经济国内大循环、国内国际双循环起到了积极的推动作用。但会展行业在安全生产中也暴露出许多问题，需要各级政府和会展相关机构、企业高度重视并认真加以解决。为促进会展行业安全生产工作，指导会展机构、企业加强安全管理和行业自律，中国安全生产协会决定成立会展安全工作委员会，并于2023年2月21日在北京西郊宾馆召开成立大会。

中国安全生产协会是面向全国安全生产领域，由各相关企业、事业单位、社会团体、科研机构、大专院校以及专家、学者自愿组成的，并依法经民政部批准登记成立的全国性、非营利性的社会团体法人。

2022年4月26日，中国安全生产协会发布《会展业安全管理规范》（T/CAWS0002—2022），自2022年5月1日起实施，并在2022年中国国际服务贸易交易会国际会展经济发展论坛、2022年中国会展经济研究会年会暨中国会展经济（昆明）论坛上分别进行了推广。为加快推广实施工作，中国安全生产协会、中国会展经济研究会共同下发了《关于推动落实〈会展业安全管理规范〉的实施意见》。

《会展业安全管理规范》是会展行业历史上第一部安全管理团体标准，其主要内容包括：会展分类与风险分级；搭建（进场）和拆除（撤馆）时间；主（承）办单位、场馆单位、主场单位、设计单位、搭建单位、场外生产单位、监理单位、参展单位资格要求；主办单位、承办单位安全职责；场馆单位安全职责；主场单位安全职责；设计单位安全职责；搭建单位安全职责；场外制作单位安全职责；监理单位安全职责；信息化管理办法等。该标准的发布和实施，对于促进会展行业的安全发展将发挥积极作用。

会展安全工作委员会成立后，将在中国安全生产协会的领导下，在会展行业开展政企沟通协调、产业规划设计、行业信息统计、安全生产评估、专业人才培养、对内对外交流合作等方面的工作，以促进会展行业安全生产和行业自律，进一步提升会展行业的创新力、凝聚力、竞争力，为实现会展安全产业高质量发展做出积极贡献。

资料来源　佚名. 中国安全生产协会会展安全工作委员会将于2月21日在京召开成立大会［EB/0L］.［2023-02-13］. https://exhibition.ccpit.org/articles/2329.

2.3.2　展位施工程序

展位施工程序如下：

（1）布展施工前7~15天，向展览会组委会提出施工申请，申请时要提交布展施工图、效果图、电路图等。

（2）展览会组委会进行审核。

（3）经展览会组委会审核通过后，签订《布展施工安全责任书》。

（4）申领施工证、车辆出入证（筹展证）。

（5）进场施工。

2.3.3　展位施工费用

参展商进行展位施工要交纳一定的管理费、水电费、布展超时费、垃圾处理押金等，参展商要及时支付，以免延误展位施工，影响参展效果。

会展案例2-3

2024中国国际五金展特装展位展商布展施工价格

2024中国国际五金展特装展位展商布展施工价格见表2-3。

表2-3　　　　　2024中国国际五金展特装展位展商布展施工价格

项目	价格	备注
施工管理费	32元/（平方米·展期）	
垃圾处理押金	60平方米以下，20 000元； 60~120平方米，40 000元； 120平方米以上，80 000元； 双层展台另加收30 000元	在主搭建单位办理。交费单位与实名认证单位一致，否则不予办理
施工证	50元/（人·展期）	限布展、撤展期间使用
车证	50元/（辆·展期）	前往上海新国际博览中心车辆办证处办理"装卸区车辆通行证"。每辆车需要用现金支付管理费50元、押金300元
加班收费标准（展台面积小于1 000平方米）	18：00—22：00，1 800元/小时；22：00—次日8：00，3 600元/小时	若需要加班，请于当日15：00前，前往主搭建服务处申请，逾期加收50%加急费。展期外加班，直接向主办单位申请

续表

项目	价格	备注
存储费	35元/（立方米·天）	若需要存放空箱和搭建材料，请与主运输单位联系
展厅内吊点	3 200元/点	
4.5米以下特装展位审图费	7元/平方米	
水源	展台用水：3 000元 机器用水：5 400元	展台用水：DN15（公称直径15毫米） 机器用水：DN20（公称直径20毫米）

说明：

（1）每展期为3天，不足3天的按3天计算。

（2）特装搭建单位须与展馆签订《上海新国际博览中心安全承诺书》，否则不允许进场施工。

（3）开放式布展原则：不能阻挡周边展位视线。通道对面有展位的，不能在距离对方展位边缘3米以内竖立高度超过1.8米、宽度超过3米的展板。

（4）布展及撤展期间，进入展馆内的施工人员必须佩戴安全帽。未佩戴安全帽的施工人员不允许进场作业。特种作业人员必须携带有效的特种作业操作证。

（5）展馆方不提倡特装展位封顶，如果需要封顶，应设置火灾自动报警系统和自动喷水灭火系统，并设年检合格的灭火器。全封闭展示区域或半封闭展示区域的建筑面积大于120平方米时，疏散门的数量不应少于2个，宽度不应小于0.9米。

（6）参展商应为他人在其展位内所受到的财产及人员伤害负责，因此参展商须购买公众责任险，在展品进/撤馆、运输和展出期间应购买展品险。每个参展商应购买的公众责任险保额下限为800万元人民币，同时参展商必须联系其保险代理将展品也涵盖在保单里。展览会主办单位对任何展品和个人物品遗失或损坏不负有责任。请参展商根据展位面积大小进行投保。

资料来源　根据中国国际五金展官方网站整理。

案例点评：展位施工费用也是参展企业的一笔开支。参展企业在进行参展成本预算时，应仔细阅读参展商手册，了解展位施工费用，并做好预算。

知识掌握

◎判断题

（1）选择展品有三条原则，即针对性、代表性、时效性。　　　　　（　　）

（2）出国参展前，参展人员必须办理合法的出国手续，包括因公护照、签证等。
（　　）

（3）已有护照的参展人员须确认护照有效期，通常行程结束后6个月以上仍然有效的护照才可以送签。　　　　　　　　　　　　　　　　　　　　　（　　）

（4）参展人员应遵守展览会的有关规章制度，按展览会规定处理样品，必要时可提前撤展。   （   ）

（5）参展人员出国不得携带内部机密文件，包括本公司的内部资料、内部报刊或记有内部情况的笔记本。   （   ）

◉简答题

（1）简述企业参加国内展览会的基本程序。

（2）我国对出国参展企业有哪些要求？

（3）简述展位施工的程序。

知识应用

◉案例分析

出国参展签证秘籍

怎么做才能减少签证过程中的不确定因素，保证企业的正常参展活动少受或不受干扰？下面我们将为广大参展企业支招。

1.保证签证资料真实有效

国外大型展会的举办地一般是在欧美国家，这些国家的入境管理措施十分严格，签证官会对申请人所提供的材料进行非常详细的核实与甄别，只要发现有任何作假的痕迹，申请人就会被拒之门外。

例如，国内一家石材工具公司由老板亲自带队去东欧某国参展，在递送材料的过程中，因为秘书忘了让参展人员签名，而由公司内的一个老业务员自作主张地代签，最终被签证官认定为造假。即使后来该公司的人员全部去了领事馆，还是无法避免被拒签，就连已经出国三十多次的老板也未能幸免。另有一家企业在申请赴加拿大参加某五金展时，由于随附的宣传资料夸大了企业的生产规模，也同样被拒签。

可见，对于出国参展企业来说，如实申报递送材料，才是签证成功的最大保障。

2.细致合理地准备申请资料

在保证资料真实的前提下，资料准备的充分程度也是影响签证成功与否的重要因素。参展企业应提供具有证明力的有效文件，不要主动提供那些与参展目的无直接关联、可能造成误解甚至麻烦的周边材料。如果是持因公护照组团出展，那事情就会简单很多，因为签证将由地方政府外事办公室或组团单位统一送签并领取。不过对于多数企业来说，因私商务签证才是最常用的出展签证方式，所以下面我们着重介绍申请因私商务签证在准备资料时应注意的事项。

首先，在提供信息时，应尽量保持团队与个人的一致性，如所有团员都在一个行业，属于同一个协会、学会或组织机构。

其次，对出展目的的表述应简单明了，不能含糊其词，要保证出展目的能被签证官接受并理解，不会出现认知上的误区。第一次出国的人员可能还会被要求提供工资证明，而护照上之前的出国经历将会是对申请人很有利的"诚信记录"。在准备好各国使馆所要求的材料的同时，申请企业还应自行准备能证明自己确实参展的相关材料，如展位费收据。

最后，对于第一次出国参展的企业，如果条件允许，应事先去专门的公司或专业人士处，咨询或委托其协助签证事宜，这样会使整个签证过程顺畅很多。

3. 面签时应当注意的细节

准备好签证资料后，可能还要面对签证官的面试。但在考虑如何应对签证官之前，参展企业首先应该确定是否能见到签证官，因为很多国家的面签是需要预约的。实际上，每天在各国大使馆、领事馆门口都有很多因为缺乏这些基本常识而打道回府的人。

在不同的国家、不同的时间，预约面签的结果也会不同，类似美国、德国这样的热点地区，如果遇到诸如长假旅游、留学报到的旺季，往往要提前两周、一个月甚至更久才能保证被排上。

此外，在赴约前还需要明确签证费用的缴付方式，关键应了解是需要委托代缴，还是在现场直接支付。

当参展人员最终面对签证官的考察时，应注意把握以下四个原则：

首先是不问不说，即只回答签证官提出的问题，要做到回答清楚、简洁明确。

其次是不问不给，即只提供签证官要求的材料，不要主动提供任何签证官没有要求的材料，哪怕自己带的材料都没用上，也不要主动出示。

再次是问谁谁答，当签证官有选择地向签证团队里特定的团员询问时，应由被提问者来回答，被提问者回答时不要征询旁人意见，更不能由他人代答。

最后是据实回答，这是最重要的原则，绝对不要猜测签证官希望听到什么样的答案，照实回答即可。

4. 未雨绸缪早做准备

虽然以上方法能够帮助企业尽量避免在签证时遇到麻烦，但实际上，即便是常年参加各类外展的老展商，也难保证不会被拒签。因此，有关签证事宜，参展企业最好提早进行准备，即使相关人员由于不可预知的因素而被拒签，也能留出相应的时间进行二次签证。在申请签证时，第一次被拒而第二次通过的例子并不鲜见。

需要说明的是，特定人群在申请一些特定国家的签证时，可能会遇到差别待遇。例如，年龄低于35岁的未婚女性在申请美国、加拿大等国家的签证时，成功的概率较低。对于这种情况，参展企业在选择参展人员时应加以注意。

最后，还有一些应急措施可以作为特殊情况下的选择。例如，当实在需要参加某个展会而又被签证所阻时，若该展是在欧盟国家举办，则参展企业可以先通过其他更容易的方式去其他欧盟国家，再依据《申根协定》（只要在申根国家中的其中一个国家获得了合法居留和入境签证，就同时获得了申根国家自由通行的权利），转道抵达目的地国，但这只能称为权宜之计。对于出国参展的企业来说，只有早了解、早准

案例分析2-1

分析提示

备、早行动，才是签证成功的有效保障。

资料来源　励柏展览．出国参展：签证秘籍［EB/OL］．［2019-07-04］．http://reboexhibition.com/ger/index.php?m=content&c=index&a=show&catid=196&id=323.

问题：办理出国签证应注意哪些问题？

⊙实践训练

学生分小组分别模拟扮演展览会的主办方和参展方，进行展位预订过程的实战演习。

要求：展位预订的过程："与主办方联系—填写申报表—主办方认可并签订参展协议书—交纳展位费—展位最终确认"要在演习中完整体现。

学习评价

本章学习评价表见表2-4。

表2-4　　　　　　　　　　　学习评价表

学习内容	参展相关要求与程序		
	评价要点	配分	得分
知识掌握	掌握国内参展基本程序	10分	
	掌握国外参展要求与程序	10分	
	了解展位施工要求与程序	10分	
技能提升	能够选择有效的展品参加展览会	15分	
	能够准确提交参展申请，进行展位预订	15分	
素质养成	遵守国内及出国参展程序与要求，养成遵纪守法的自觉性	20分	
	遵守展位施工程序与要求，具有安全意识及责任意识	20分	
分数合计		100分	

第 3 章

展览会选择

学习目标

知识目标

- 认识企业参展的必要性。
- 了解企业参展应实现的目标。
- 掌握展览会市场调查与分析的方法。

技能目标

- 能够对展览会的相关信息进行市场调查与分析。
- 能够根据企业的参展目标选择适合企业的展览会。

素养目标

- 培养爱岗敬业、知行合一的职业素养。
- 积极践行社会主义核心价值观，培养良好的职业道德。

知识导图

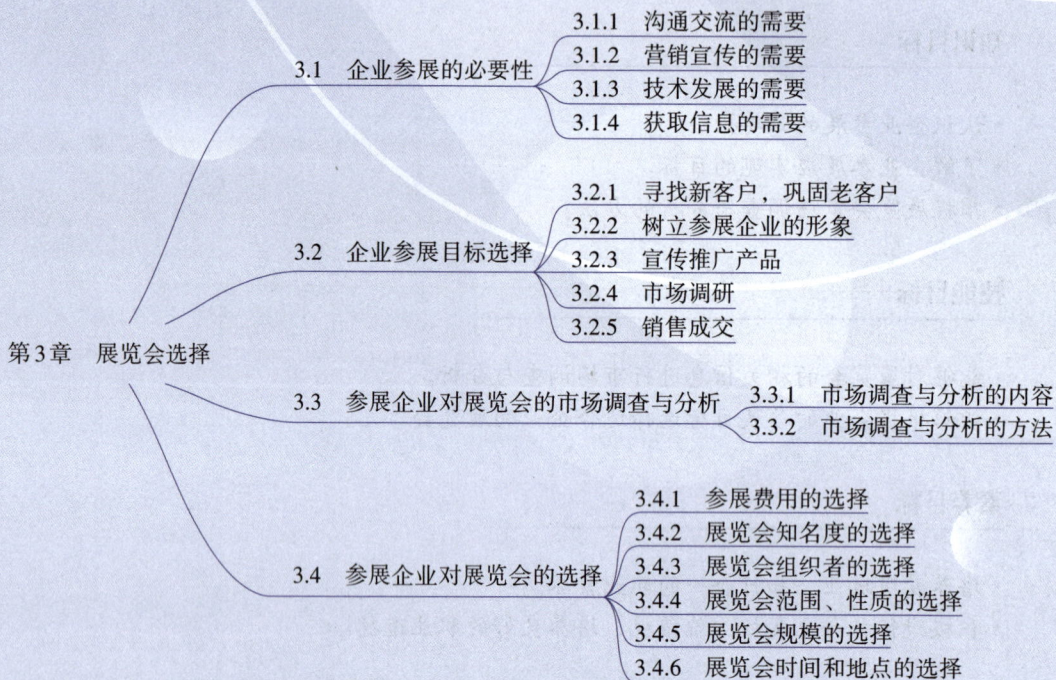

| 引例 | 服贸会外国参展商：收获满满，期待明年扩大参展规模 |

9月15日，2024中国国际服务贸易交易会迎来第一个公众开放日。在国家会议中心，参观者络绎不绝，热闹非凡。这样的人气让不少参展商表示收获满满。

在蒙古国的展馆前，丰富的展品吸引了众多采购商团队和观众前来试穿、选购。蒙古国蒙古制造公司首席执行官步巴说："我做出了正确的决定，很高兴今年能来参加服贸会，在企业合作和洽谈方面已经大获成功。我期待明年能够再次参加服贸会，如果可能的话，我想扩大参展规模。"

在波兰国家馆内，一场洽谈正在展开。这是波兰投资贸易局首次在服贸会线下独立设展。波兰投资贸易局驻华办事处业务发展代表宋曼姝说："我们这几天收到了很多高科技、新能源相关的咨询。我们也希望利用服贸会这个平台，达成一些未来的协议。"

在阿联酋国家馆内，有不少观众驻足品尝阿联酋传统美食。在本届服贸会上，阿联酋带来了10余家参展商，涉及商务、通信、制造、金融、航空、文化和旅游等多个关键行业。阿联酋驻华大使馆临时代办哈利德·沙赫说："服贸会作为一个平台，将我们两国的合作提升到新的高度，并强化那些将惠及两国和友好人民的投资交流。"

资料来源　佚名. 服贸会外国参展商：收获满满，期待明年扩大参展规模〔EB/OL〕.〔2024-09-16〕. https://content-static.cctvnews.cctv.com/snow-book/index.html?item_id=38519252826017247584.

引例点评：参加展览会对企业开拓市场效果明显。企业选择展览会时要与自己的参展目标相匹配，认真筛选。好的展览会能够吸引来自世界各地的参展商和采购商，保证参展目标得以实现。

现代企业面临着激烈的市场竞争，企业要保持和提高自身在市场上的竞争地位，必须时刻掌握市场发展动态。选择有影响力的知名展会参展是企业把握市场脉搏最便捷、最有效的方式。对此，企业应有正确的认识。

企业参展要达到预定目标，就要保证所选择的展览会的质量。因此，企业应采用系统、科学的方法进行参展决策。企业选择展览会包括的环节如图3-1所示。

确定参展目标　→　进行市场调查　→　确定参加的展览会

图3-1　企业选择展览会包括的环节

3.1　企业参展的必要性

现代展览会具有强大的功能，包括交易功能、沟通功能、整合营销功能、技术扩散功能、展示功能、调节供需功能、信息集聚与传播功能等，这些功能可以满足参展企业各种不同的需要。

3.1.1　沟通交流的需要

展览会的沟通交流作用非常明显：参展商与买家数量多、覆盖面广，可以进行面对面交流。同时，展览会的环境氛围也有利于提高沟通质量。当今市场竞争激烈，企业必须增进与经销商或者消费者的沟通，从而扩大销售网络，促进销售。在展览会上，经销商或者消费者通过与参展商进行双向互动的沟通甚至亲身体验，能够全面了解企业产品的性能和价格。

3.1.2　营销宣传的需要

现代企业为了稳定和扩大市场份额，必须进行市场营销，而展览会是一种非常有效的营销宣传方式。在展览会上，企业可以展示自己的产品和发布新产品信息，以激发目标客户和潜在客户的消费欲望；可以找到合适的经销商、代理商进行合作，建立销售渠道，达到产品促销的目的；可以树立企业形象，提高品牌知名度，在同行业间建立横向联系；还可以降低营销成本。

3.1.3　技术发展的需要

展览会是集中展示新产品、新技术的理想平台，它突破了区域之间诸多的技术壁垒和贸易壁垒，大家走到一起取长补短，有利于企业检查已有技术、学习他人先进技术。企业通过参展可以进行技术交流，掌握行业技术发展的最新动态，了解国内外最新产品和发明的现状与发展趋势，及时对产品进行更新换代，从而保持技术优势。

3.1.4　获取信息的需要

企业要不断发展，必须了解市场信息、竞争者的情况、消费者的需要。展览会聚集了各地的厂商和客户，是"行业的风向标，消费者的导航灯"。在展览会上，企业可以在短时间内获得市场信息和动态，迅速统计出相关的市场资料，从而为企业制定经营目标提供依据；还可以了解竞争者的情况以及顾客的需要，从而生产适销对路的产品。

▶ **会展案例3-1**

2024年中国经贸类展览项目数量行业分布统计

中国国际贸易促进委员会2025年1月10日在第二十届中国会展经济国际合作论坛（CEFCO）上发布了《中国展览经济发展报告2024》。报告对2024年中国经贸类展览项目数量行业分布进行了统计，见表3-1。

表3-1　　　　　　　　2024年中国经贸类展览项目数量行业分布统计

行业	展览项目数量占比
工业与科技	27.7%
房屋建筑、装修及经营服务	10.8%
日用消费品及居民服务	10.4%
其他	8.5%
交通运输、仓储和邮政	8.3%
食品、酒饮及酒店服务	7.9%
农业、林业、渔业及农副产品	6.5%
文化、体育和娱乐	6.2%
医疗健康	6.0%
能源矿产	2.6%
租赁和商务服务	1.4%
综合类	1.4%
信息传输、软件和信息技术	1.2%
教育	0.8%
金融	0.4%

资料来源　中国国际贸易促进委员会. 中国展览经济发展报告2024［EB/OL］.［2025-01-10］. https://www.ccpit.org/image/1641603198017880066/0d5e5316b26c49fb96ad63bec4ff9551.pdf.

案例点评：借助展览会这个渠道，向国内外客户试销新产品、推出新品牌，同时通过与世界各地买家的接触，了解谁是真正的客户，行业的发展趋势如何，最终达到推销产品、占领市场的目的，是大多数现代企业的最佳选择。

3.2　企业参展目标选择

企业应根据自己的需要确定参展目标。总体而言，企业参展的最终目的是销售，展示只是一种手段，但这并不意味着企业参展时签的订单数就等于参展效果。企业参展除了展示新产品、提升企业知名度外，还要了解市场变化，市场上什么样的产品最受欢迎，以及竞争对手的各种动态，这些都是展会给参展企业带来的有价值的东西。企业参展可能有一个主要目标，也可能有几个目标，但无论如何，展前务必明确参展目标，以便有针对性地选择展览会并制订参展计划，突出参展人员的工作重点。

3.2.1　寻找新客户，巩固老客户

1）寻找新客户

客户是企业赖以生存和持续发展的基础，而展览会是最迅速、成本效益最佳的新市场开拓手段之一。在展览会上，参展商最关心的事情是能否找到新客户。展览会之所以能够吸引众多参展商，是因为在这里参展商可以在很短的时间内结识到大量新客户，从而为企业开拓潜在市场、扩大市场份额创造条件和机会。因此，参展商在做出是否参加展览会的决定时，最先考虑的往往是展览会专业观众的数量和质量，以推测有没有自己的潜在目标客户群。当展览会结束时，如果没有找到一个新客户，参展商就会怀疑参加这样的展览会是否有价值，是否应当继续参加这样的展览会。

2）巩固老客户

凡是知名的展览会，都会吸引众多的客商前往，企业的老客户往往也会出席。这些老客户一方面想在展览会上寻找新的商机，另一方面希望利用这个机会跟老朋友会面或者捧捧场。企业通过参展一方面能够展示自己的实力，让老客户相信企业的经营一切正常，可以放心大胆地与企业继续合作；另一方面，市场竞争激烈，产品同质化越来越明显，老客户是否会与企业继续合作，就要看相互的关系了，在展会上与老客户进行面对面交流，或者找机会请老客户吃饭叙叙旧，可以进一步巩固双方的关系，防止老客户被竞争对手抢走。

3.2.2　树立参展企业的形象

企业形象是一个企业在用户和社会公众心目中的总体印象，或者说是消费者和社会公众对企业的整体感觉与综合评价。企业形象塑造分为三个层面，即理念识别、行为识别和视觉识别。利用展览会树立和宣传企业的形象具有投入少、针对性强、目的明确、效果显著的特点。在展览会上，参展企业可以采用"静"和"动"两种不同的方式，直接将形象诉求传达给观众。

1）"静"态的方式是展现企业形象的视觉层面

"静"主要是指一些静止的物体，具体讲就是指参展企业的展台、有关的宣传资料以及参展人员的着装。展台是从视觉层面展现企业形象的有效窗口，是传递视觉要素信息的良好媒介，特别是对视觉要素中基本要素（如标准颜色、标准字体、企业口号等）的传达，具有极强的识别效果和传递作用。企业发放的宣传资料具有极强的形象传播功能，参展企业将形象的相关要素有机融入这些宣传资料中，无疑会起到极大

的形象推广作用。参展人员的着装也是企业形象要素中的重要内容，在企业形象的传播方面起着独特的作用。

2）"动"态的方式集中表现企业形象的行为层面和理念层面

在商业性展示中，动态的企业形象集中表现在两个方面：一是参展企业的工作人员为参观者提供的服务，这种服务多以企业及产品内容为中心，包括介绍产品的特点及回答关注者的问题。二是有关人员为参展企业提供的特定服务，即通常所说的展示服务，如舞蹈表演、问答抽奖活动等。这种服务尽管在展现企业及产品内容上不是很直接，但展示手段和方式却非常丰富，为动态地展现企业形象提供了良好的机会，在宣传企业形象方面具有较大的优势。

3.2.3 宣传推广产品

展览会是一种立体的广告，它为参展商提供了一个充分展示自己产品的机会。展览会期间，参展商可以将产品展示在展台上，向参观者进行宣传推广，展会举办者和新闻媒体也会对参展商的产品进行宣传和报道。综合来看，展览会在宣传产品方面具有独特的优势，它可以同时实现现场宣传和媒体宣传双重效果。

1）现场宣传

在展览会现场，参展商可以向参观者详尽地介绍自己的产品，由于有实物在场展示，参观者可以直观地认知产品、了解产品。同时，大多数参观者都是带着诚意而来的，他们在听取参展商的介绍时会更有耐心，更注意倾听。参展商和参观者之间还可以进行现场互动交流，参观者现场提问，参展商即时解答，从而使参观者全面深入地了解产品，增强参观者对参展商产品的信心，参展商的宣传效果也更加明显。

▶ **会展案例3-2**

"以竹代塑"产品闪耀义乌森博会

2024年11月1日至4日，第17届中国义乌国际森林产品博览会（简称义乌森博会）在义乌国际博览中心举行。为期4天的展会中，安吉县林业局组织20家竹企精彩亮相并且收获满满，达成现场订单50万元，意向订单300万元。

本次展会上，安吉竹企围绕"以竹代塑"主题，集中展示了竹办公用品、竹包装、竹日用品、竹家具、竹工艺品、竹灯、竹茶器、竹纤维制品、竹扇、竹地板、森林食品饮料等11个品类，产品共100余件。

一件件富有创意且绿色低碳的"以竹代塑"产品，受到了海内外新老客户的青睐。来自尼日尔的客商Nafissa对琳琅满目的安吉竹产品赞叹不已："很难相信这些产品都是用竹子设计制作出来的，不仅实用，而且具有很强的观赏性，非常符合市场需求。"

"竹产业是安吉特色林业产业，组织相关企业参加森博会，进一步扩宽了企业的营销渠道，助推品牌建设，提升了安吉竹产业的影响力。"安吉县林业局相关负责人表示，"此次参展的众多创意竹产品，符合当前'以竹代塑'产业发展趋势，因此比往届受到了更多关注。"

近年来，"以竹代塑"成为竹产品领域发展的新风口。作为"中国竹乡"，安吉抢抓这一机遇，立足自身竹产业发展优势，积极开展"以竹代塑"产品推广工作。"2024年以来，我们累计组织30余家林业企业参加上海竹博会、义乌森博会等行业展会，积极对外推广安吉代塑竹产品。"安吉县林业局相关负责人介绍，"还向国际竹藤组织提供了200余件'以竹代塑'产品，先后走进各类国际、国内会议展会，让来自安吉的'以竹代塑'产品走上世界性展示平台。"

资料来源　崔吉丽，左璐莹．"以竹代塑"产品闪耀义乌森博会［N］．潮州日报，2024-11-08（A07）．

案例点评：展会是企业向外界展示自身实力与魅力的绝佳平台。这种直观的展示方式比单纯的广告宣传更能加深客户对企业产品的印象，进而提升企业的品牌知名度。

2）媒体宣传

展会举办者通常会运用现代信息技术对展会的有关信息进行分析、处理、发布，使参展者、观众和展会组织者随时了解参展商品的供求状况、新产品的开发信息、参展商和观众的身份特征，从而增强展会的信息交流、宣传推广功能。同时，众多新闻媒体机构也会为参展商"摇旗呐喊"，参展商可以充分利用这些新闻媒体为自己宣传。

3.2.4　市场调研

展览会最重要的特性之一就是具有集聚性，来自各地的企业和客户聚集在一起，带来了各地企业的最新信息。

在市场方面，客户会带来参展商非常希望了解的信息，如市场供求状况、价格变动情况、消费者使用产品后的反馈以及新客户所在市场的状况等。参展商还可以借助展览会推出自己的新产品，在新产品大规模推向市场之前，了解客户对新产品的反应及改进意见。

在行业发展方面，同行为了争夺客户会尽可能地展示自己的实力，树立企业的良好形象，展示自己最新的产品和最新的技术。因此，参展商在展览会上很容易获得竞争对手的信息，包括竞争对手的价格，甚至竞争对手的客户信息，进而掌握行业的发展动向。这些信息对参展商制定经营战略、调整和争取客户、抢夺市场具有极其重要的作用。

一位有经验的参展商曾经说过："当竞争对手的展台挤满参观者时，所有人都忙于交谈，无暇四顾，我便上前留意观察，倾听、收集情报。如果我上前直接问很多问题，可能得不到答复，但装成一个潜在客户，认真与别人交谈，也许会获得很多有用的信息"。

3.2.5　销售成交

企业参加展览会是围绕着销售产品这个最终目的展开的。寻找客户、树立企业形象、宣传产品以及市场调研，都是销售产品的手段。因此，在展览会上实现销售成交，无疑是参展商参展的重要目标。同时，很多专业观众参加展览会的目的是找到合适的产品，所以在展览会上实现销售成交的可能性是非常大的。

展览会成交金额是衡量某一展览会成功与否的重要指标，也是参展商选择展览会的重要影响因素。对参展商来说，参展成交可以从两个方面来理解：一是在展览会上的现场成交，现场成交金额只是参展商销售额的一部分；二是在展览会后的成交，对于一些新客户和新产品，由于在展览会期间详细洽谈合同细节有着种种不便，因此很多销售成交是在展览会后达成的，这时展览会就成了销售成交的媒介。

价值引领3-1　　　　　　　　进博七载，续写多彩合作共赢故事

金秋意浓，黄浦江畔，再次奏响合作共赢的乐章——第七届中国国际进口博览会（简称第七届进博会）成交活跃，按一年计意向成交金额达800.1亿美元，比上届增长2%；国家展集聚了来自五大洲的77个国家和国际组织，展览面积达3万平方米；企业展继续保持36万平方米的超大规模，共有129个国家和地区的3 496家企业参展，186家企业和机构成为七届"全勤生"……

在2024年11月10日举行的第七届进博会闭幕新闻通气会上，一组组数据传递出本届进博会唱响的时代强音，这是合作之声、共赢之声，更是中国与世界携手创未来的开放之声。

开放声音更响亮　合作成果更丰硕

"在习近平总书记关于进博会'越办越好'等重要指示精神的指引下，在各方的共同努力和大力支持下，第七届进博会和虹桥国际经济论坛已实现预期目标，办成了一届开放特色鲜明、活动亮点纷呈、合作成果丰硕的全球经贸盛会，向世界展示了中国以开放促改革、促发展，以中国新发展为世界提供新机遇的信心和决心，为促进普惠包容的经济全球化做出积极贡献。"在第七届进博会闭幕新闻通气会上，中国国际进口博览局副局长吴政平介绍。

组织86场集中签约活动，达成合作意向近600项。举办124场新品发布活动，展示176项前沿科技产品……以进博会为纽带，一项项合作成果讲述着多彩的共赢故事。

在为期6天的盛会里，波士顿科学聚焦产业发展和疾病科普，携手政产学研医各界伙伴共同举办了近10场行业论坛。凭借进博会强大的溢出效应，波士顿科学在展期内与浙江、福建两省药械采购中心，及全国各地10多家公立医院签署设备及耗材采购协议，与数家覆盖医疗保险和医疗科技等领域的知名企业签署战略合作协议。

作为"全勤生"的克劳斯玛菲也在本届进博会上收获颇丰，达成了在历届进博会上的最高合作金额。相关产线落成后将为行业带来进一步创新突破，助力中国伙伴应对技术挑战，大幅提高生产效率，降低生产成本。

米其林与4家合作伙伴签订了合作协议，涉及领域包括赛事业务和轮胎采购等；宝洁展出旗下十大品类、20多个品牌的近百款创新展品，并举办了8场重磅活动，吸引了政府、专家、媒体、高校和消费者多方的参与和关注；资生堂旗下12个品牌超过30款首秀新品在展区亮相，探展观众人数创新高……

四大平台作用更凸显　更多精彩故事待续写

"下一步，我们将牢牢把握进博会作为中国构建新发展格局的窗口、推动高水平开放的平台、全球共享的国际公共产品三大定位，持续发挥国际采购、投资促进、人文交流、开放合作四大平台功能，不断推动进博会'越办越好'。"吴政平说道。

"越办越好"的进博会，一直践行着中国对世界的承诺——"中国国际进口博览会不仅要年年办下去，而且要办出水平、办出成效、越办越好"。如期参加进博会也成为众多参展企业展示对深耕中国市场坚定信心的重要窗口。

"波士顿科学对中国大市场满怀信心与期待。"波士顿科学大中华区总裁张珺表示，企业将坚定不移地与进博会携手同行，与"健康中国"共进致远，加速全球前沿技术在中国可及可得的同时，助推中国医疗创新与全球生态的深度交融与协同发展。

"今年是克劳斯玛菲连续第七届参加进博会。在这里，我们能与全球企业同台竞技，近距离了解中国未来产业需求方向及全球行业前沿动向。"克劳斯玛菲中国总经理任鑫亭表示，进博会已成为全球想要进入中国市场的尖端产品的综合展示平台，进博会为企业提供了更多想象空间和未来方向。

"6天的进博会很短，但米其林在中国持续打造创新奇遇的旅程将很长。通过本次参展，我们很高兴与参访者分享关于米其林的创新故事和对未来的憧憬，展示从地面到天空，甚至太空的多领域创新成果。同时，我们也顺利与许多合作伙伴达成合作意向与对话，帮助米其林进一步在中国探索可持续创新的无限可能。"米其林大中华及蒙古区总裁兼首席执行官叶菲表示，未来米其林将继续扩大"朋友圈"、优化"生态圈"，与更多伙伴一起共享美好未来。

宝洁大中华区董事长兼首席执行官许敏表示，宝洁非常重视进博会上来自各方的讨论与交流，也非常珍惜通过进博会了解行业和市场的机会。"在本届进博会中，我们感受到了消费市场的活力和新机遇，这意味着中国消费者对美、健康和高品质生活具有更高的追求，意味着宝洁所在品类市场规模有望继续突破，也意味着我们对中国市场的长期信心和战略定力。"

开放不止步，更多合作共赢故事还将续写。

资料来源　魏桥，张晓箴. 进博七载，续写多彩合作共赢故事［EB/OL］.［2024-11-11］.
https://investgo.cn/article/yw/tzyj/202411/751633.html.

思政元素：合作共赢　开放包容

学有所悟：第七届进博会是党的二十届三中全会胜利召开后中国举办的重要经济外交活动。作为中国主动向世界开放市场的重要举措，进博会自2018年首次成功举办以来，持续强化国际采购、投资促进、人文交流、开放合作"四大平台"功能作用，有力促进国内国际双循环链接、推动全球经贸交流，已成为构建新发展格局的重要窗口、推动高水平开放的重要平台、全球共享的国际公共产品。党的二十大报告指出："坚持合作共赢，推动建设一个共同繁荣的世界。"当前，百年变局加速演进，世界经济发展面临的风险挑战加剧。在此背景下，中国以制度型开放推进高水平开放，以中国新发展给世界带来新机遇，以中国式现代化推动各国携手谋发展，推动经济全球化进程更有活力、更加包容、更可持续。

3.3　参展企业对展览会的市场调查与分析

企业在选择展览会前，首先要对展览会进行深入的调查与分析。对展览会进行市场调查与分析时，应采用科学的方法，有计划、有组织地收集、记录、整理和分析与展览会相关的各种信息。只有在全面收集有关展览会的信息并加以科学分析的基础上做出参展决策，才能保证实现参展的预期效果。

3.3.1　市场调查与分析的内容

参展商的市场调查与分析包括两方面的内容：

第一，对备选的目标展览会的情况进行调查了解，包括：展览会的性质；展览会的主办和承办单位及其资质水平；展览会的参展商和专业观众情况；展览会的历史和知名度；展览会的举办时间及地点、参展费用、展位分配的习惯做法等。

▶会展案例3-3

浙江恒友展前调研助力参展效果提升

浙江恒友机电有限公司（简称浙江恒友）为了拓展海外市场，报名参加了第29届莫斯科国际建材展（MosBuild）。MosBuild 是东欧和俄罗斯地区最大的国际性建筑和室内装饰材料贸易博览会，也是建筑、装饰和维修领域专业人士的主要聚会场所。MosBuild 由 ITE 展览集团主办，获俄罗斯联邦建设部、俄罗斯工业家和企业家联盟、俄罗斯建筑师联盟、俄罗斯设计师联盟等大力支持。

浙江恒友通过调研发现，中国的建材如各种墙地砖、灯具、地革、卫生洁具、壁纸、装饰性产品、小五金工具、卫生间和住房装饰配件、家具等在俄罗斯市场很受欢迎。俄罗斯的建筑材料制造业一直不够发达，大量材料须从国外进口。MosBuild 展会与本企业的契合度较高。

为了取得良好的参展效果，浙江恒友做了充分准备。浙江恒友特别设置了一个智能互动展示区，通过模拟真实家庭场景，展示企业最新研发的智能马桶、淋浴系统等产品。观众可以亲身体验产品的智能化功能，如自动感应、恒温控制、健康监测等。这种沉浸式体验方式吸引了大量观众驻足观看，并引发了热烈讨论。此外，浙江恒友还利用大数据分析技术，收集参观者的使用习惯和偏好信息，从而为后续的产品研发和市场推广提供了宝贵的数据支持。

资料来源　中国国际贸易促进委员会宁波市委员会. 参展路上贸促同行：创新参展案例分享第一篇［EB/OL］.［2024-08-07］. http://www.ccpitnb.org/art/2024/8/7/art_8852_637265.html.

案例点评：本案例中，浙江恒友通过多方面收集信息，考察MosBuild和企业的契合度，最终取得了较好的参展效果。因此，企业只有做足功课，才能准确判断是否值得参展，以及如何使自己的展位和展品在众多参展企业中脱颖而出。

第二，对企业的内部情况进行调查与分析，包括：资金预算、人员素质、产品、目标市场及其规模、营销状况等。对企业的内部情况进行调查与分析主要考察企业是否需要参加展览会，有能力参加哪种类型、级别的展览会，备选的展览会是否与企业的营销目标一致等。

3.3.2　市场调查与分析的方法

参展商进行市场调查与分析时采用的方法主要有三种，即实地考察法、询问法和文献法。

1）实地考察法

实地考察法是指企业自己派人到展览会现场进行考察，收集原始材料的调查方法。这种方法耗费的时间较长、成本较高，但获得的信息真实可靠。有条件的企业为避免错误选择造成浪费，可以适当采用实地考察法。

会展链接3-1

考察展览会粗细结合的方法

粗，是指通过浏览式查看来了解展览会的整体情况，包括展览会的规模、性质、质量等。首先，观察参观者的入场情况，是门可罗雀还是门庭若市；是随便入场还是统计入场（填表入场）；是手工操作还是计算机操作；接待人员是手忙脚乱或是无精打采还是有条不紊、热情友善。其次，进场以后可以走马观花地看看展场展品是否齐全，了解展场设施是否完备。这样走走看看基本上就可以了解展览会的整体情况了。

细，是指通过细致观察和询问来了解展览会的具体情况，包括展览会的效果、效益等。在展览期间，可以观察有多少主要竞争对手参加了展览，竞争对手的展出面积有多大，展台设计下了多大的功夫，哪些企业人员参加了展台工作，展品有哪些等。在展览结束前，还可以询问一些非竞争对手的参展企业。此时，参展企业可能还未得出具体调查数据，但是根据展览会组织工作的效率和质量，参展企业对参观者的数量和质量，以及展览会的效果、效益等大多已有较为准确的评价，并且可能已经决定了是否准备参展。通过细致的调研，参展企业可以验证前面的调研结果，还可以了解会场哪个位置最好、展出多大面积比较合适、如何设计及装饰展台等展览会具体信息。

资料来源　刘松平. 参展商实务［M］. 北京：机械工业出版社，2005.

2）询问法

询问法是指由调研人员事先拟定调查提纲，然后请被调查者回答相关问题，以此来收集资料和获取信息的调查方法。询问法包括问卷调查法、电话调查法、面谈调查法等。在缺乏详细、可靠的专门展览会资料或分析这些资料后仍无法做出选择的情况下，需要在二手资料的基础上进行更深入、更细致的调研，以便获得更准确的信息。询问对象可以是展览会所在行业的商会、所在地区的商会或政府主管部门，也可以是以往的参观者或参展企业（最好是相识和熟悉的），还可以是展览会评估审核机构。

3）文献法

文献法也称二手资料调查法，是从各种文献、档案材料中收集展会信息的调查方法。文献法的调查对象是各种文献、档案，如图书、期刊、报纸、调查报告、政府文件、统计数据、会议记录、专利文献、学术论文、历史档案、信息数据库和网络资料等。

利用二手资料进行调查可以分为两个层次：首先是通过综合展览资料对展览会进行调查，即调查展览会在性质、内容等方面是否符合参展企业的要求；其次是通过具体的专业展览资料对展览会进行调查，即调查展览会在时间、地点、质量等方面是否符合参展企业的要求。综合展览资料是指包括多个展览会的资料，一般来说，国际性的综合展览资料由国际展览组织和专业出版公司编印，国家性的综合展览资料由国家展览组织、商会、政府部门编印，行业展览资料多由行业协会编印。

3.4　参展企业对展览会的选择

行业广角3-3

如何挑选展会，以把握更多机遇

对企业来说，参加展览会是为了取得理想的营销效果，耗费大量精力、财力却劳而无功，是所有参展企业都不愿意看到的。世界各地的展览会众多，只有选择适合本企业的展览会，才可能取得较好的参展效果。

会展链接3-2

企业参展前要问自己的60个问题

你选择参加的展览会能给你带来最高的回报吗？您需要在下决定前提出以下问题：

1.该次展览会能满足我们市场拓展的需要吗?

2.展览会的日期是否合适?

3.同期有别的展览会举办吗?

4.展览会的地点是否便利?

5.有多少与会者来自目标市场?

6.有多少与会者来自我们主要的服务地区?

7.办展机构如何推广展览会?

8.展览会过往的业绩如何?

9.哪些竞争对手将参展?

10.我们可为此展览会投入的预算是多少?

11.展览会组织者对参展商的产品推广能提供哪些帮助?

12.办展机构可以提供观众专业性的保证吗?

13.我们希望通过参展得到多少回报?

14.该展览会能为我们现行的市场策略服务吗? 我们的需求是:

★增加现有市场的现有产品和服务

★向现有市场推出新产品或服务

★将现有产品或服务投向新的市场

★将新的产品或服务投向新的市场

★提高公司在现有市场的形象

★将公司推向新的市场

15.需要展出什么产品?

16.在这次展览会上谁是我们的目标观众?

17.我们参展的目的是什么?

18.我们有书面的参展计划吗?

19.参展预算已经确定了吗?

20.我们的展位已经确定了吗?

21.展位订金已支付了吗?

22.什么样的展位设计符合我们的要求?

23.我们能使用现有的展示品吗?

24.我们需要新的展示品吗?

25.我们需要新的宣传画吗?

26.我们需要预订哪些展览服务?

★楣板	★电气	★地毯	★视听器材
★给排水	★展位清洁服务	★植物摆设	★电话
★电脑	★打印机	★垃圾篓	★家具

27.安全服务是否必要?

28. 是否安排好展架的安装与拆卸?

29. 怎样安排货运?

30. 需要了解的当地工会条款有哪些?

31. 保险是否安排好了?

32. 工具箱是否准备好了?

33. 酒店服务预订好了吗?

34. 展位付款的最后期限是哪天?

35. 需要提供展位信用卡交易方式吗?

36. 需要营业执照吗?

37. 指引卡片已设计并打印好了吗?(推广计划提前6~8个月制订)

38. 展前推广如何进行?

★个人邀请函(包括介绍和回复函) ★广告(贸易出版物、当地媒体)

★直邮广告 ★电话推广 ★公关

39. 我们的展位号是否包含在展前的推广材料中?

40. 需要印制额外的传单、目录和价目表吗?

41. 印刷品准备好了吗?

42. 对其他的公关活动做好计划了吗?

43. 我们的展览指引条款已完成并寄出了吗?

44. 什么样的赠品能取得更好的效果?

45. 我们要组织什么样的现场推广活动?

★机场广告/户外广告板 ★酒店电视广告 ★运输广告

★展会每日广告 ★酒店房间推广 ★展会目录广告

46. 是否为参观者提供引路服务?

47. 我们的赠品符合当地的法规吗?

48. 要预订多少门票?

49. 展位上需要多少工作人员?

50. 谁是代表公司的最佳人选?

51. 展位经理指定了吗?

52. 参展人员的培训准备好了吗?

53. 定好展前会议的时间了吗?

54. 参展人员熟悉展出的商品和服务吗?

55. 是否组织一个演示会?

56. 展台人员穿什么服装?

57. 是否为参展人员预订了足够的证件?

58. 参展人员是否有足够的名片?

59. 谁负责监督展架的安装和拆卸?

60.该负责人是否清楚展会的出入程序？

资料来源　福建省轻工工艺品进出口商会．参展前必须问自己的60个问题〔EB/OL〕．〔2024-12-10〕．https://www.fjlaa.com/newsshow.asp?id=1259.

3.4.1　参展费用的选择

参展是企业开拓市场的一种方式，参展的费用支出属于现代企业正常的支出，企业在制定每年的预算时应包含此项开支。参展所需费用主要包括：

（1）租用展览场地的费用。

（2）广告宣传费，包括展前吸引参观者的各种媒介广告费用，展中发放各种广告宣传品（如产品目录、产品使用说明书、产品广告宣传单、促销赠品、试用样品等）的费用，展览会上视频播放、悬挂条幅和宣传海报的费用等。

（3）展品的运输费、保险费。

（4）展台的设计和建造费用，包括展台设计费用、展台建造和装饰整理费用、展台建造材料的购买和运输费用、雇用专业公司或专业人员的费用等。

（5）展览场地的声、光、电、水、电话、空调、清洁、摄影、照相等多种设备的费用；展览场地的家具、地毯、花卉及其他环境装饰物的费用。

（6）公共关系活动费用，如召开新产品新闻发布会的费用；邀请新闻记者对本企业的产品及展位进行采访报道的费用；邀请知名人士出席开幕式剪彩仪式的费用；对重点客户迎来送往、请客吃饭、租用宾馆套房、安排旅游娱乐活动、预订返程票、馈赠礼品的费用；与潜在客户或目标观众开展联谊活动的费用，如赠送展览会入场券、戏票，邀请参加文娱活动等；在展览会期间举行产品技术研讨会的费用；聘请和培训展览礼仪模特及产品示范操作人员的费用等。

（7）参展人员的吃穿住行、邮政通信、公关交际、工资津贴等方面的费用。

（8）偶发事件的处理费用和其他杂项费用。

参展商要考虑参加展览会的成本支出是否符合企业的利益。在参展费用越来越高的趋势下，企业应根据自身的财力在预算内选择符合自身发展需要的展览会，参展费用不能给企业造成额外的负担。

参展费用与展览会的知名度成正比，展览会的知名度越高，参展费用越高，反之亦然。

参展费用与组织者的服务水平也成正比，一些中小企业在选择展览会时，往往优先考虑低展位费的展览会，但是低廉的展位费在服务上通常会大打折扣。因此，企业在选择展览会时，不能片面考虑参展费用的高低，还应考虑投入产出比。

参展费用相当于企业的资本投入，销售利润或参展签订的合同（包括在展览会上结识的客人在展后下的订单）带来的利润相当于企业的收益，将参展费用与参展收益进行比较，以此衡量备选展览会是否值得参加，基本原则是参展收益不低于参展费用。

会展链接3-3

出国参展总预算及建议

1.出国参展总预算

一般来说，出国参展总预算包括展位费、展品运输费、差旅费、展台搭建及宣传推广费、签证费用、保险费用、人员费用等。

• 展位费：展位费根据展览会的类型和展位的大小确定，一般在几万元到几十万元不等。

• 展品运输费：展品运输费根据展品的重量、体积和运输方式确定，一般在几万元到几十万元不等。

• 差旅费：差旅费根据参展人员的数量和参展时间确定，一般在几万元到几十万元不等。

• 展台搭建及宣传推广费：展台搭建及宣传推广费根据企业的宣传策略和预算确定，一般在几万元到几十万元不等。

• 签证费用：签证费用根据签证类型和签证办理地点确定，一般在几百元到几千元不等。

• 保险费用：保险费用根据保险类型和保险金额确定，一般在几百元到几千元不等。

• 人员费用：人员费用根据参展人员的数量和参展时间确定，一般在几万元到几十万元不等。

2.出国参展建议

• 提前规划：企业需要提前规划出国参展的各项事宜，包括展会选择、展品准备、人员安排等，以确保参展顺利进行。

• 合理控制成本：企业需要合理控制出国参展的各项费用，包括展位费、展品运输费、差旅费、展台搭建及宣传推广费等，以降低参展成本。

• 申请补贴：企业可以通过了解当地的政策，申请相应的补贴，以降低参展成本。

• 购买保险：企业需要购买相应的保险，以降低参展过程中的风险。

• 注意安全：企业需要注意参展过程中的安全问题，包括展品安全、人员安全等，以确保参展顺利进行。

总之，出国参展是企业拓展国际市场的重要途径之一，企业需要在参展前做好充分的准备工作，制定合理的预算，以确保参展顺利进行。同时，企业还需要注意参展过程中的安全问题，以降低参展风险。

资料来源　上海意飞逊会展服务有限公司.出国参展预算大揭秘！你准备好了吗？［EB/OL］.［2024-09-19］. http://www.efashione.cn/news_4i0299.html.

3.4.2　展览会知名度的选择

展览业作为一种产业，它的发展与其他产业相仿，经过激烈的市场竞争，优胜劣汰，逐渐出现一批行业内的知名展览会，如汉诺威工业博览会、美国拉斯维加斯消费电子展、法兰克福消费品展览会、中国进出口商品交易会等。这些知名度高的展览会能够吸引很多优质的企业参展，很多买家为了在最短的时间内接触到最多、最好的供货商，降低采购成本，同样会选择知名的展览会前去观展并下单采购。参展企业既可以提高知名度，成交的概率也会大大提高。因此，企业在参展时应优先选择知名度高的展览会。

需要注意的是，知名度高的展览会往往云集了行业内的众多优秀企业，这类展览会也是竞争最为激烈的。对中小企业而言，参加这类展览会前要做好充分的准备，在产品质量、价格以及展览会现场营销方面都要能吸引客户。如果你的产品质量、价格获得了观展客户的认可，那么企业很可能会取得大的突破，产品的销量也会随之上升；但是如果你的产品在同行业中没有任何特色，质量、价格也没有竞争优势，在众多的竞争者中又没有名气，那么企业很可能会面临铩羽而归的窘境。对于知名度不高的展览会，大公司往往不愿参加，如果展览会的组织者工作出色，展览会辐射的区域又有一定的市场潜力，反而会给小企业提供不错的成交机会。因此，企业在选择展览会时，要根据自己的实际情况具体考虑。

3.4.3 展览会组织者的选择

展览会的组织是一个庞大的系统工程，从展会的推广、专业观众的邀请、行业活动的组织安排到客户服务等一系列工作，都需要组织者在切实了解参展商需求的情况下，进行策略性统筹才能完成。因此，组织者的组织能力、服务水平、信誉及社会影响力也是决定展览会效果好坏的关键因素。在社会上或行业内有权威、实力强、服务水平高、信誉好的组织者，能请来社会上的名人、知名企业为其宣传助威，展览会社会影响力大，对参展商和专业买家具有号召力和吸引力。特别是对于新兴行业，组织者的权威性和组织能力对提升展览会的质量具有极大的帮助。例如，首届中国国际供应链促进博览会由中国国际贸易促进委员会主办，于2023年11月28日在北京开幕，是全球首个以供应链为主题的国家级展会，吸引了来自55个国家和地区的515家中外企业和机构参展，获得了巨大的成功。

因此，参展商应选择资质好、组织能力强、经验丰富的展览会组织者。参展商可以从招展函、招商推介会以及相关工作安排等方面来评估展览会组织者的策划能力和宣传推广能力，通过与展览会组织者的反复接触，观察和了解展览会组织者在工作中的表现，以判断组织者是否有能力举办高质量的展览会。

3.4.4 展览会范围、性质的选择

展览会的范围、性质与企业的营销目标有着密切的联系。有的展览会范围较广，有的展览会则只限于本行业；有的展览会注重产品展示，有的展览会则侧重贸易交流。企业在选择展览会时，必须对展览会的性质、范围有所了解，使展览会与自身的营销目标保持一致，这样才能达到预期参展效果。展览会的范围、性质可以从展览会

组织者那里获知。在一个以科技产品为主的展览会上，推出采用新技术的产品更合适一些，以突出企业产品的科技含量；在这样的展览会上，如果想靠优惠去增加老产品的销售，显然是不合适的。若企业经营的产品专业性很强，应用行业较单一，则不宜参加综合性展览会，而应该参加专业性展览会。如果企业的营销目标是接触客户、推销产品、签约成交，则应选择贸易性质的展览会；如果企业的营销目标是直接零售，了解终端消费者的需求，在消费者中树立企业形象，则应选择消费性质的展览会。例如，法国巴黎世界博览会历史悠久、规模庞大，但它却不是贸易性质的展览会，因此不适合贸易企业参展。

不同类型的展览会为经济流通的不同环节服务，一般而言，国际展做进出口贸易，国家展做批发贸易，地方展做零售贸易。在经济全球化的趋势下，不少企业内贸和外贸并举，既参加国际展，也参加国家展。因此，在选择展览会时，企业应根据自身的实际情况做出判断。

3.4.5　展览会规模的选择

评估展览会的规模主要看参展商和专业观众的数量以及展览面积的大小。国际性展览公司组织大型专业展时，展览面积大多超过2万平方米；非国际性专业展览会，展览面积在1万平方米以上（约500个标准展位）就具有一定的规模。

一般而言，成功的展览会都具备一定的规模，规模大的展览会可以吸引更多的专业观众，而这正是保证参展商达到参展目的最主要的因素。但是并非只有规模大的展览会才值得参加，有些展览会虽然很热闹，但是到访的专业观众寥寥，参展效果并不好；而一些专业展览会，虽然规模不大，但前来观展的都是专业人士，他们观展的目的也很明确，因此参展效果反而特别好。参展商在选择展览会时应参考其他因素进行综合分析，如展览会的辐射区域、当地销售市场潜力、竞争对手情况等。如果展览会的辐射区域有一定的市场潜力，企业在产品的质量、价格上具有竞争优势，这类地区的展览会即使规模不大，只要在当地的行业中有一定的影响力，企业也应该参加。例如，中东地区的展览会总体规模都不大，这与中东地区的经济规模具有密切的关系，但其展览会的展出效果却很不错。

3.4.6　展览会时间和地点的选择

关于展览会时间的选择，主要应考虑以下问题：展览会是否与企业的其他计划在时间上有冲突，是否符合订货规律的要求。如果同时或前不久有几个同类型的展览会举办，参观者就会大量减少。另外，对于一些销售季节性强的产品，展出时间应与商品的销售季节或流行时间相一致，或稍稍提前。例如，农机类展会一般集中在春秋两季举行，从而使经销商在销售旺季前有足够的时间参展和订货，厂商的生产也能配合。

展览会的举办地点，对有效观众数量的多少具有直接影响。因此，展览会的举办地点多选择在信息辐射能力强的大城市，或某种商品的产地，或交通方便、四通八达的商品集散地，或商品进出口口岸城市，或旅游风景区。我国大部分展览会都在经济、交通、信息、人才、科技、服务等方面拥有综合优势的上海、北京、广州、大连、深圳等城市举办。对参展商来说，展览会地点的选择可以从两个方面考虑：一是从贸易角度考虑，参展的最终目的是推销产品，企业应考虑展览会的主办地及周边地区是否是自己的目标市场，是否具有潜在购买力；二是从差旅角度考虑，这涉及企业参展的成本预算，如果展览会的举办地点是国外，企业还必须具备进出口经营权。

会展链接3-4 ◀

参展商选择展览会常见的错误观念和方法

在选择展览会时，需要避免一些错误的观念和方法。不考虑自身的需要，不考虑市场条件，不对展览会做调研，仅出于某种孤立的原因或单方面的考虑而做出的展览选择往往是错误的。常见的错误观念和方法有：

1.因为被邀请而选择展览会

邀请可能是展览会组织者发出的，也可能是政府部门、商会、行业协会等发出的。展览会组织者发出的邀请，如非确有需要，大多可以不予理会。政府部门、商会、行业协会等发出的邀请也许能证明展览会有些影响，质量不会差，但是不考虑自身的营销目标和市场潜力就接受邀请决定参展是不明智的。对企业来说，低层次的邀请（包括展览会组织者的邀请）不必考虑，高层次的邀请也只能作为考虑因素之一。

2.因为费用低而选择展览会

费用是选择展览会的因素之一，低投入高产出一直是所有企业所追求的。但是在依靠供求关系调节的市场经济中，费用低必然有其原因，主要原因可能有三点：一是展览会所在地的市场潜力可能不大；二是展览会可能不适合参展企业的需要；三是展览会的质量效益可能不理想。因此，因费用低而选择展览会往往是错误的，实践也证明了这一点（需要说明的是，政府部门或其他方面资助的展览会不在此范围内）。展览会的费用很重要，但更重要的是成本效益，因此企业应综合考虑展览会的费用因素。市场是否有潜力，展览会是否适合参展企业的需要，展出效果是否理想，应该作为选择展览会首要考虑的因素，而费用应作为次要考虑因素。

3.因为评价好而选择展览会

政府部门、商会、行业协会、社会名流、新闻媒体等可能会对某一展览会做出相当高的评价，但为此而选择该展览会可能并不恰当。企业需要注意以下三个方面的问题：一是这种评价可能是展览会组织者所做的公关工作的结果；二是评价者出于自身需要、按照自身标准评价展览会，其需要和标准与参展企业可能不一致；三是评价者可能不是内行。因此，这类评价不能作为企业选择展览会的主要依据。

4.因为竞争对手参加而选择展览会

好的展览会是重要的贸易场所，在此场合亮相对提高或保持参展企业的影响力具有积极的意义。但是，竞争对手参加某个展览会自有其战略和战术考虑。每个企业的参展原因不一定相同，竞争对手的参展行为不应该作为自己的参展理由。

资料来源　佚名. 在展览选择中需要注意避免的一些错误观念和方法［EB/OL］.［2010-04-22］. https://solar.baidajob.com/article-82436.html.

课堂互动3-1

请同学们以你所在地举办的某一个展览会为例，谈一谈企业参加该展览会的理由。

知识掌握

⦿ 判断题

（1）现代展览会具有强大的功能，包括交易功能、沟通功能、整合营销功能、技术扩散功能、展示功能、调节供需功能、信息聚集与传播功能等。（　）

（2）展览会可以满足企业沟通交流的需要、营销宣传的需要、技术发展的需要、获取信息的需要等。（　）

（3）企业应根据自身需要确定参展目标。总体而言，企业参展的最终目的是销售，所以企业参展时签约的订单数就等于参展效果。（　）

（4）企业参展可能有一个主要目标，也可能有几个目标，但无论如何，展前务必明确参展目标，以便有针对性地选择展览会并制订参展计划，突出参展人员的工作重点。（　）

（5）成交金额的大小是衡量某一展览会成功与否最重要、最有参考价值的指标，也是参展商在选择展览会时的唯一影响因素。（　）

（6）参展商进行市场调查与分析时采用的方法主要有实地考察法、询问法和文献法。（　）

在线测评3-1

判断题

⦿ 简答题

（1）参展可以满足企业哪些方面的需要？

（2）企业参展的目标有哪些？

（3）参展商对展览会的市场调查与分析包括哪些方面的内容？

（4）参展商选择展览会时进行市场调查与分析的方法有哪几种？

（5）参展商如何选择展览会？

知识应用

⦿ 案例分析

企业如何借助国际展会一跃成为全球品牌

在全球化经济中，企业出国参展不仅是展示自身实力的机会，更是拓展国际市场、树立品牌形象和促进业务增长的关键途径。

仔细分析展会报告，洞察热门产品趋势

专业展会都会有一个详细的展会报告，其中包括上届参展商数据、展品范围、采购商需求分析等统计数据。仔细分析展会报告，洞察热门产品趋势，是企业出国参展前的重要准备工作。这样做的核心目的在于精准定位即将发布的新产品，以吸引全球买家和媒体的广泛关注。以波多黎各的Carbonwave公司为例，作为世界领先的海藻基超再生植物先进生物材料开发商，该公司自2022年起连续参加欧洲化妆品和个人护理品原料展览会（in-cosmetics Global），并成功推出了首款多功能海藻基化妆品乳化剂SeaBalance。这一成功案例的背后，是Carbonwave对展会热门产品趋势的敏锐洞察。

Carbonwave发现，"乳化剂"是观众最热门的产品搜索词之一，于是公司迅速调整策略，决定推出符合这一趋势的新产品。这一决策不仅为公司带来了600多条销售线索，而且成功锁定了数百个客户。

选择赞助方案，迅速提升品牌认知度

很多专业的展会都会有金牌、银牌等赞助方案，这些赞助级别能够带来不同层次的品牌曝光、市场推广和业务拓展机会。Starburst公司2021年以金牌赞助商的身份参与英国伦敦大数据展览会。此后，Starburst公司一直将该展会视为自己的重要战略节点。该展会不仅为Starburst公司介绍和展示自己的解决方案、扩大品牌影响力提供了一个完美的平台，而且助力Starburst公司逐步稳固了数据湖分析领域的行业领导者地位。

2023年，Starburst公司又以钻石赞助商的形式出席。Starburst公司在展会现场拥有最佳的展位位置，这使得其品牌更加醒目，吸引了更多观众的关注。在为期两天的展会上，Starburst公司接待了超过2 400名观众。同时，Starburst公司还获得了在大会上演讲的机会，通过分享行业趋势、前沿技术和成功案例，进一步提升了品牌的曝光度，吸引了1 600名与会者参加。除了拥有最佳的展位位置和珍贵的演讲机会外，作为钻石赞助商，Starburst公司的LOGO在展场所有物料中都得到了显著呈现，Starburst公司因此在众多参展商中脱颖而出，成为观众和合作伙伴关注的焦点。

通过创新互动体验，赢得新受众

利用沉浸式体验提升品牌知名度并吸引新受众在面对面展会活动中的作用日益凸显。总部位于瑞士的钣金自动化专家Brystonic公司自1984年以来每年都参加德国汉诺威金属板材加工技术展览会（Euro BLECH）。Brystonic公司成功将"令人惊叹"的因素融入金属板材，吸引了成千上万国际买家对该公司的自动化和可持续解决方案进行关注。这一高度互动的体验不仅展示了Bystronic公司对钣金作为未来材料的独特见解，而且吸引了3 800人次参与，极大地提升了Bystronic公司的品牌曝光度与认知度。

案例分析3-1

分析提示

资料来源 中国国际贸易促进委员会宁波市委员会. 参展路上贸促同行：创新参展案例第二篇[EB/OL]. [2024-09-02]. http://www.ccpitnb.org/art/2024/9/2/art_8852_637320.html.

问题：请分析以上案例，谈谈企业可以通过什么方式提升参展效率及效果。

⊙实践训练

请为一家企业选择适合其参展的某个展览会，要求提供该展览会的详细资料，并分析你为企业选择该展览会的原因。

学习评价

本章学习评价表见表3-2。

表3-2 　　　　　　　　　　　学习评价表

学习内容	展览会选择		
	评价要点	配分	得分
知识掌握	认识企业参展的必要性	10分	
	了解企业参展应实现的目标	10分	
	掌握展览会市场调查与分析的方法	10分	
技能提升	能够对展览会的相关信息进行市场调查与分析	15分	
	能够根据企业的参展目标选择适合企业的展览会	15分	
素质养成	具有爱岗敬业、知行合一的职业素养	20分	
	积极践行社会主义核心价值观，具有良好的职业道德	20分	
	分数合计	100分	

第 4 章 参展人员选择与展品选择、包装、运输

学习目标

知识目标

- 掌握参展人员的选择标准、培训内容及商务礼仪。
- 了解展品选择的方法。
- 了解展品包装的要求。
- 掌握展品运输的流程。

技能目标

- 能够为展览会配备合适的参展人员。
- 能够对展品的运输进行统筹策划。

素养目标

- 提高礼仪修养，提升文明水平。
- 弘扬中华优秀传统文化，讲好中国故事。

知识导图

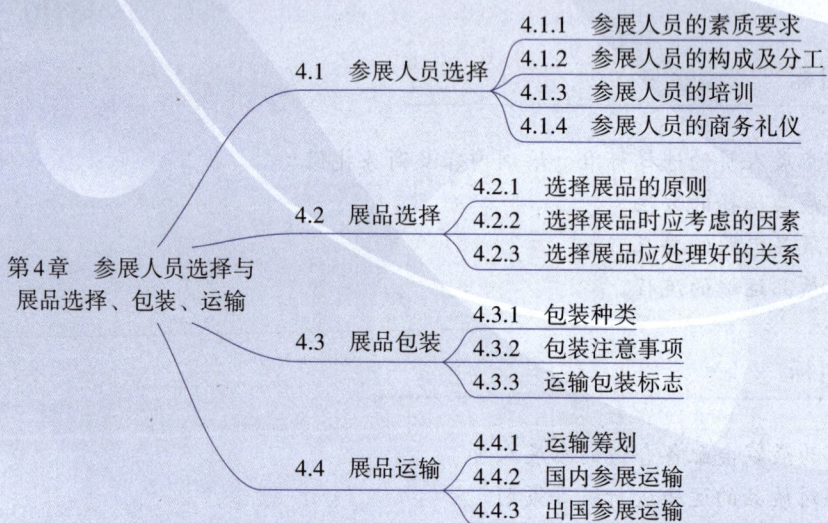

| 引例 | 展台工作人员的良好表现 |

在某展览会上，一个展商位置显著，展位设计很有特色，展台安装了造型独特且漂亮的灯具，展架上也陈列了各式灯具，展台工作人员眉清目秀、仪态端庄。不难看出，这是一家专业的灯具制造公司。某英国客商正在寻找合适的供应商，该展位的陈列及产品引起了他的兴趣。他非常有礼貌地用英语询问："女士，我可以进来看一下您的展品吗？""当然可以，我是小李，这是我的名片。请问我能与您交换名片吗？"展台工作人员热情地接待客商。

"可以的，这是我的名片。请问你们公司的灯具产品在海外的销售情况如何？"英国客商一边交换名片一边问道。

"欧洲市场是我们目前最大的市场。我们公司的最大买家主要分布在美国、加拿大、英国、荷兰、澳大利亚、西班牙、法国、意大利、墨西哥和新西兰。"展台工作人员流利地回答客商的问题。

"请问你们公司的产品具有什么产品资格认证？"英国客商继续提问。

"我们取得了欧盟CE认证及英国UKCA认证。"展台工作人员答复。

"请你介绍一下贵公司灯具产品的特点。"英国客商追问。

"我们公司有多种款式的灯具，你看这款落地灯，我们以实木为主要材料，搭配云石、玻璃、羊皮、布艺等材质的灯罩，展现出古朴典雅的风格。灯具制作过程中常使用雕刻、镂空等工艺，强调自然和简约的美感。"展台工作人员认真地讲解。

"哦，那这款落地灯的FOB上海价是多少？你们的产品最小订单量是多少？"英国客商紧接着问。

"好的，先生。请您入座，我为您详细讲解一下我们的报价及最小订单量。"工作人员邀请英国商客入座展位的谈判桌，并为英国商客端上一杯温水。

英国客商与工作人员仔细沟通后，最终签订了灯具购买合同。

资料来源 许丽洁. 加强海外参展销售人员专业培训 [J]. 进出口经理人，2011（4）.

引例点评：对于在英国市场销售的灯具产品，UKCA认证是强制性要求。也就是说，只有通过UKCA认证的灯具产品才能在英国合法销售和流通。案例中的展台工作人员通过自己的良好表现，最终获得了英国客商的订单。因此，选择合适的参展人员是一项非常重要的工作，参展人员的表现会影响到客户对企业的印象。为了确保参展效果，企业应选择经过专门培训并有销售技能、了解产品或专业技术、能够随机应变的人员参展。

4.1 参展人员选择

参展人员是指展览会期间在展台直接面对客户的人员。参展人员是企业的代表，其言谈举止是企业形象的直接体现，因此，参展人员的工作态度、工作能力和工作方式与企业的参展效果密切相关，参展人员的选择也是企业组织参展活动的一项重要内容。人是展览工作的第一要素，也是展览成功与否的关键。展台工作人员要懂得结合参展商品的特点，灵活应对：如果是大众消费品，应着力树立品牌形象，在消费者中提高亲和力；如果是新产品，应大力宣传其与众不同之处；如果产品具有独创性，则应强调其技术上的突破性。总之，参展人员必须对企业的产品和服务有较清晰的了解、有接待客户的经验并具备进行商业洽谈的能力。参展人员的激情越高、能力越强，越能取得良好的销售业绩，越能建立更多的商业联系。研究表明，参展的效果70%~90%取决于展台工作人员的素质、能力和努力。因此，企业应慎重选择参展人员。

在决定参展以后，应该立即配备参展人员，积极准备并做好展前培训工作。在选择参展人员时，可以从以下三个方面予以考虑：第一，根据展览会的性质选派合适类型或相关部门的人员；第二，根据工作量的大小决定参展人员的数量；第三，注重参展人员的基本素质，如仪容仪表、性格、自觉性、能动性等。

4.1.1　参展人员的素质要求

在选择参展人员时，企业应考虑他们是否具备以下素质：

1）良好的心理素质

良好的心理素质包括有事业心、自信心和耐心。事业心是指努力成就一番事业的奋斗精神和热爱工作、希望取得良好成绩的积极心态。具有事业心的人能根据自己的主客观条件，确立虽然有一定困难，但是经过努力可以达到的目标。事业心强的人，能够妥善处理好自己的工作，即使失败也能够正确对待。不管做什么事情，做什么工作，有了事业心，才会有进取心和自信心，才能激发出主动性。在展览会上，遇到挫折和失败在所难免，如果没有强烈的事业心作为支撑，就不可能始终以积极、乐观、向上的态度完成参展工作。

2）良好的工作作风

良好的工作作风主要表现为严谨细致、吃苦耐劳。参展人员应认真筹划，周密部署，有程序、有章法，一步一个脚印地把参展工作向前推进。严谨细致是做好参展工作的前提和保证。参加展览会必须时刻保持精神高度集中，能"连续作战"，不怕吃苦，始终保持对工作的热情。

3）熟练掌握相关的知识和技能

参展人员应了解参展产品的性能、使用方法，本企业的生产管理状况、产品供应状况，本企业产品的市场竞争状况、市场推广状况等，还应掌握商务谈判知识、展览知识、法律知识等。

4）良好的沟通能力

良好的沟通能力主要表现为参展人员在展览会上能够与潜在的客户建立联系，及时把企业的产品介绍给客户。企业参展的一个重要目的，就是通过展览会直接与客户进行面对面的交流，但即使是专业展览会，前来观展的客户所涵盖的范围也相当广泛：既有技术人员和采购人员，又有负责收集市场信息的情报人员等。不同客户的关注重点也不同，参展人员面对不同的客户应随机应变，在沟通过程中提高针对性，展现专业性，从而为企业争取到更多的客户，增强客户对本企业的信心，提高客户的忠诚度。

4.1.2　参展人员的构成及分工

参展人员的构成包括展台负责人员、合作洽谈人员、推广接待人员和产品展示人员等。

1）展台负责人员

展台负责人员是展台现场的负责人，主要负责展台现场内外的一切组织工作，包括展台现场工作人员的管理、日程和人员的调整、突发事件的解决、现场人员的后勤工作等。展台负责人员应有丰富的参展经验。

2）合作洽谈人员

合作洽谈人员一般由企业较高层次的工作人员担任，如大区经理、商务经理、市场经理等，其职责主要是争取在展览会上与客户确定合作意向。

3）推广接待人员

推广接待人员由企业的业务人员担任，主要负责吸引观众并主动向观众介绍产品，将意向客户介绍给合作洽谈人员。

4）产品展示人员

产品展示人员可以由生产部经理担任。产品展示人员可定时以多媒体手段向观众展示产品，通常每隔一段时间或在参观者多的时候进行一次讲解，每次5~10分钟，这样既能体现出专业性，也是吸引观众的好方法。

以上是一般参展人员的分工，在实际参展过程中，参展人员的数量受企业预算或者展览会对参展人员名额的规定等限制，参展人员可能会一人身兼数职，这就对参展人员提出了非常高的要求。因此，企业在选择参展人员时必须进行全面衡量。

4.1.3　参展人员的培训

为了保证良好的展出效果，参展人员确定以后，企业还要对参展人员进行培训。培训的目的是使参展人员了解参展流程，掌握展台工作技巧，培养团队合作精神。

参展人员培训应当列入企业的参展工作计划中，成为一项必要的工作。如果条件允许，可以安排比较正规的培训，至少要在展览会开幕前进行简单的工作说明和技术指导。培训形式包括筹备会、培训班等，培训时长为半天至两天，培训内容应系统化，培训材料要编印成套。

具体来说，参展人员培训的内容主要包括以下三个部分：

1）情况介绍

情况介绍的目的是使参展人员熟悉展出背景、环境和条件。具体包括：

（1）展览会情况，包括展览会名称、展出地点、展出日期、开馆时间、场地平面图、展馆位置、出入口位置、办公室位置、餐厅位置、卫生间位置等。

（2）展台情况，包括展出目的、目标观众、展台位置、展台序号、展台布局、展出工作的整体安排等。

（3）展览会活动情况，包括记者招待会、开幕仪式、馆日活动、贵宾接待活动等，并对参展人员提出相应的工作要求。

（4）展品情况，包括展品的性能、相关数据、用法、用途等。

（5）市场情况，包括销售规模、销售渠道、销售价格等。

2）工作安排

向参展人员布置工作，并提出工作标准及要求。具体包括：

（1）展台工作安排，包括观众接待、贸易洽谈、资料发放、公关工作、新闻工作以及后续工作等。

（2）管理安排，包括工作时间安排、人员轮班安排、会议安排、记录管理等。

（3）行政安排，包括参展人员的宿、膳、行等安排。

3）技术训练

技术训练主要是指展台接待和推销技巧训练。展台工作与其他环境下的工作有所不同，即使是有经验的推销人员也应接受展台接待和推销技巧培训。培训时可以使用模拟方式，同时应准备完善、系统的培训资料。

培训时要强调以下几个问题：

（1）如何激发观众的兴趣。

（2）如何接近观众。

（3）如何询问观众的姓名和地址，并做好记录。

（4）如何对待观众。

会展链接4-1

如何开始展台接待工作

当一个参观者走进企业的展位后，接待人员应先站在一边，给参观者足够的时间充分浏览展品，但要密切关注参观者的动向，并随时准备回答参观者的提问。当和参观者有第一次眼神接触后，就可以开始对话了，这是最好的时机。接待人员可以用一个开放性的问题开始对话，如"您对什么方面感兴趣？我可以向您介绍一下"。需要注意的是，不要用"我有什么可以帮到您呢"，因为在这种情况下，参观者有超过50%的机会回答："不用，谢谢，我只是随便看看。"

4.1.4　参展人员的商务礼仪

参展人员的衣着打扮、言谈举止、风度仪态等，都会在短短的3~5秒内给参观者留下第一印象。因此，为了给参观者留下好印象，参展人员必须重视商务礼仪，具体应做到：

1）整洁的仪容

仪容通常是指人的外观、外貌，包括头发、面部和手部等。

（1）男性。

头发：简单大方，长短适当，干净整洁，忌发型怪异、蓬头乱发。

面部：干净清爽，剃须，口气清新，牙齿清洁。

手部：不留长指甲，保持手部清洁。

（2）女性。

头发：端庄大方，披肩长发最好盘成发髻。

面部：化淡妆，口气清新，牙齿清洁。

手部：不留长指甲，不涂色彩艳丽的指甲油，保持手部清洁。

2）规范的服饰

一般情况下，展台工作人员应统一着装，最佳的选择是穿企业的制服，或者穿深色的西装、套裙。在大型展览会上，参展企业若安排专人迎送宾客，则迎送人员最好穿色彩鲜艳的纯色旗袍，并佩戴印有参展企业或其主打展品名称的绶带。为了说明各自的身份，全体工作人员皆应在上衣左胸位置佩戴标明本人单位、职务、姓名的胸牌。按照惯例，工作人员不应佩戴首饰。

3）文明得体的言谈举止

当参观者走近企业的展位时，不管参观者是否向自己打招呼，工作人员都要面带微笑，主动和参观者说："您好，欢迎光临！"随后，还应面向参观者，稍许欠身，伸出右手，掌心向上，指尖直指展台，并告知参观者："请您参观。"当参观者在本企业的展位浏览时，工作人员可随行于其后，以备参观者向自己咨询；也可以请其自便，不加干扰。假如参观者较多，尤其是在接待组团而来的参观者时，工作人员亦可在左前方引导参观。

对于参观者提出的问题，工作人员应认真做出回答，不允许置之不理，或者做出不礼貌的行为。当参观者离去时，工作人员应当真诚地向对方欠身施礼，同时说"谢谢光临"或者"再见"。

在任何情况下，工作人员都不得对参观者恶语相向，或讥讽嘲笑。对于极个别不遵守展览会规章秩序而乱摸、乱拿展品的参观者，工作人员仍须以礼相劝，必要时可请保安协助，但不允许对参观者进行打骂、扣留或者非法搜身等。

具体来说，在展览会上，工作人员应做到：

言谈：表达准确，口齿清晰，言辞有力，要多用敬语和谦辞，尽量采用委婉的表达方式；说话态度要友好、和善，面带微笑。

站姿：身体端正，双目平视。男性两脚之间的距离不超过肩宽，手臂自然垂放；女性两脚跟并拢，双手交叠置于前腹或自然垂放。切忌双手抱胸或插在衣袋内，这些都是不尊重他人的姿势。

坐姿：接待客人时，要从椅子的左侧入座和离座，主方人员不要先于客方人员落座。女士入座时，应抚平裙摆，通常只坐椅面的2/3，不要仰靠椅背，坐下后身子挺直，目光注视发言者，双手可十指交叉平放在腿上或桌子上。切忌双腿分开过大和抖动不止、玩弄手指或摆弄东西、目光他顾、哈欠连连等。

走姿：挺胸收腹，步伐适宜，步态稳健，敏捷轻松。

握手：主动、热情、有度、规范，让对方感到友好和尊重。

课堂互动4-1

请3位同学扮演展台工作人员并做出不同的姿态，其他同学分别对3位同学的姿态进行点评。

4.2　展品选择

展品摆放在展台上，是为了吸引参观者的关注，唤起参观者潜在的购买欲望，促使参观者做出购买行为。展品是企业能给参观者留下印象的最重要的因素，是企业实现参展目标的载体，承载着企业开拓市场、树立形象、提高知名度等愿望。因此，参展企业必须精心选择展品。

4.2.1　选择展品的原则

参展企业在选择展品时应坚持三条基本原则，即针对性、代表性和独特性。

1）针对性

针对性是指展品要符合企业参展的目的以及展览会的性质，切合展览会的主题。现代展览会专业细分程度越来越高，即使是同一个展览会，每届也会有不同的主题。

瑞士曾有一个医药展览会，国内一家知名的中成药企业贸然前往，而该展览会的主题是原料药。结果，这家企业的展台前问津者寥寥无几。因此，企业在选择展品时应提高针对性。

2）代表性

代表性包括两个方面的含义：一是展品要能体现出参展企业的技术水平、生产能力及行业特点；二是展品要能代表本企业生产的同类产品的平均质量水平。展品就是参展企业给客户提供参考，并以此成交的样品，成交后必须能够按样供货。

3）独特性

独特性是指展品有其自身的独到之处，以便和其他同类产品区分开来，这样的展品在展览会上很容易引起参观者的注意，从而取得出奇制胜的效果。

4.2.2　选择展品时应考虑的因素

参展企业在选择展品时应根据内部条件和外部环境，从产品的供货能力、展出相关规定、市场潜力等方面进行考虑。

1）产品的供应能力

对于供不应求的产品，参展企业可以考虑不参展或少参展；对于供应充裕或正在扩张产能的产品，则应大力参展。

2）展品相关规定

正规的展览会对展品一般都有相关的规定。比如，中国－东北亚博览会规定：参展企业应严格执行《中华人民共和国产品质量法》《中华人民共和国食品安全法》等，严把商品验收关，保证展销商品质量，无假冒伪劣产品及侵犯知识产权的行为，保证无危险品和其他有不安全因素的物品入场，不销售散装、简装等非定型包装食品，不销售过期商品，认真履行《中华人民共和国消费者权益保护法》和相关服务承诺，保证售后服务水平，切实维护消费者合法权益。

会展链接4-2

《华盛顿公约》对产品的进口限制规定

根据《华盛顿公约》（全称《濒危野生动植物种国际贸易公约》）的规定，濒危野生动植物及用其原料制作的物品，如皮毛、地毯、皮革、工艺品、标本等，为禁止进口商品，或者需要出口国开具出口许可证。

3）市场潜力

在参展前，企业应分析展览会所覆盖的市场区域的经济发展水平、消费能力和消费习惯，判断展品在该地区有无市场需求。在展出场地有限的情况下，企业应优先选择市场潜力大的产品去展出。

4.2.3　选择展品应处理好的关系

企业选择展品时要考虑诸多问题，有时甚至会遇到一些矛盾，使问题变得复杂化。因此，企业应尽量做到全面兼顾，同时也要有所取舍，处理好宣传与贸易、质量与数量、新产品与老产品之间的关系。

1）宣传与贸易

从长期看，宣传促进贸易，但是从短期看，宣传和贸易有时是矛盾的。生产部门可能会要求展出显示技术水平的产品，而销售部门可能会力争展示销路好的产品。例如，数控机床能反映参展企业的制造水平，对参展企业树立形象有益，但由于竞争对手多，成交可能不容易。普通机床可能较容易成交，但是也容易给客户留下档次低的印象，对企业的长期发展不利。因此，参展企业应根据展出目标选择展品，处理好宣传与贸易之间的关系。

2）质量与数量

参展企业应重视展品的质量，档次低、包装差、款式落后、工艺陈旧的产品不宜作为展品。质量不过关的产品、保密产品、侵权产品不得展出。展品的数量要适当，数量不宜过多，品种不宜过杂，要有重点、成系列，不要面面俱到。展台既不可空空荡荡，也不可杂乱无章，避免给参观者留下皮包商或小贩的印象。

3）新产品与老产品

老产品可能已经打开了销路，成交把握较大，因此展台工作人员可能愿意展示老产品。但是，参观者参观展览会的主要目的之一是了解新技术、新产品，同时只有不断推出新产品，企业才可能保住并扩大市场份额。因此，新产品或有新用途的现有产品可以作为重点选择的展品。需要注意的是，新产品必须具有良好的性能和很强的实用性。另外，试制品或半成品最好不要展示，否则容易使客户去寻找企业的竞争对手要求其供货。

价值引领4-1　　　　**中国风+科技互动：海外参展彰显文化自信**

在全球化日益加深的今天，参与国际展会已成为企业拓展海外市场、增强品牌影响力的重要途径。如何在众多展位中脱颖而出？一家企业通过巧妙地融合中国传统文化与现代科技，产生了令人意想不到的效果。

中国风的独特魅力：文化自信的国际展示

在泰国曼谷国际机械制造展览会上，一家中国参展企业独辟蹊径，巧妙地将中国传统文化元素融入展位设计与接待服务之中，打造了一场别开生面的"中国风"盛宴。该企业特别定制了具有鲜明中国特色的马面裙作为接待人员的着装，男士以黑色为主调，女士则身着红色，这一独特的装扮不仅让该企业的展位在众多参展商中脱颖而出，而且激发了海外客户对中国文化的好奇心与探索欲。

科技赋能的互动体验：增强客户的参与感

在注重文化传承的同时，该企业也紧跟时代步伐，将现代科技融入参展策略之中。该企业利用AI技术开发了一款趣味横生的"马面裙漫画生成器"，参观者通过简单的拍照操作，瞬间就能获得一张融合了中国风元素的个性化漫画肖像。这一创新的互动体验不仅满足了参观者对于新鲜事物的追求，而且极大地提升了参观者的参与感与满意度。通过这一环节，该企业收集了大量潜在客户的联系方式，为后续的市场营销与客户关系管理提供了宝贵的数据支持。同时，参观者也纷纷将生成的漫画肖像分享至社交媒体平台，进一步扩大了该企业品牌的曝光度与影响力。

本土化策略的深度实践：拉近与客户的距离

为了更好地融入当地市场、赢得客户的信任与青睐，本土化策略必不可少。虽然英语在泰国的普及度很高，但是对泰国本地客户来说，使用泰语沟通会更亲切一些。该企业利用翻译工具学习了基础的泰语打招呼与问候短语，工作人员在展位上热情地用泰语"喊麦"，这种别具一格的方式迅速吸引了众多本地买家的注意。

资料来源　中国国际贸易促进委员会宁波市委员会. 参展路上贸促同行：创新参展案例第三篇 [EB/OL]．[2024-10-09]．http://www.ccpitnb.org/art/2024/10/9/art_8852_637379.html.

思政元素：文化自信 文化传播

学有所悟：这一参展案例展示了如何通过中国风+科技互动，在国际市场上取得成功。参展企业巧妙地将中国传统文化元素融入展位设计与接待服务之中，不仅成功吸引了大量参观者的驻足围观，而且在无形中传递了企业的文化自信与品牌理念。参观者在赞叹中国服饰之美的同时，也对该企业的产品与服务产生了浓厚的兴趣，为后续的商务洽谈奠定了良好的基础。中国企业应不断总结与提炼这些宝贵经验，从而在国际舞台上展现自己的独特魅力。

4.3 展品包装

展品的包装、标识是保证展品顺利运输的一项重要工作，对单证制作、办理报关报检、保险也有重要影响，参展企业应认真细致地做好这项工作。

4.3.1 包装种类

1）销售包装

展品的直接包装属于小包装，也称销售包装。展览会结束后，展品通常需要再次包装，以便回运、赠送或售出。因此，销售包装不能是一次性的包装。销售包装的功能包括两个方面：一是保护功能，在运输、搬运过程中保护产品；二是艺术功能，放在展位上以吸引参观者。如果展品是直接展出，则可以不考虑销售包装的艺术效果，而着重考虑其保护功能。

2）运输包装

小包装外需要大包装，这种大包装也称运输包装。运输包装多采用纸箱和木箱。企业应尽量使用纸箱包装，因为有些国家对木材包装要求严格，规定必须使用经过处理的木材。运输包装箱应结实、耐用，以适应长途运输的需要；设计应简单些，以方便非专业包装人员打包和拆包，并且可以人工开箱并再封箱而无须借助器械。运输包装箱不论是纸箱还是木箱，在封箱后最好再用打捆机打捆，因为纸箱的胶条和木箱的钉子不一定能承受反复装卸。

3）集装箱和木套箱

大包装箱还不是真正的运输箱，用于运输的箱子主要是集装箱或木套箱。展品箱尺寸不一，要紧凑地装入运输箱中需要一定的技术，因此装卸运输箱最好由有经验的人指挥。装箱紧凑，一是防止运输途中摇晃，二是为了减小体积。易碎物品箱最好放在运输箱的上部，以免被压坏。动植物检疫物品箱最好放在运输箱靠门一侧，以便于提取。

4）包装衬垫物

衬垫物应使用规范的化学包装材料，如气泡塑料膜、压塑块、泡沫颗粒等，因为这些材料的防震抗压性能好。同时，衬垫物最好用可以重复使用的包装材料，如气泡塑料膜就比泡沫颗粒便于重复使用。

▶ 会展案例4-1

展品包装破损的遗憾

在中国国际展览中心举办的某次国际木工类机械展览会上，一家瑞士公司首次参展，该公司发运了1个40英尺集装箱的海运展品。展品进馆前，检验检疫人员邀该公司一同去展览中心的监管仓库，对货物进行查验。当去掉铅封锁、打开集装箱时，发现5件木工加工机械均为裸装展品，也就是没有外包装箱。第一件、第二件完好无损，第三件由于包裹着塑料薄膜，也没有发现异常。但是在查验核对机器型号时，检验检疫人员发现第三件展品右侧外腿有损坏的现象，好像是被重物撞击而产生的凹陷。瑞士公司当即表示，出厂安检时，机器外观完好无损，这很有可能是发运出境时国外的运输公司在装箱时造成的损坏。虽然进馆调试后，机器运转还算正常，但是由于有破损现象，展会期间许多原本有意购买的客户最后都被迫放弃。瑞士公司非常遗憾没有为机器做外包装。

资料来源 佚名. 为参展商寻求最好的运输方案——包装篇［EB/OL］.［2007-06-01］. http://www.meetingschina.cn/DispNews_mob.aspx?id=242.

案例点评：展品的包装和运输关系到展品能否完好无损地在展馆展出，参展企业应充分考虑展品的特性，选择合适的包装材料，避免展品在运输途中受损，影响展品展出的效果。

4.3.2　包装注意事项

在进行展品包装时应注意以下事项：

（1）小包装要能够人工搬动而不用器械搬动，因此要注意重量。为了装卸、搬运方便，包装箱不宜过大。大包装也要注意尺寸，要能够出入展场的门和电梯。

（2）禁止使用稻草、废纸等易传染病虫害的物品作为包装衬垫物；如果是出国展，且包装材料是木箱，则木箱必须经过熏蒸处理。

（3）易燃、易爆、易腐及有毒展品禁止装箱。

（4）装箱时将展场可能使用的小工具，如绳子、钩子、封口胶条、钉子等一并带上，以方便随时使用。

（5）做好包装标识，将每个包装内的展品清点成册，以方便寻找。

（6）制作的装箱单和展品清册必须与箱内的展品完全相符。

4.3.3　运输包装标志

运输包装标志是在进出口货物的运输、交接、仓储及商检等过程中，为了便于有关各方识别货物、核对单证，而在商品的运输包装上所做的标志。运输包装标志包括运输标志（又称唛头）、指示标志与危险品标志。

1）唛头（Mark）

不同展览会使用的唛头不同，一般展览会承办单位会统一唛头格式，其内容通常包括：

（1）展览会名称（Exhibition）。

（2）参展企业名称（Exhibitor）。

（3）参展企业展位号（或编号）和箱号：展位号通常是组展公司安排给各参展企业的展位号；编号是展团自编号，只作为展品发运和制作单证之用，和实际展位号无关。箱号通常写在展位号（或编号）的后面。例如，某参展企业的展位号（或编号）为9A，第一箱为9A-1，第二箱为9A-2，以此类推。此标记一般写在展品箱左上角。

（4）体积（Meas.）：长×宽×高（以米为单位）。

（5）毛重/净重（G.W./N.W.）：以千克为单位。

▶ 会展案例4-2

中国国际投资贸易洽谈会展品包装唛头

中国国际投资贸易洽谈会展品包装唛头如图4-1所示。

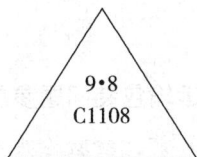

9·8
C1108

图4-1　中国国际投资贸易洽谈会展品包装唛头

参展企业（Exhibitor）：_____

展品（Exhibit）：_____

展位号（Hall/Booth No.）_____

箱号（Carton No.）：_____

重量（Weight）：_____

体积（Measurement）：_____

在图4-1中，"9·8"表示中国国际投资贸易洽谈会，"C1108"表示参展商展位号。

资料来源　中国国际投资贸易洽谈会. 参展指南［EB/OL］.［2024-09-08］. https://www.china-fair.org.cn/CifitSystem/index/#/Exhibitor/Invitation?name=%E5%8F%82%E5%B1%95%E6%8C%87%E5%8D%97.

案例点评：一般展览会承办单位会指定统一唛头格式，参展商应严格按照规定在展品外包装上刷制唛头。

2）指示标志

指示标志用来指示运输、装卸、保管人员在作业时需要注意的事项，以保证物资的安全。这种标志主要用来表示物资的性质，以及物资堆放、开启、吊运等的方法，如向上、防潮、小心轻放、由此吊起等。

3）危险品标志

危险品标志即用来表示危险品的物理、化学性质，以及危险程度的标志，提醒人们在运输、储存、保管、搬运等活动中引起注意。

4）运输包装标志的要求

（1）我国对运输包装标志和标志所使用的文字、符号、图形以及使用方法等都有统一的规定。

（2）运输包装标志必须简明清晰、易于辨认。运输包装标志要图案清楚，易于制作，一目了然，方便查对。运输包装标志的文字、字母及数字的大小应和包装件标志的尺寸相称，笔画粗细要适当。

（3）涂刷、拴挂、粘贴标志的部位要适当。所有标志都应位于搬运、装卸作业时容易看到的地方。为防止在物流过程中某些标志被抹掉，或因不清楚而难以辨认，应尽可能在同一包装物的不同位置制作两个相同的标志。

（4）运输包装标志要选用明显的颜色。制作标志的颜料应具备耐高温、耐晒、耐摩擦等性能，以确保不出现褪色、脱落等现象。

▶▶ 会展案例4-3

因展品运输包装问题参展受阻

在某届北京国际汽车展览会开幕前，检验检疫人员在开箱检验产品时，发现国外展品大多使用垫木固定汽车的四个轮子。运输代理商虽然事先已向来自美、日、韩及欧盟国家的参展商发出通知，参展商如果使用原木材料作为垫木，务必提供熏蒸证明原件及官方检疫证书，并建议使用人造板材作为填垫物，但还是有些参展商没有重视运输代理商的通知。德国某参展商发运了9个40英尺展架材料及3个40英尺集装箱的展车，由于该参展商在其货物出口前没有在该国境内对木质包装材料进行熏蒸消毒，无法提供相应的官方证明原件，因此我国检验检疫人员在进馆查验时扣留了该参展商的货物，并要求该参展商将其货物退运出境。眼看着展台搭建已初具规模，该参展商后悔不已，提出只要能够参展，愿意接受任何处罚，并保证以此为戒。经展会主办方再三与有关部门联系协调，最后有关部门同意将其货物在中国境内进行熏蒸消毒以及常规性消毒检查，在对该参展商进行经济处罚后方允许其进馆。

资料来源 佚名. 为参展商寻求最好的运输方案——包装篇［EB/OL］. ［2007-06-01］. http://www.meetingschina.cn/DispNews_mob.aspx?id=242.

案例点评：为了顺利参展，参展商应严格执行展览会对参展展品的包装方式、包装材料的有关规定，以及举办国的其他各项要求。

4.4 展品运输

展品只有安全、及时地到达展会现场才能按原计划布展和展出，因此，展品运输也是参展商的一项重要工作。展品运输不只是运输展品，还可能运输展架、展柜、布展用品、维修工具、宣传资料和招待用品等。展品运输是一项专业性很强的工作，参展商往往因无力亲自办理而指定一些运输代理机构专门负责此项工作。展品运输大致可以分为三个阶段：运输筹划、去程运输和回程运输。每个阶段都有一些专业性要求。

4.4.1　运输筹划

运输工作需要统筹策划。运输筹划涉及运输方式、运输路线、运输日程、运输费用、运输公司和代理机构等因素。

1）运输过程

复杂的运输过程通常包括以下阶段：参展商将展品运至指定的集中地点，集体展出组织者理货后将展品用陆运方式运到港口、机场或车站，然后用海运、空运或陆运（火车、卡车等）方式将展品运至目的地港口、机场或车站，再用陆运方式将展品运至展览馆现场，展览会结束后将展品运回，或者运往下一个展览会所在地。

参展去程运输路线图如图4-2所示。

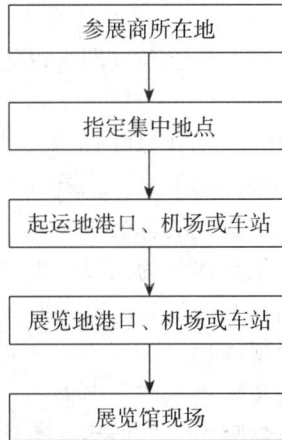

图4-2　参展去程运输路线图

2）运输筹划的内容

（1）运输调研。运输筹划之前，参展企业首先要掌握各方面的情况，这就需要进行运输调研。调研的内容应根据工作需要安排，主要包括运输公司、报关代理，交通条件，可能的运输路线和方式，发运地和目的地，运输设备，港口设备的效率、安全状况，运输周期和轮船班次、车次、航班时间及费用标准，发运地、展出地对展品和道具单证手续的要求及规定。

如果是国际展览，参展企业还要对以下内容进行调研：本国和展览会所在国的海关规定、报关手续、税率、特殊规定以及展览会所在国对展品进口、处理、运输和保险等的规定和要求；展出地是否允许办理临时进口手续，以及免税进口宣传品、自用品等；本国和展览会所在国是否都加入了《ATA公约》（全称《关于货物暂准进口的 ATA 报关单证册海关公约》），以便通过商会索要临时进口表格并办理有关手续；展览会所在国对展品和道具的处理规定和手续，如出售、赠送、销毁、回运；海关是否对展览会有特别的规定，如给予展览会的配额。

参展企业进行运输调研时，内容应尽量详细。大部分调研内容都可以通过展览会组织者了解，或者通过运输公司、运输代理机构了解。

（2）运输方式与运输路线。运输方式主要有水运（包括海运和内陆水运）、空运、陆运（包括火车运输、汽车运输等）、邮递、自带等。各种运输方式均具有不同的优势和劣势。

水运：时间长，但是费用低。海运是出国展览主要使用的运输方式。

空运：时间短，适用于时间紧、货物少的情况，或运送特殊货物，如生鲜产品等，但是其费用昂贵，一般情况下较少使用。

陆运：使用最广泛的、不可缺少的运输方式。如果是漂洋过海的国际展览运输，就需要安排港口两端（即港口与参展企业所在地、港口与展览会所在地）的陆运；国内展览或大陆（如欧美大陆）内的展览，则只需要陆运。在欧美大陆，展品运输相当发达，常常是使用专用的卡车进行门到门运输，卡车在参展企业所在地装货运到展场卸货。

如果是国内展览，且展品不多，那么参展商可以随身携带展品。出国展览的展品最好由组织者集中托运。

国内展览的运输路线有两种：一是门到门运输，即卡车开到参展企业所在地装货，然后直接运到展览会所在地的运输方式；二是将货物交到展览会运输代理处，由运输代理用汽车、轮船或火车集中运到展览会所在地。

国际运输通常采用海运，运输路线分为三段：第一段，从参展企业所在地将展品陆运到港口；第二段，从港口将展品海运到展览会所在国的港口；第三段，从展览会所在国港口将展品陆运到展览会所在地。

选择运输方式和运输路线时主要考虑四个因素：一是路程、时间、展品情况（即数量、体积、重量）等；二是特殊要求，如展品是否易腐，是否需要冷藏等；三是费用，包括运费和保险费等，运输贵重物品时，海运和空运的保险费大不一样；四是安全性。

安排运输方式和运输路线时应遵循一些原则，如尽量将展品运到展览会现场；尽量使用集装箱或其他安全的运输方式；尽量减少搬运次数，以降低破损率；如果可能，尽量避免转船、转运。

（3）运输日程。展品的运输要尽早安排，以保证展品在恰当的时间运抵目的地。如果是请运输代理机构办理运输，要告知其展品最迟到达日期。展品一般应提前一个星期到达展览会所在地。

重要运输时间有：展品集中时间（也称交箱日期）、办妥出运手续时间、装车（国内展）或装船（出国展）时间、转运时间、抵达目的地（港）时间、运抵展览会指定地点时间以及回运时间等。

　　大型国际展览会期间，港口或机场以及展览会现场有时会出现展品积压现象。如果是大型或重型展品，要通知有关部门在展品发运前将其准备好，提前安排运输。需要注意的是，展品到达日期不宜过早，以免产生大笔仓储费用；也不宜过晚，以免一旦出现延误赶不上展览会，导致更大的损失。权衡之下，运输时间以适当留有余地为宜，多花仓储费比晚运到、耽误布置展出要好。

▶ 会展案例4-4

赴俄展品运输延误

　　某年6月4日至8日，俄罗斯圣彼得堡举办国际消费品展览会。福建汇源国际商务会展有限公司（简称汇源公司）获准组织27家企业参展，参展人员共计49人。为了做好该展览会的筹备工作，汇源公司曾于上年10月派人去圣彼得堡对该展览会进行考察，就展位申请、展品运输、展期酒店预订等方面与组委会进行了沟通。考虑到赴俄罗斯展品运输的复杂性，汇源公司选定德讯公司为展品承运商（主要原因是德讯公司在莫斯科、圣彼得堡设有办事处），要求德讯公司保证在6月2日上午9点将展品运到展台，并于当年4月3日与德讯公司签订了运输代理协议。根据该协议，若展品未按时到会，德讯公司将承担由此产生的一切后果。

　　5月16日，汇源公司收到德讯公司的通知：展品将于5月22日到达圣彼得堡，6月3日上午9点送达展馆。由于圣彼得堡将举办建城300周年庆典，从5月27日到6月1日机场关闭，汇源公司先遣工作人员于6月2日到达圣彼得堡，大批参展人员于3日顺利抵达。3日上午，先遣人员到达展台，见展品未到，当即与德讯公司驻圣彼得堡办事处联系，德讯公司表示因报关原因，样品4日下午会到。汇源公司的工作人员随即安排参展商4日晚上布展，可是到了晚上，全体人员到达现场，展品仍然未到。经与德讯公司紧急协商，德讯公司表示5日一定会解决。5日下午，全体参展商再次到展台一直等到晚上7点，当得知展品不能到位时，全体参展商表示强烈不满，拒绝参展并要求赔偿。

　　6月6日上午，中国驻圣彼得堡总领事馆相关工作人员到展览会摊位参观，发现展品未到，指示展团工作人员应维护中国形象，不管样品何时到达，都应继续参展。直到6月6日晚6点45分，展品才到达展览馆门口，经工作人员做工作，全体参展商统一于6月7日布展，坚持参展。汇源公司在后期做了一些补救工作，组织参展商带样品到莫斯科拜访客户，在一定程度上弥补了因参展延误带来的损失。

　　回国后，汇源公司通过与德讯公司协商并征求参展商同意，决定给予参展商每个展位5万元人民币补偿。

　　资料来源　根据网络资料整理。

　　案例点评：出国展品的运输涉及进口和出口的报关报检，手续烦琐，参展企业对此要有充分认识。在制订运输方案时，要综合考虑各种可能出现的意外情况，并制定防范措施，确保展品安全、准时运到展览会现场。

（4）运输费用。运输费用通常分为运费（陆运、海运等）和杂费（装卸、仓储等）两大类，统称运杂费。具体来说，运输费用主要包括：发运地陆运费及杂费、发运地仓储费、装货港码头费、保险费、海运费、目的港码头费、港口至展馆运费、装卸费、空箱存放费、空箱回运费、运输代理费、报关报检费等。

运费的计算方法有：①按货物数量划分收费标准；②按计费吨收费，按体积或重量较高者收费；③按价值收费。

（5）集体运输和单独运输。集体展出通常由组织者统一运输。统一运输的优点包括：一是可以节省参展企业的精力、时间和费用；二是可以避免混乱；三是可以更有保证地将展品按时运到展馆，并可以使用集装箱方式运输，安全、快捷。

采用集体运输方式时，参展企业需要按照组织者的要求提前准备展品、道具和资料，在规定的时间内将展品、道具和资料运到指定集中地点，并按要求办理有关单证，主要是展品清册；然后由组织者安排理货、装箱、发运、接货、办理有关手续、将展品运到展场。此时，参展企业负责布展，组织者负责安排空箱存放。展览会结束后，参展企业负责再包装、装箱，并将包装后的展品交给组织者。组织者再安排办理有关手续、回运或调运、接货和分运。

集体运输要求组织者协调安排好各方面的工作，包括将有关运输安排、要求和规定用书面形式通知参展企业。这项工作可以在确认参展企业时做，也可以在召开筹备会议时做。有关安排、要求和规定的内容包括：运输日程，要特别注意航班之间的间隔；运输费用标准，运输工作由组织者统一安排，费用一般由各参展企业负担，如果有补贴，也要通知参展企业；运输需要办理的手续和单证，其中一些手续和单证需要由参展企业自行办理或提供基本情况，国际货运单证的办理尤其复杂，要详细说明；保险要求；包装要求，如包装材料和包装规格，内包装要能反复使用，外包装要能经受住长途运输等；运输标志、展品集中地点和日期、发运日期、海关对展品和道具等物品的规定。

如果是单独展出，或者集体展出却不统一安排运输，参展企业就需要自行安排运输事宜。单独运输的程序与集体运输的程序基本一致。

3）展品运输的注意事项

（1）尽早了解运输时间，如船期。

（2）尽早租订往返舱位。

（3）选用信誉好、能力强的运输代理机构。

（4）了解发运地和目的地的海关规定、手续、单证要求。

（5）认真制作清册，按箱列明每一种物品的品名、规格、价格等细节。

（6）仔细包装以免破损；在箱子的至少两个侧面打印运输标志，可以用彩色打印，以便于识别；箱子不可太大，以免搬运困难，最好用不需要工具便可开、封的箱子。

（7）避免转运，尽量将物品直接运到展场，接货办理人知道装运前的一切有关

情况。

（8）安排空箱存放并适时安排空箱回运到展台。

（9）办理运输途中和展出期间的保险事宜。

会展链接4-3

展品运输中常见的问题

展品运输尤其是出国展品的运输是一项需要重视并且应认真做好的工作。如果运输不当，可能会出现未运到、途中损坏、丢失等情况，导致很严重的后果。其中，最常见的问题有：

（1）全部或部分展品、道具未及时运到。在展览会上，有时可以看到这样的情景：展台空无一物，展台人员一脸尴尬、不知所措。原因很可能是展品还在运输途中，或者在运输途中损坏、丢失，或者是展品还在海关仓库里，海关手续尚未办完等。这些都是运输工作失误所致（人力不可抗拒的情况除外）。

（2）展品破损。展品因包装不当而破损；尺寸、重量不合适，给运输、装卸带来麻烦，并可能导致额外费用的产生，以及延误时间等。

（3）缺少单证。运输过程中缺少相关证件，导致额外费用发生，甚至导致扣货、罚款等损失；未随身将单证携带齐全，导致有关手续延误。

4.4.2　国内参展运输

参加国内展览，需要选择一家国内运输代理机构负责展品及相关物品的运输工作。展品在国内运输主要涉及去程运输和回程运输两项工作，考虑到成本因素和便捷原因，很多参展商都将这两项工作交给同一个运输代理机构来完成。

1）去程运输

去程运输是指将参展商的展品及相关物品自参展商所在地运至展览会现场的运输。去程运输的工作环节如下：

（1）展品集中与装车。参展商将展品及相关物品按规定的日期集中到统一指定的地点，由国内运输代理进行理货并安排运输路线和运输方式；在确定了运输路线和运输方式后，将展品及相关物品装上运输工具，运往车站、机场或者码头。

（2）长途运输。根据展品及相关物品的特点，选择最佳运输路线和运输方式。如果采用汽车运输，最好安排从运输地到展馆的"门到门"运输，以减少装卸次数；如果采用空运，应注意提前一段时间订舱；如果采用水运和火车运输，应注意出港和出车站以后的运输衔接。

（3）接运和交接。对于水运、空运和火车运输，一般都存在一个中途接运的环节，如展品从船上卸下后再由汽车运到展馆等。应注意安排好接运时间，尽量减少接运次数。展品运到展览会现场后，应将其交给指定的工作人员。由于交接时货物可能较多，因此最好将货物列成详细的清单，以方便交接。

（4）掏箱和开箱。掏箱是指将展品箱从集装箱或其他运输箱中掏出或卸下的过程；开箱是指打开展品箱、取出货物的过程。掏箱工作要准确有序，时间和人员安排要合理；开箱工作一般由参展企业负责，但要注意清点和核对货物。

展品及相关物品安全准时到达展览会现场后，参展企业就可以按原计划布展了。展览会结束后，有些展品需要运回参展企业所在地，有些展品需要运往其经销商处，这时就存在一个回程运输的问题。在指定运输代理时，该运输代理是否有回程运输能力也是必须考虑的一个重要因素；否则，展品将可能处于"有去无回"的尴尬境地。

2）回程运输

回程运输是指在展览会结束后，将展品及相关物品自展位运至参展企业指定地点的运输工作。回程运输的目的地可能是参展企业所在地，也可能是参展企业指定的其他地点，如其经销商和代理商的所在地或另一个展览会的所在地等。

回程运输的基本环节与去程运输相似，除了撤离展馆时要抓紧时间以外，其他各运输环节对时间的要求一般都不高。回程运输的筹备和计划工作在展览会筹备期就要着手进行，不能等到展览会结束时才开始；否则，很可能会导致撤展现场的混乱和无序。

3）需要妥善处理的问题

除了妥善安排去程运输和回程运输外，在指定运输代理时，参展企业还要考虑以下几个问题：

（1）运输时间。展品及相关物品的运输时间要尽早安排好，运输时间与展览会布展和开幕日期密切相关，因此参展企业应提前与运输代理进行协调。如果安排不妥，展品到达时间过早，就会产生额外的仓储费用；到达时间过晚，则会延误展览。

（2）运输线路和运输方式。尽管运输代理对运输线路和运输方式有自主选择权，但是参展企业仍有必要督促运输代理为自己安排最佳的运输线路和运输方式，如"门到门"服务，尽量一次发运而不要多次转运，尽量使用集装箱或其他安全运输方式等。此外，参展企业还应明确水运、空运以及陆路运输的到达目的地等。

（3）运输包装。在同一个大型展馆可能会同时举办多个展览会，为了在展览会现场搬运和装卸方便，参展企业应要求运输代理按照展览会的要求对展品等进行包装，如注明展览会名称及展位号、收货人名称及地址等。

（4）运输费用。参展企业应要求运输代理提供合理的运费及杂费的收取标准，如陆运、水运和空运的基本费率，以及迟到附加费、早到存放费、码头或机场费等附加费率、自选服务的费率等，防止运输代理收取的费用过高。

（5）保险。展览会组织者一般不承担参展企业的展品丢失、损坏等风险，因此参展企业应督促运输代理在安排运输时投保一些必要的险别。

（6）现场服务。展品等到达展览会现场后，还有如搬运等许多后续工作要做，参展企业应明确运输代理可以提供哪些展览会现场服务及其收费标准。

需要指出的是，为方便参展企业，展览会组织者通常会指定专门的运输代理供参展企业选择。由于选择展览会指定的运输代理安排运输事宜一般比较方便和实用，因此很多参展企业会选择这项服务。不过，即便如此，上述问题仍然需要参展企业妥善处理。

4.4.3　出国参展运输

如果是参加国外举办的展览会，则参展企业应当指定海外运输代理机构负责展品及相关物品的海外运输工作。尽管出国参展运输同国内运输一样包括去程运输和回程运输两项工作，也有装车（船）、接运和交接等环节，但就运输环节和各种手续的办理来说，出国参展运输要比国内运输复杂得多。出国参展运输的复杂性主要表现在四个方面，即运输方式、相关文件、海关报关和保险。

行业广角4-2
出国参展运输需要注意的几个问题

1）运输方式

出国参展运输基本上都采用国际联运方式，如陆运—海运—陆运，或者陆运—空运—陆运，或者空运—陆运，展品要从一个国家运到另一个国家。因此，参展企业指定的海外运输代理必须是一家能力比较强的公司，必须有能力安排和协调陆运、水运和空运以及对它们联合使用，而不能只熟悉某一种运输方式。

清楚地了解展览会举办地所在国的海关规定、海关手续和进口税率，了解当地对展品进口的处理办法和规定，了解当地是否有免税（费）进口宣传品和自用品的规定等，以免展品及相关物品报关受阻。

2）相关文件

出国参展运输过程中涉及的文件很多，各国对有关单证的具体要求可能不一样，海关和保险的种类、办理程序也可能不一样，因此参展企业需要事先了解并做好准备，任何差错都可能给展品运输工作带来麻烦。一般来说，出国参展运输需要准备的相关文件主要有以下四种：

（1）展览文件。展览文件是展品及相关物品的证明和文件，主要有展品清册、展品安排指示书、需送海关审查的特殊物品样本和清单、发票等，有些国家可能还要求提供原产地证书、商品检验证书等文件。

①展品清册。展品清册是最基本的单证，也是关系运输、海关、保险等相关工作的重要单证。编制展品清册时内容要完整，展品数量要准确。

展品清册的内容包括封面、目录页、本体三部分。

封面的内容包括展览会名称、国别、年度、标题"展品清册"、组织者名称。

目录页的内容包括序号、单位、内容（类别）、种数、箱号、箱数、金额、体积、重量、展位号、页码等。

本体是展品清册的主要内容，包括运输标志、展位号、页号、类别、序号、箱号、展品编号、品名、规格、数量和单位、价值（货币名称、单价和总价）、重量（净重或毛重）、尺寸、标记、制表人、审核人、批准人等。

展品清册的编制需要注意以下问题：

A.编制顺序：展品清册按包装箱和分类（展品、卖品、宣传品、礼品）顺序编制。

B.页码：集体运输时，展品清册有分页码和总页码之分。总页码是展品清册的页码，分页码用于参展企业，一家参展企业有一个分页码系列。

C.编号：展品清册内的每件展品都必须有编号。如果是同一类的数件展品，可以用同一编号。

D.品名：展品品名要求准确，按《华盛顿公约》的规定要写"学名"，这关系到展品的税收。

E.标价：为了方便通关，展品清册上的所有物品都必须标价、申报。出售品需要标价，其他展品和用品（如礼品、宣传品、自用品、招待品、道具等）即使无商业价值，也需要标价。一方面，是为了避免麻烦和延误；另一方面，很多国家规定，任何留下的物品都要上税，包括散发的展览资料、自用品等。有些参展企业为了少缴关税而将货物价格标得很低，这也许会节省部分开支，但是并不值得。因为海关人员对报关中的问题很清楚，一旦查出问题，遭受损失的是参展企业。此外，如果物品遇损，保险公司将按照报关清册上的价格赔偿，因此，参展企业还是准确标价为好。

F.重量：重量也要如实标明，不要为了节省费用而少写重量，这可能会导致严重的后果。因为在实际操作中，运输企业会按照展品清册标注的重量安排起吊设备和支撑物，一旦实际重量与标注的重量不符，就可能会发生事故。

展品清册要根据展出地海关的要求分别编制，包括原始清册、售品清册、赠品清册（礼品清册）、宣传品清册、招待品清册、受损品清册、遗失品清册、回运品清册、点多品清册、点缺品清册、遗弃品清册等，不同的清册用于办理不同的手续。展出期间，还需要随时记录展品及其他用品的处理情况，包括赠送、销售等。

②原产地证书（Certificate of Origin）。原产地证书是出口商应进口商要求而提供的、由公证机构或政府或出口商出具的证明货物原产地或制造地的一种证明文件。常用的原产地证书主要有以下三种：

第一种是普惠制原产地证书。普惠制原产地证书是在普通优惠关税制度下，由受惠国（发展中国家）的出口商申请，经相关机构签发，用以证明出口货物原产于受惠国并符合普惠制给惠国（发达国家）的关税优惠待遇要求的证明文件。

第二种是一般原产地证书。有些没有实行普惠制的国家也要求提供原产地证书。一般原产地证书是由出口国特定机构出具的，用以证明出口货物原产地的证明文件。

第三种是区域性优惠原产地证书。区域性优惠原产地证书是为出口货物享受其他缔约方在自由贸易协定或者优惠贸易安排项下的关税减让待遇，用以证明出口货物原产地或者原产资格的证明文件。

在我国，海关总署负责全国原产地证书签证管理工作。海关和中国贸促会及其地方贸促机构负责原产地证书签证工作。

③商品检验证书。商品检验证书也称品质检验证书。世界上大多数国家和地区对于粮油、饮料、酒、药材、保健品、农产品等与人体直接有关的产品都要求提供商品检验证书。有些国家和地区对炊具、餐具、茶具等与人体间接有关的产品也要求提供商品检验证书。

④动植物检疫证书。动植物检疫证书分为动物检疫证书和植物检疫证书。世界上大部分国家和地区都对动植物进口进行严格限制，限制范围不仅包括活体动植物，还包括死亡动植物及其制品。动物及动物制品需要办理动物检疫证书，植物及植物制品需要办理植物检疫证书。有些国家和地区还要求对木制品、草柳编织品等进行熏蒸，并要求出具熏蒸证明。

⑤濒危物种允许出口证明书。《华盛顿公约》限制国家间进行濒危动植物及其制品的贸易。在我国，这些产品的出口需要有野生动植物保护司（中华人民共和国濒危物种进出口管理办公室）核发的允许出口证明书。

⑥展品出口许可证。在我国，商务部和受商务部委托的省级地方商务主管部门及沈阳市、长春市、哈尔滨市、南京市、武汉市、广州市、成都市、西安市商务主管部门按照分工，向符合条件的申请人签发展品出口许可证。

（2）运输单据。运输单据是办理货物运输所需要的证明文件，主要包括委托装船通知书、货载衡量单、装箱单、集装箱配箱明细表、提单等。如果货物需要回程运输，还需要有委托回运通知书。

①委托装船通知书。委托装船通知书是发货人委托运输代理办理装船、报关并分送资料的证书。其内容主要包括：装货港、卸货港、运输标志、展品件数、总体积、总重量、最重件、发货人、收货人、受通知人、委托船长代办事项、保险、附件等。

②货载衡量单。货载衡量单是对所有展品箱或裸装物品的尺寸、重量进行丈量和衡重的统计单证。其内容主要包括：运输标志；展品箱号，按顺序排列；箱数；箱件尺寸，以最长、最宽、最高处为准；体积，取小数点后三位数；重量，指毛重；每页注明箱数、体积和重量的小计，每个参展单位的货载衡量单都要有箱数、体积和重量的总计。

③装箱单。装箱单用于各方了解货物的具体情况，确保货物在运输、交接过程中的准确性和完整性。其内容主要包括：集装箱号、集装箱规格、铅封号、船名、船次、收货地点、装货港、卸货港、交货地点、提单号码、发货人、收货人、通知人、标志和号码、件数及包装种类、货名、重量、尺码、装箱日期、装箱地点、装箱人等。装箱单一式数份，分别交发货人、运输代理、海关、装货港、船长、卸货港等。

④集装箱配装明细表。集装箱配装明细表是运输公司要求发货人填写的表格。其内容主要包括：集装箱号、空箱重量、货物品名、数量、重量、体积、目的港、装箱地点等。

⑤提单。运输工具不同，提单名称也略有不同，如海运的提单称为海运提单，空

运的提单称为空运提单。提单由运输方出具，交发货人用于提货。发货人应当争取索要"清洁提单"，避免提单上备注"二次装箱"或"箱件破损"等字样，以免船方遇损时推卸责任。若确属箱件破旧，船方坚持加注，也应将附注限制在最小范围内，如注明某几号箱的状况，而不能笼统地包括全部箱件。需要转船的货物，应在提单上注明"转运货物"，以免在转运中因海关手续造成延误。海运提单由船方或其代理人签发，远程运输可以寄发，近程运输可托船长随身携带。

（3）海关单证。海关单证是办理货物报关时提交的证明文件。

①出口报关。参展企业组织出国展览在展品发运前，必须办理海关申报手续，所需单证主要有出口货物报关单等。

②再进口报关。展览会结束后展品运回国内，还需要办理再进口报关手续，所需单证主要有进口货物报关单等。

（4）保险单证。在运输过程中，参展企业一般投保一切险，有时还会投保一些附加险。保险最重要的单证是保险单，如果货物受损，还有受损报告书等。参展企业应了解展览会是否有指定的保险公司，如果有，应尽量按规定办理。

对于以上各种文件，运输代理应明确告知参展企业提供文件的具体时间和最后期限，以便及时办理有关手续。

3）海关报关

出国参展如果有回程运输，则海关报关手续有四次：

（1）出国前在本国海关办理出关报关手续；

（2）在展出地海关办理进关报关手续；

（3）回国前在展出地海关办理出关结关手续，也称再出口报关；

（4）回国展品运回后在本国海关办理进关结关手续，也称再进口报关。

其中，（1）和（4）项是在本国海关办理手续，（2）和（3）项是在展览会所在地海关办理手续。海关报关手续可以由参展企业办理，也可以委托报关代理办理。但是，有些国家和地区的海关规定必须由报关代理办理。不同国家和地区的海关，报关流程和所需单证不同。

去程运输的货物报关特别是展出地的进口报关对参展企业来说尤为重要。因为如果不能及时通关，就会严重影响参展企业的参展计划。在实际操作中，去程运输的货物进口报关一般有以下四种办理形式：

（1）保税方式。采用保税方式的前提条件是必须在保税展览会场展出，不同国家申请保税的手续不一样。如果是单独展出，则可以委托大使馆办理，手续可能会简单一些。需要注意的是，即便在保税展览会场展出，也需要办理报关手续。货物检查一般在会场进行，但是这种检查不适用需要进行动植物检疫的物品。

（2）再出口免税方式。这要求提供相当于关税金额的保证金，然后办理进口手续，使展品得以通关展出。但是，该方式以展品再出口为条件，同时，展品也不能随意处理。由于再出口物品必须与进口物品完全一致，因此使用这种方式时检验相当严格。展览会结束后办理再出口手续，然后取回保证金，这一过程可能很费时间。虽然再出口免税方式可以免除关税，但是费工费时，操作费用也相当高。如果使用这种方式，在海关同意的前提下，可以请大使馆或银行出具担保函，这样可以免交保证金，避免展后索回的麻烦。

（3）进口方式。这是指办理一般进口手续，缴纳关税后展品作为当地货物。采用进口方式需要交税，但是办理完报关手续后，展品处理相当自由。交了税而未出售的展品理论上可以办理退税，但是手续复杂，时间往往拖得很长。

（4）ATA方式。这是一种货物暂准进口方式，手续简便，不用缴纳关税。但是，ATA方式的前提条件是参展企业所在国和展览会所在国都必须是《ATA公约》成员。另外，参展企业必须严格遵守制度，在展览会结束后，将所有展品再出口。

4）保险

展览会组织者一般不负责展品丢失、损坏和人员伤亡事故，因此参展企业需要自行购买保险。购买保险时，参展企业应考虑投保险别、投保金额、投保期限等问题。保险不仅涉及展品和运输，而且涉及展台人员、参观者等，下面我们对参展涉及的所有有关险别及投保注意事项在此一并说明。

（1）保险险别。参展涉及的险别较多，包括一切险、战争险、火险、盗窃险、破损险、第三者责任险、展出人员险等。参展企业没有必要投保所有险别，而应根据展览会的规定和自己的实际需要选择险别投保。

一切险又称综合险，是海上货物运输保险的主要险别之一。在展品发运并取得提单后，参展企业可以按展品清册价办理保险手续。保险期从展品在国内仓库发运时起至运回国内仓库时止。在运输途中，如果货物发生破损、丢失，应设法向事故责任方取得理赔单证。若无法取得理赔单证，则应要求责任方出具证明书。受损方填写受损报告书，连同索赔清单交承保公司办理索赔手续。索赔期一般为1年。

为防止施工期间施工人员发生事故、参观者参观期间出现意外伤害，参展企业应在展览施工和展出期间投保第三者责任险。

展出人员险包括医疗保险、人身意外保险、个人财产损失保险等。

（2）投保注意事项。

参展企业可以选择有长期合作关系的保险公司。如果展览会所在地有规定必须选择指定保险公司，参展企业在了解清楚后应按规定办理。有些专业的保险公司可以提供一揽子展览保险。

如果参展企业有长期保险，可以不再专门为展品办理保险，只需要将展览保险纳入长期保险范围即可。

集体展出组织者一般不会承担保险费用，但是会统一办理保险。统一办理保险可以节省参展企业的精力，且费用均摊，价格也会低一些。

展品运输工作是一项比较烦琐、复杂的工作，参展企业可以将运输中的大部分工作委托给运输代理。但是，参展企业的展品运输负责人必须掌握全部情况，指挥、协调、监督、配合有关各方保质保量地做好展品运输工作，以保证展览工作的顺利进行。展品运输工作结束后，参展企业还需要进行必要的评估和总结。

知识掌握

◉判断题

（1）企业在挑选参展人员时，应考虑参展人员是否具备以下素质或能力：良好的心理素质、良好的工作作风、熟练掌握相关的知识和技能、良好的沟通能力。（　　）

（2）参展人员应重视商务礼仪，要有整洁的仪容、规范的服饰、文明得体的言谈举止。（　　）

在线测评4-1

判断题

（3）参展企业在选择展品时应根据内部条件，从产品供货能力、市场潜力等方面进行综合考虑。（　　）

（4）展品运输大致可以分为两个阶段：去程运输和回程运输。（　　）

（5）出国参展运输的复杂性主要表现在三个方面：运输方式、有关文件和海关报关。（　　）

◉简答题

（1）参展人员配备要考虑哪些因素？

（2）参展人员应具备哪些素质？

（3）选择展品的原则是什么？

（4）简述展品包装应注意的事项。

（5）出国参展运输应准备哪些相关文件？

知识应用

◉案例分析

全球主流媒体齐聚2024北京车展，共鉴比亚迪展台风采

随着春天的脚步渐行渐近，全球汽车界的目光再次聚焦中国首都北京。2024年4月25日至5月4日，第十八届北京国际汽车展览会（简称2024北京车展）在中国国际展览中心盛大开幕。作为国际知名的汽车盛会，2024北京车展不仅吸引了来自世界各地的汽车品牌参展，更是全球主流媒体争相报道的焦点。在这一盛会上，比亚迪旗下王朝、海洋、腾势、仰望、方程豹等品牌的精彩亮相，无疑成为本届车展的最大看点。

比亚迪王朝作为比亚迪品牌的旗舰系列，在本次车展上展示了强大的产品阵容和技术实力。全新中级轿车秦L DM-i（智能双模电动汽车）的全球首发亮相，吸引了众多媒体和消费者的关注。这款车型采用了全新的设计语言，搭载了第五代DM-i混动系统，不仅在外观上给人耳目一新的感觉，而且在动力性能和燃油经济性上实现了突破。同时，秦L DM-i的内饰设计也充满了中国文化的韵味，以中国画为灵感打造的

山水画境座舱，让人仿佛置身于一幅山水画中。

而在比亚迪海洋网展台，海豹06 DM-i、海狮07 EV以及概念车OCEAN-M等多款全新车型携手亮相，展现了比亚迪在新能源汽车领域的创新实力。海豹06 DM-i作为海洋网旗下的全新中型轿车，搭载了比亚迪最新技术，在底盘品质、安全操控等方面均有大幅提升，剑指合资燃油中型轿车市场。海狮07 EV则以比亚迪e3.0架构为基础，定位海洋系列中型轿车SUV，延续了海洋系列OCEAN-X概念车的设计语言，整体风格年轻时尚。而OCEAN-M概念车则以行业首款两厢后驱纯电钢炮的姿态亮相，展现了比亚迪对未来汽车市场的深刻洞察和前瞻布局。

腾势品牌作为比亚迪旗下的高端新能源品牌，也在本次车展上带来了重磅新车Z9 GT。这款车型不仅拥有领先行业的革命性技术，而且在外观设计、内饰配置、动力性能等方面实现了全面升级。腾势Z9 GT的亮相，无疑为比亚迪的高端新能源汽车市场注入了新的活力。

仰望品牌作为比亚迪旗下的豪华越野品牌，也在本次车展上展示了其全系产品。仰望U8越野玩家版的上市，成为车展的一大亮点。这款新车型在豪华版的基础上进行了全面升级，不仅具备更强的越野性能，而且融入了更多先进科技元素。同时，仰望U7作为百万级新能源旗舰轿车也在车展上进行了线下首秀，其豪华的内饰设计和卓越的动力性能赢得了众多消费者的赞誉。

比亚迪旗下的新能源越野车品牌方程豹，也在本次车展上带来了多款惊艳的车型。豹5作为方程豹品牌的代表作之一，在车展上展示了其强大的越野性能和时尚的外观设计。此外，方程豹还带来了未来星舰风格的豹8、星际战车般的SUPER 3以及有时空之梭灵感的SUPER 9等车型，让消费者大饱眼福。

2024北京车展上，比亚迪王朝、海洋、腾势、仰望、方程豹等品牌的精彩亮相，不仅向全球消费者展示了其最新、最先进的技术和产品，而且通过媒体的报道和传播，进一步提升了比亚迪品牌的知名度和影响力；不仅展现了比亚迪在新能源汽车领域的强大实力和创新精神，而且向世界展示了中国汽车产业的崛起和自信。

资料来源　耀哥搞机. 全球主流媒体齐聚2024北京车展，共鉴比亚迪展台风采［EB/OL］.［2024-04-27］. https://www.yoojia.com/article/9731298511405625250.html.

案例分析4-1

问题：阅读以上案例，分析参展企业应如何选择展品，以及参展企业在参展前应做好哪些准备工作。

分析提示

◉实践训练

参展商务礼仪演示。

要求：演示人员进行简单的客户接待模拟，考察演示人员的仪表、仪容和言谈举止是否规范。

学习评价

本章学习评价表见表4-1。

表4-1 学习评价表

学习内容	参展人员选择与展品选择、包装、运输		
	评价要点	配分	得分
知识掌握	掌握参展人员的选择标准、培训内容及商务礼仪	8分	
	了解展品选择的方法	7分	
	了解展品包装的要求	7分	
	掌握展品运输的流程	8分	
技能提升	能够为展览会配备合适的参展人员	15分	
	能够对展品的运输进行统筹策划	15分	
素质养成	提高礼仪修养，提升文明水平	20分	
	弘扬中华优秀传统文化，讲好中国故事	20分	
分数合计		100分	

第 5 章

展览场地选择与布展

知识目标

- 了解展览场地的选择要求。
- 掌握参展道具的选择和使用方法。
- 掌握展台设计的基本要求。
- 了解展台施工的要求。

技能目标

- 能够选择满足企业需求的展览场地。
- 能够对展台进行创新性设计和布置。

素养目标

- 培养健康的审美情趣，积极弘扬中华优秀传统文化。
- 培养严谨求实、勇于创新的精神和数智化素养。

知识导图

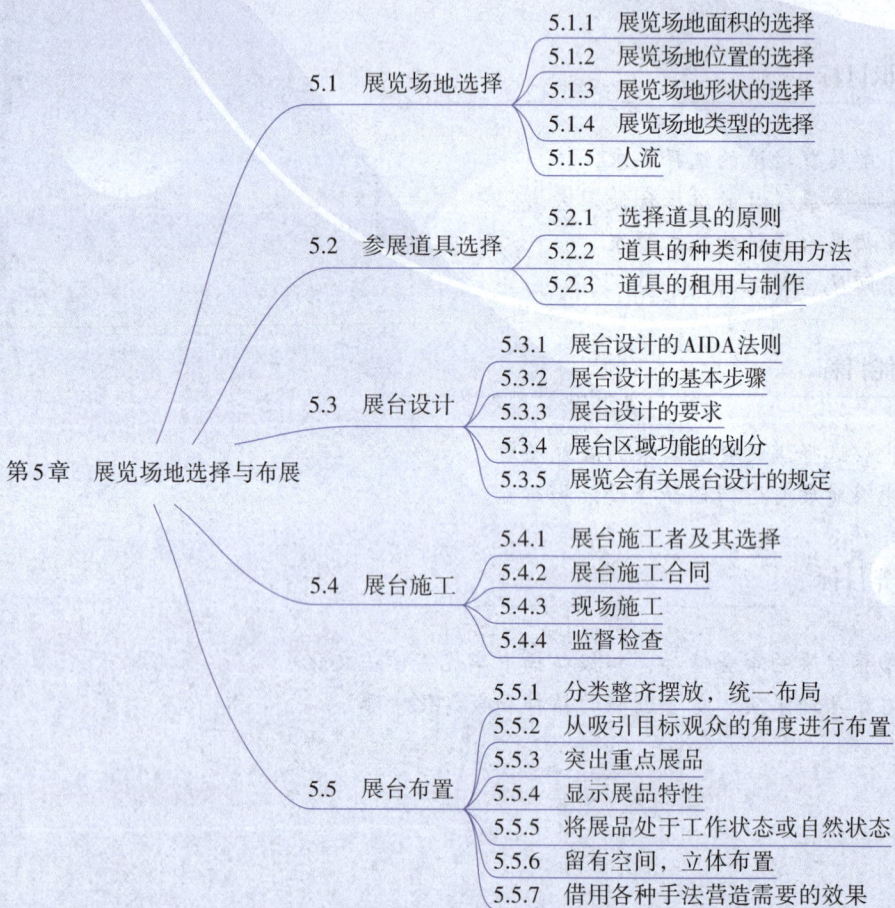

第5章　展览场地选择与布展

5.1　展览场地选择
- 5.1.1　展览场地面积的选择
- 5.1.2　展览场地位置的选择
- 5.1.3　展览场地形状的选择
- 5.1.4　展览场地类型的选择
- 5.1.5　人流

5.2　参展道具选择
- 5.2.1　选择道具的原则
- 5.2.2　道具的种类和使用方法
- 5.2.3　道具的租用与制作

5.3　展台设计
- 5.3.1　展台设计的AIDA法则
- 5.3.2　展台设计的基本步骤
- 5.3.3　展台设计的要求
- 5.3.4　展台区域功能的划分
- 5.3.5　展览会有关展台设计的规定

5.4　展台施工
- 5.4.1　展台施工者及其选择
- 5.4.2　展台施工合同
- 5.4.3　现场施工
- 5.4.4　监督检查

5.5　展台布置
- 5.5.1　分类整齐摆放，统一布局
- 5.5.2　从吸引目标观众的角度进行布置
- 5.5.3　突出重点展品
- 5.5.4　显示展品特性
- 5.5.5　将展品处于工作状态或自然状态
- 5.5.6　留有空间，立体布置
- 5.5.7　借用各种手法营造需要的效果

引例　探营旅博会：展台设计灵动吸睛　互动体验用尽巧思

2023年9月1日，第十三届中国旅游产业博览会（简称第十三届旅博会）揭开面纱，敞开怀抱喜迎四方宾朋。

第十三届旅博会在国家会展中心（天津）举办，展会面积首次突破10万平方米，达到12万平方米。众参展方均使出浑身解数，在展台设计、特色展陈、互动体验方面用尽巧思。

紧邻主会场的国家博物馆展区布置颇费心思，外方内圆的形式以馆藏玉琮为设计灵感，格外吸睛。首先映入眼帘的是电子长屏，滚动展示馆藏《乾隆南巡图》第六卷《驻跸姑苏》的电子画卷，展台上精雕细琢的玉兔衔芝香砖、靠着古代技艺平衡装置保持香丸不倒的香囊……各种宜古宜今、精巧实用的文创产品让人爱不释手。"我们带来了这两年比较受欢迎的200余款文创新品，品类非常多，如以海晏河清尊为原型创作的海晏河清系列、以唐代实物为原型制作的花鸟玲珑香囊系列、以《明宪宗元宵行乐图》为原型制作的元宵行乐系列。"国家博物馆经营开发部副主任朱晓云介绍，"我们还带来了不少参与度很强的DIY产品，如可涂鸦可水洗的玩偶和小包，可自选印制的T恤，希望采用这种'让文物活起来'的形态，让更多人了解文物、爱上博物馆。"

进入绿色草坪区域，一眼可知所在之处是旅游装备展区。参观者可以漫步在大自然中，沉浸式体验太空舱、星空房、木屋、帐篷、无人机、露营穿戴、小火车、代步车等旅游装备的使用场景。该展区的内容覆盖了旅游装备的各个领域，不仅为上下游产业链采购商提供了多样的选择，而且为观众提供了前沿的沉浸式旅游体验。"太空舱的优势是隔音、隔热、保温、环保，市民和游客可以现场体验。"绿川太空舱销售部经理贺明志介绍。

"在文旅项目方面，比如在曹禺剧院、范竹斋旧居的沉浸式演出和重点剧目介绍，以及承接的一些品牌化大型舞美项目，我们把这些项目都布置在展区的吊顶、大屏上，呈现出浓郁的氛围感，在旅博会上与大家分享。"在旅游目的地展区，北方演艺集团天津演艺网副总经理杨蕾向记者介绍。在这里，天津16个区和天津市国资委所属的12家文旅企业均设有独立展区，集中展示天津文旅特色和最新发展成果。其中，天津城投集团以津湾广场、摩天轮等文旅资源为基础，串点成线；天津泰达投资控股有限公司以"畅游航母，大美泰达"为主题参展，运用裸眼3D视频重现航母编队波澜壮阔的视觉体验。

"大老远就闻见味儿啦，真香！"旅游文创展区专门设置的天津早点展区还在紧张地布展，传统样式的方桌长凳已经摆好，耳朵眼、大福来、起士林、美玲拉面……知名店铺分区一字排开，油条、回头、煎饼果子、锅巴菜……菜牌已挂好，吃食还没上架，看着已然令人垂涎。期待的氛围一下拉满，每位参展商都摩拳擦掌，只待大幕开启，翘首迎接八方来客。

资料来源　廖晨霞. 探营旅博会：展台设计灵动吸睛　互动体验用尽巧思［EB/OL］.［2023-09-01］. https://www.tjzbsh.cn/h-nd-16663.html.

引例点评：展台设计的好坏直接影响着企业的参展效果，因此参展企业应重视展台设计，同时通过有效的宣传方式吸引观展者，这样才能在展览会中脱颖而出。

5.1　展览场地选择

展览场地的条件差别极大，可能是旧仓库，也可能是现代专用展场。展览场地的发展趋势是正规化、专业化和现代化。质量好、设施全的展览场地费用高，但展出效率高、效果好。展览场地（包括展台）是参展企业进行展览设计的基础和最重要的因素。参展企业选择展览场地需要考虑的影响因素主要有面积、位置、形状、类型和人流等。

5.1.1　展览场地面积的选择

展览场地面积的选择受多方面因素的影响，其中最重要的因素是需要和条件，此外还有展出性质、展品、展示方式、展示活动、展台人员、竞争环境等。

1）需要和条件

需要是指参展企业展出目标的需要，条件是指参展企业的预算。如果参展企业准备大造声势，并且有足够的预算，则应该租用大面积的展览场地；如果参展企业只想探测一下市场情况，并且没有太多预算，则只需要租用小面积的展览场地。

2）展出性质

如果是消费品展览会，则需要较大面积的展览场地，大面积容易吸引参观者的注意，给参观者留下深刻的印象；同时，展览场地面积大一些，可以方便参观者观看、走动，从而保证人流的畅通。如果是贸易展览会，只对专业观众开放，则展览场地面积可以相对小些，但是要留出洽谈的场地。

3）展品

展览场地面积的选择要考虑展品的情况，即根据展品的种类和数量计算出大约需要的面积。不同的展品占用的面积不同：一些展品可以挂在墙上，占用面积最小；一些展品可以放在展架里；一些展品只能放在地面上，如机械设备、家具等，占用面积就要大一些。

4）展示方式

展示方式不同，占用的面积也不同。以图文方式展示，占用的面积相对小一些；以实物、模型方式展示，占用的面积要大一些。

5）展示活动

在展览会现场，如果需要安排展示活动，如操作示范、时装表演、互动体验等，也需要占用一定的面积。

6）展台人员

展台人员必须有适当的活动空间，才能有效开展工作。比较流行的标准是，为每个展台人员配备4平方米的面积（不含展品陈列面积）。通常情况下，9平方米是最小的合理面积，15平方米是正常的面积。

7）竞争环境

参展企业还应考虑竞争对手展台的面积。如果有可能，参展企业可以先了解竞争对手或周围展台的面积，再确定本企业的展台面积。

5.1.2　展览场地位置的选择

确定了面积之后，参展企业就应该考虑选择好的位置，展览场地的位置对展出效果有重要影响。一般情况下，展览场地的位置由展览会组织者根据参展企业的性质、参展内容和面积以及场地申请的先后顺序统一安排。但是，参展企业可以接受，也可以要求更换。参展企业如果有选择的余地，应当争取更好的位置。参展企业选择位置时需要考虑的因素主要有以下几个：

1）行业因素

很多展览会按行业或展品类别划分展馆或展区，有些国际展览会还会设立国际馆（国家馆）。即使是专业展览会，往往也会被更细地划分为不同展馆或展区。在展览会规模日益扩大、专业划分日益精细的趋势下，按行业划分区域的做法越来越普遍。按行业划分的展馆可以最大限度地吸引目标观众，进而提高展出效益，这对参展企业来说是非常重要的。

2）目标因素

参展企业应根据自己的展出目标选择位置。如果参展企业的展出目标主要是宣传、树立形象，追求尽可能高的曝光率，让尽可能多的参观者看到自己，则应该选择展馆主入口的正面或展馆正中央等人流最多的位置。如果参展企业的展出目标主要是接待老客户，则应该选择安静、固定的位置。安静的位置便于洽谈、少干扰，固定的位置便于老客户寻找。

3）观众因素

观众因素主要是指参观者的流向和流量。展览会的环境因素会影响参观者的自然流向和流量，导致一些位置的展台拥挤不堪，一些位置的展台门可罗雀。规模大的参展企业或重要的参展企业往往会被分配很好的位置，从而吸引很多的参观者，因此规模小的参展企业或不出名的参展企业就需要分析参观者的流向和流量，尽可能选择参观者流量大的位置。

4）环境因素

参展企业可以向展览会组织者索取标明重要参展企业位置的场地平面图，了解这些参展企业的分布情况，这既有助于展台位置的选择，又有助于提高展台设计的针对性。如果能够选择位置，小的参展企业可以考虑紧邻大参展企业，包括大的竞争对手，以吸引人流；大的参展企业可以考虑选择在小参展企业之中，显得"鹤立鸡群"。参展企业还要考虑避免选择某些位置，如空调、供暖、通风等设施周围会有较大的噪声或较高的温度，不仅展台人员不舒服，参观者也不愿意久留。

5）设施因素

不同的展览场地可能会有不同的限制要求，参展企业应事先了解。如果有超高展品，应注意选择有合适高度空间的展览场地。如果有超重展品，应注意选择有合适负荷地面的展览场地。参展企业对水、电方面的要求也是选择展览场地时需要考虑的因素。展览场地附近如果有窗户，那么窗下的位置不好，因为光线可能不易控制。同一展览会的不同展馆可能有不同的设施。

6）费用因素

展览场地的位置有好坏之分，根据市场供求原理，有些展览会制定了不同的收费标准。好的位置收费高，差的位置收费低。如果经费有限，参展企业可能就要将收费标准列入考虑范围。

综合而言，公认的比较好的位置有：展场的主馆；展馆的入口和出口；入口处的右侧；展馆的主道，即参观者流量最大的通道；几条通道的交会点；展台为双向开面，尤其是双开面的外角。这些地方容易被更多的人经过、看见。此外，也有人认为转角展台及面对展馆入口的展台位置是最好的。

比较不利的位置有：附属展区；与主馆和主厅分离的展区；远离入口处；主活动区的背区；侧边通道；死胡同的末端位置；展馆背部的角落以及大柱或楼梯之后。

5.1.3　展览场地形状的选择

展览场地（或展台）的形状与展台开面（朝公众开放的展台面）有直接的关系。

根据展台开面的不同，展台的形状主要有六种，即道边形、内角形、外角形、半岛形、岛形和通道形。不同形状的展台有不同的特性，参展企业可以根据自身的需要和条件进行选择。

1）道边形

道边形是最常见的展台形状，在通道两侧，为单开面。其优势是三面墙提供了充足的产品、图片和文字的展示面积，并且价格可能比较低廉；其不足是视角最少，开面最窄，只能从正面进入展台，展台内人流不易畅通，整体形象略差。

因此，集体展出时如果选择道边形展台，设计人员可以通过装饰通道，形成独特的环境，建立整体的形象。

2）内角形

内角形展台（如图5-1所示）为两开面。其优势是在面对的两个通道里都可以看到此展台，容易吸引观众，并且给观众留下深刻的印象。其劣势是展台人流不易畅通，另外必须占三个标准展台的位置才能产生上述效果。

图5-1　内角形展台

3）外角形

外角形展台（如图5-2所示）也是两开面。其优势是位于岔道口，人流量比较大，参观者最先到达且容易进入展台，展台视野开阔。其劣势是用于展示的墙面少，可能需要使用更多的独立展具。外角形展台比较适合打造展示焦点，或用于设立咨询台。

图5-2　外角形展台

4）半岛形

半岛形展台为三开面。这种形状有非常好的展示面，视野开阔，参观者进出方便，人流畅通，设计人员在设计安排上具有很大的灵活性。但是这种形状不易使用标准展架，可供布置的墙面更少，因此需要使用其他展示、布置手段，最好用净场地，定制展架。

5）岛形

岛形展台（如图5-3所示）为四开面，展示面最广、人流最为畅通。岛形展台也不适用标准展架，没有可供布置的墙面。如果面积大，使用墙板隔开，就不是岛形展台了；如果使用的展柜太高，挡住视线，也会失去岛形展台的开阔优势。岛形展台便于设计人员进行开放式设计，适合使用低矮的展柜。

图5-3 岛形展台

6）通道形

通道形展台为两端开面。一些专家认为，通道形展台的性价比较高。这类展台有良好的展示面，人流比较畅通。但是需要注意参观者的流向，大多数参观者愿意从进入的口出去。

有些展览会在展前已设计好展场、展台形状，参展企业可根据需要和条件选择；有些展览会则允许参展企业自己设计展台形状。不论是选择已经设计好的展台形状，还是自行设计展台形状，参展企业都要了解不同展台形状的优缺点，充分利用展台形状的优势更好地为展出目标服务。

5.1.4 展览场地类型的选择

展览场地的类型有多种划分标准。从建筑角度看，有室内场地和室外场地之分；从展台角度看，有净场地和标准展台、单独展台与集体展台之分。

1）室内场地和室外场地

一般将展览馆内的场地称为室内场地，将露天的场地称为室外场地。大多数展览会在室内场地举行，当提及场地、设施、服务时，一般来说是指室内场地、设施和服务。但是，室外展出也并不鲜见，天然材料产品，以及其他超大、超高、超重的产品也常放在室外展出。很多工业展览会同时在室内和室外展出，有些展览会大部分甚至全部在室外展出，如航空展、工程机械展等。室外场地的费用标准通常比室内低很多。

2）净场地和标准展台

净场地是展场内划出的一块地，没有任何展具，参展企业需要自建展台。租用净场地的好处是参展企业有更大的发挥余地。参展企业可以按照自己的意图，自由发挥想象力和创造力来设计、搭建展台，使展台有个性、有特点。独特、优美的展台不仅有利于营造气氛，提升企业形象，而且能够满足企业的展出需要。租用净场地的缺点是需要安排设计、租用道具、组织施工等，不仅费时费力，花费也很高，但是如果展具能够反复使用，费用就可以节省一些。净场地适合集体参展企业。

标准展台是场地统一设计、使用标准展架搭建、配备基本展览道具的展台。标准展台的面积一般为9平方米、12平方米、15平方米、20平方米以及这些数字的倍数，最小的面积为4平方米。参展企业可以租用数个标准展台，然后将它们拼成一个展台，有些展览会还允许企业租用半个展台。标准展台的优势是操作简便，节省时间、精力和费用。标准展台比较适合中小公司，尤其是初次展出的中小公司。

国际标准展台的面积为9平方米，包括三面墙板，楣板（展台正面上方横条板，用以标明参展企业名称、展台号），咨询台1张，折叠椅2张，废纸篓1个，照明灯2只，以及1个电源插座，这是最低档次、最低费用标准的标准展台。高一个档次的标准展台还包括地毯、谈判桌、常规照明等。租用标准展台的参展企业通常还需要另外自行安排或租用道具，如展柜、电话、图文用品等。有些展览会根据不同参展企业的需要和预算提供几种标准展台供参展企业选择、使用；有些展览会提供的标准展台包括所有展台用品及一揽子服务，也就是说，除了墙板、楣板、桌椅外，还有展架、衣架、电话、灭火器等。

3）单独展台和集体展台

企业单独占一块场地展出，称为单独展台。大企业的单独展台一般比较大，设计布局不会有太多困难。小企业的单独展台一般比较小，设计布局比较困难。最常见的问题是展台内过于拥挤，堆满了道具、展品，参观者甚至展出人员本身都很难移动。这类展台不容易吸引参观者，走进去的参观者也会有被骗的感觉。因此，小企业的单独展台需要通过设计解决场地布局问题。

两家以上企业共同占据一块场地展出称为集体展台，规模大的集体展台也称展馆。集体展台在设计、使用上最具挑战性，集体展台需要协调好整体和个体的关系。集体展台的场地安排形式有多种，如分散型、结合型、集中型等，但是不论采用哪一种形式，都必须统一制作企业楣板，对展台的道具、布置、文字以及图片等做出统一规定或进行统一安排。

会展链接5-1

集体展台的类型

1.分散型展台

分散型展台是指整个展馆以个体参展者为主，每个展台的面积相同，每个参展企业自行设计自己的展示区、洽谈区和储存区。这类展台的设计比较简单，但是效果也较差，很难树立鲜明的整体形象。另外，由于每个展台都安排展示、洽谈等区域，因此显得十分拥挤。

采用分散型展台时，展览会组织者要向参展企业提出设计、布置要求和标准，争取取得较好的整体展出效果。虽然分散型展台的应用比较普遍，但它并不是值得推荐的形式。

2.结合型展台

结合型展台是指参展企业设计展示区域，展览会组织者统一安排洽谈、储存区域。这类展台容易树立鲜明的整体形象，有利于宣传。由于统一安排洽谈和储存区域，因此虽然每个展示区小了，却并不显得拥挤。

结合型展台分开放结合型和封闭结合型两种。开放结合型展台的基本特征是展示区向外，洽谈和储存区在内，洽谈人员通过展台进入洽谈区，因此洽谈区比较容易管理。封闭结合型展台的基本特征是整个展馆形成一个独立的岛，四周是墙，用以绘画或者张贴、悬挂图表和照片等，有多个出入口，进入展馆后方可看到展台。展示区仍由参展者自己安排，洽谈和储存区由展览会组织者统一安排。

3.集中型展台

集中型展台是指展示、洽谈、储存等区域全部由展览会组织者统一设计。采用这种设计时，展馆内不设展台小间，展览会组织者根据参展企业的重要性、展品的尺寸和数量分配面积。展馆周围可以不设走道，参观者可以多方向自由走动。

集中型展台的优势是参观者很想走进去，因为里面看上去有很多产品；也很容易走进去，一旦进去就可以自由走动，几乎可以看到所有产品。这种设计可以将人流量提高一倍，也可以提高场地使用率和展出效率，还可以树立强有力的个体形象。

5.1.5 人流

人流是指展览会场地内流动的参观者。人流由流向、流量和流速三个因素组成。场地人群流动对参展企业实现参展目标意义重大，人流少的场地企业成交机会就少，企业也很难在观众心目中树立形象，因此参展企业应选择人流多的场地。

人流是有一定规律的，这些规律包括：

1）自然环境形成人流

就展览馆而言，在入口、出口处，人流的流向（如图5-4所示）比较明确；在主道、服务区域等处，人流的流量比较适中。就展台而言，富丽堂皇的大展台、有操作演示的展台、散发纪念品的展台人流比较多。

图5-4 从大门进去直行形成人流

2）自然习惯形成人流

在随意走动的人群中会有一种现象，就是人随人。人群由有目的的和无目的的个体组成，有目的的人走某个方向，往往会带动一大帮人。有一种现象是几个人围观往往会招来一大堆人。还有一种现象是人们往往避开空旷的地方而选择边道走，尤其是人流量少的时候更是如此。此外，各国、各民族之间有差异，比如在公共场合，意大利人可以看别人，也让别人看自己，走路选中间、宽敞之处；英国人则通常避免直视他人，走路靠边，选僻静之处。

3）自然心理形成人流

有一种潜意识现象称为心理适应，观众进入展馆后往往先走上一段路，感觉适应环境后再开始细细看展。进一步观察，大约在第一个走道一半的地方，也就是第五个展台之后，观众开始仔细看展。但是也有研究结论与此相反，认为观众通常在靠近入口的展台花费时间最多。

4）自然本能形成人流

在北半球，人们进入一个大厅后，大多数人会自然地向左转，然后按顺时针方向走，据称这是地球按顺时针方向绕太阳旋转导致的。

行业广角5-1

如何做好展位
设计，提升参
展效果

5.2 参展道具选择

随着信息流通量的激增和更替频率的加速，各类商业展览活动的周期越来越短，临时、短期、暂设、巡回流动性展览日益增多。符合高速度、高效率、自动化大生产规律的标准化、组合化参展道具应运而生。一些档次较高的大型展览会、博览会大都采用组合框架结构和组合式展台等，从而使展示空间分割灵活方便，施工周期大大缩短。

5.2.1 选择道具的原则

选择参展道具的原则可以概括为标准化、规范化、可任意拆装，即将标准化组合部件的规格、数量降到最小值，以变化丰富、互换性强、多功能、易保存、易运输、美观等因素为出发点，组合突出牢固、可反复使用、一物多用、装拆便捷等优点，同时要便于储藏和运输。

5.2.2 道具的种类和使用方法

1）展架

展架是用以吊挂、承托展板，或与其他部件共同组成展台、展柜及其他展式形式的支撑骨架器械，也可以作为直接构成隔断、顶棚及其他复杂的立体造型的器械，是现代展览活动中用途最广泛的道具之一。展架有多种形式，大致可以分为定制展架和组合展架两种。

（1）定制展架。定制展架是专门设计制作的展架。定制展架没有统一的规格标准，有一次性的，也有可以多次使用的。

定制展架根据参展企业的要求设计，可以满足参展企业的不同要求，容易给人留下深刻的印象。由于多数定制展架只能使用一次，而组合展架可以反复使用，因此使用定制展架的平均成本较高。

（2）组合展架。组合展架是按照一定规格标准大批量制作的展架，也称标准展架系列，用于搭建标准展台。组合展架有木结构、钢结构和铝合金结构之分。其中，木结构和钢结构是传统型结构，铝合金结构是现代型结构。

组合展架最早使用的材料是木材。木结构组合展架可以比较方便地满足各种展览需要。展架组件在工厂事先按标准制作好；在展览现场，先建展台（这是真正意义上的展台，是高出展馆地面的展览平台），展板嵌入展台的槽内，四角用木柱或铁柱支撑，展板顶部用木条钉牢，展台墙面刷漆、贴墙纸或使用其他覆盖材料。木结构组合展架的材料成本并不高，但是所需人工费却相当高昂。此外，搭建、拆除的效率不是很高，更增加了人工费，因此目前木结构组合展架几乎已被其他材料展架取代。

钢结构组合展架实际上是一种展柜，使用钢管或铁管作为框架，将玻璃放置于四周，上下是木制顶板和底板。钢结构组合展架适合纯展示性的展览会（如博物馆、科技馆、教育展览会等），不适合需要进行人际交流的贸易展览会。

铝合金结构组合展架是在高效率、低成本、低消耗的要求下发展起来的，其特点是标准化的铝合金框架和各种部件可以组合成很多种形状，满足各种设计要求。铝合金结构组合展架的材料成本较高，但由于施工效率极高，材料更加耐用，因此总费用比传统型结构展架的费用低。铝合金结构组合展架主要由铝合金框架和轻型化纤展板组成，使用较广泛的铝合金结构组合展架是德国的奥克坦姆系列和瑞士的西玛系列。

如今，铝合金结构组合展架已不再是单纯的展架，还包括展出需要的大部分用具。从用途上看，铝合金结构组合展架可以分为展台系统或结构系统（Structural System）、展板系统（Panel System）以及展具系统（Display System）。结构系统主要用于搭建展台；展板系统主要用于连接展板，展示图文；展具系统可以组装成为展示道具，包括各种展示用桌、柜、台、架、阁、墩等。目前，展览会使用最多的是标准展台，而标准展台基本上都由铝合金结构组合展架建成。

铝合金结构组合展架具有以下优势：

①结构优势。结实耐用，即使某一部件损坏，也非常容易替换，组装多样灵活，可以组合成多种类型的展台。

②效率优势。设计简单，容易搭建、拆除，采用特殊技术及设备，简化工作、节省时间。容易包装，由于都是标准件，可以使用专用包装箱，包装紧凑、稳固，也易于运输。

③费用优势。由于材料可以反复使用，因此平均成本较低。施工程序简单，节省人工费用。据统计，使用铝合金结构组合展架的费用比使用定制展架的费用少一半以上。

但是铝合金结构组合展架不容易组装成超大结构或者特别结构。如果其他参展企业用同一系列的展架，很容易造成雷同，不易突出个性。另外，铝合金结构组合展架一次性投资大，因此如果只使用一次或几次，则不宜购买而宜租。

组合展架没有定制展架的展示效果好，缺乏个性。设计人员可以采取以下两种措施补救：

①运用装饰、布置手段，即使用不同的展板、照明用具、色彩、花草等，以营造出不同的效果和个性。

②结合使用组合展架和定制展架，即使用组合展架作为基本展架，使用定制展架突出个性，营造气氛，吸引观众。

常用的展架样式如图5-5至图5-7所示。

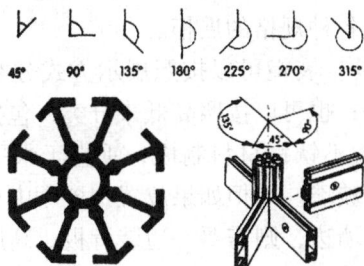

图5-5 八棱柱展架

图5-6 球形节点展架

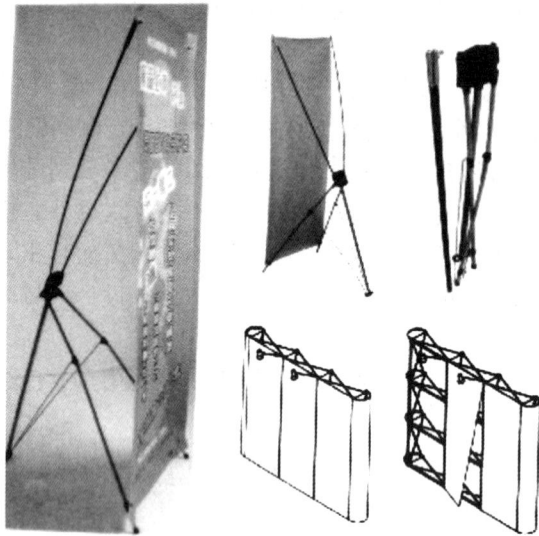

图5-7 整体伸缩式展架

2）展柜

在产品展示用具中，使用最多的是各种规格的展柜。

展柜是保护和突出重要展品的道具。展柜可以按照展示方式分类，包括单面展柜、多面展柜、橱窗景箱、灯片灯箱等；也可以按照高低来分类，包括高展柜、低展柜等。常用的装配式展柜多用铝合金或不锈钢材料制成，垂直于水平构件上，有槽沟，可插玻璃，也有的用弹簧钢卡夹装玻璃。展柜如果放置在展厅中央，则四周都需要装玻璃，成为多面展柜；如果放置在墙边，则需要一边装背板。高展柜的顶部可装照明设施，低展柜也可在底部安装照明设施。

除了标准的装配式展柜外，参展企业还会根据不同展品的展示需要设计定制一些特殊的展柜。这些展柜除了在造型上能够满足特殊需要外，往往还有一些特殊的功能。例如，展示珍贵物品的展柜装有防盗报警系统；有些展柜装有恒温恒湿装置；为了减少照明对展品的影响，有些展柜设置了感应式照明开关，只有当参观者走近时，才会开启照明灯。

3）展板

展板是用来张贴平面展品（如照片、图表、文字等）和分隔室内空间的平面道具，根据需要可以钉挂立体展品。

展板大多与标准化的系列展架相配合，也有些是按照展示空间的具体尺寸专门设计制作的。展板的设计制作也应该遵循标准化、规格化的原则，既要兼顾材料和纸张的尺寸，以降低成本、方便布展，又要方便运输和贮存。

用来隔墙的展板尺寸可以大些，宽度从160厘米、180厘米、200厘米到240厘米不等，高度从240厘米、260厘米、300厘米到360厘米不等，既可以在上面直接裱糊纸张、照片或不干胶，亦可以在上面悬挂轻质的展板。用在拆装式展架上的镶板，或吊挂在墙体上的展板，尺寸都不宜过大，且大多按一定的模数（如30厘米）递进，常用的规格有60厘米×90厘米、60厘米×180厘米、90厘米×180厘米、120厘米×120厘米、240厘米×240厘米等。

常用的展板样式如图5-8所示。

图5-8 常用的展板样式

4）展台用品

展台用品是展台工作所需的用品。展台用品主要包括以下类别：

（1）问询用品，包括问询台、资料柜、椅等。

（2）接待用品，包括桌、椅、沙发、酒吧台、茶几、烟灰缸等。

（3）办公用品，包括书桌、办公椅、灯、电话、电脑、录音机、计算器、文件柜、文件夹、记事本、传言条、纸张、信封、邮票、笔、橡皮、修正液、胶水、透明胶带、剪刀、尺、订书机、成交合同等。

（4）清洁用品，包括吸尘器、拖把、扫帚、抹布、刷子、清洁剂、香皂、垃圾桶、垃圾袋、擦鞋用具等。

（5）装饰用品，包括花草、玩偶等。

展台用品既要考虑其实用性，以满足展台工作需要；也要考虑展示效果，其规格、式样、档次应符合企业的展出目标。

5）照明设备

合理使用照明设备不仅可以使展品显示出最佳状态，还可以营造环境氛围，从而将参观者的注意力吸引到展台上来。

（1）照明方式。灯光照明方式主要有两种，即泛光照明（Floodlight）和聚光照明（Spotlight）。

①泛光照明是一种散射的光线照明，用于大面积均匀的照明。

②聚光照明是一种狭窄的、集中的光线照明，用于小面积或者集中的照明。

（2）照明设备的种类。

①钨丝灯。钨丝灯也称白炽灯，既可以制成泛光灯，也可以制成聚光灯。钨丝灯会产生温暖的黄光。钨丝聚光灯能产生明显的黑影；钨丝泛光灯能产生半硬的光线，有些阴影。钨丝灯能降低被照物的蓝色调，特别适合照射食品、木制品和陶器。钨丝灯的弱点是产生热量，可能引起不适，另外不能太靠近易燃物品。

②日光灯。日光灯为直的或曲的管状灯，因此只能制成泛光灯，不能制成聚光灯。普通日光灯会产生"冷"光，即一种带有蓝调的光，与日光的质量相距甚远。日光灯不适宜照射皮肤、红地毯、咖啡、番茄酱等物品，因为日光灯会使这些物品看上去不舒服。日光灯会产生非常柔和的阴影，同时会减弱物品的立体感。日光灯一般只用作背景灯。若在展台上使用，一般需要有其他光源配合。日光灯的优点之一是产生的热量少。

③石英卤灯。石英卤灯既可以制成泛光灯，也可以制成聚光灯。石英卤灯的光线很强，非常适合照射需要高光的物品，以突出显示其表面质地；也非常适合照射立体的PVC（聚氯乙烯）字。石英卤灯会产生非常浅淡的黄光，基本上只产生中性的色彩效果。石英卤灯的缺点包括：一是会产生非常高的温度，因此需要通风，不能靠近易燃和表面脆弱的材料；二是石英卤灯的价格相当贵，不宜大规模使用。

④霓虹灯。霓虹灯是典型的装饰用光源，可以变色、变形，且色彩鲜艳、动态感强，具有相当强的吸引力。使用霓虹灯时需要注意以下问题：一是电压太大时，危险也增大；二是展场一般照明很强，霓虹灯的强光效果会减弱；三是很多展览会限制使用霓虹灯。

⑤激光灯。激光灯可以在大范围内产生科幻般的效果，很容易吸引观众的注意。使用激光灯时应注意是否与展出主题有关。

⑥光纤灯。光纤灯可以在小范围内制造出梦幻般的效果，适合作为背景。需要注意的是，光纤灯仅适合作为装饰照明，而不适用于大面积照明。

⑦黑光灯。黑光灯是一种特制的气体放电灯。有一些物品，如漆、塑料等，在黑光灯照射下，可以产生类似霓虹灯的反射效果，但是亮度不高，因此必须在特定的环境中使用。

（3）照明安排。照明安排的原则是：用光要充足；要隐蔽，以免造成阴影及反光；要经济，不仅费用上要经济，而且效用上要经济，每一处灯光都要发挥最大效用。

在安排照明时，要协调好两个方面，即整体照明（Overall Lighting）和个体照明（Individual Lighting）。

对参展企业而言，整体照明即场地照明或者展台照明。整体照明应注意灵活性，商业性展览活动性比较强、周期短，为了适应这种要求，最好采用灵活的光导轨和点射灯与一般照明形式配合。如果是有天然采光的展室，要有手动或自动控制的遮阳装置，以备在光照变化时，可以随时调节光通量。同时，参展企业应注意安全，注意光源的散热，用电量不得超出供电负荷，以确保展览顺利、安全地进行。

要保证用光充足，首先要保证展台照明。明亮的展台能引起注意并能使展品显得好看些。展台仅仅靠展馆照明和（标准展台的）标准照明往往会显得灰暗，使人提不起精神。照明多、灯光亮是一个相对的概念，是与展馆周围展台相比较而言的。石英灯和一组钨丝散光灯可以将展台照得通亮。钨丝散光灯的灯影比较柔和，特别适合高顶或无顶的展台以及低处的场地。但是当需要安静的环境、注意力需要集中在个别特殊展品上时，就要将整体照明降低，将光线聚集在重点展品上。

个体照明也称展示照明，它可以吸引或分散人的注意力。任何物体，只要有形状、质地，在精心设计的灯光下，就可以显得更好、更有趣。在展品展示中，钨丝聚光灯的使用很广泛。钨丝聚光灯能形成明显的黑影，因而能够突出展品的立体感，但要注意避免将阴影照在其他展品或图文上。对于放在桌上和墙上的展品，使用钨丝聚光灯效果比较好；对于放在展柜和展架里的展品，使用安装在展柜和展架里的日光灯效果比较好。对于玻璃器皿和液体展品，使用背投灯光效果较好。背投灯光多使用在灯箱上，用灯箱展示图文效果很好。

安排照明时必须注意：①将灯具安装在隐蔽处。②要考虑环境因素，北方寒冷地带喜欢白炽灯，因为白炽灯的光是暖光，接近阳光；而不喜欢日光灯，因为日光灯的光是冷色调的。这与南方温暖地带正好相反。③无论是散光灯还是聚光灯，都要避免光线直射人眼或光线反射人眼。光线遇到物体会反射，物体表面越光滑，反射力越强。④对于珍贵的文物展品，用光要慎重。光有损坏作用，要与专家讨论后设计用光。⑤要在设计平面布局和展架结构时就考虑照明安排。比如，对于无顶结构的展台，照明安排会受到限制。此外，电源点、电压电流限制等也必须注意，要事先安排好。等到展台建完后再考虑照明，一般不会有很好的效果。

▶ 会展案例5-1

有效利用灯光突出展品

在一次中国国际服装服饰博览会上，一家男装展位最大限度地使用灯光，使本来不大的展位立刻"耀眼"起来。在国家会展中心（上海）天花板聚光灯下，展位空间得到扩展，简约大方的服装在这些灯光的衬托下显得更加大气，吸引了很多观众的目光，也吸引了很多商家前来咨询业务。

资料来源 佚名. 展台设计与搭建围绕的中心［EB/OL］.［2017-12-21］. http://www.cqjwgg.com/mobile/view.php?id=11.

案例点评：在这个视觉为王的时代，每一个细节都可能是吸引眼球、触动心灵的钥匙。而在展览会现场，展台不仅是产品的展示空间，更是品牌故事与创意灵感的舞台。其中，照明设备作为不可或缺的"幕后英雄"，以其独特的艺术语言，为展品披上了一层梦幻而迷人的外衣，使参观者仿佛置身于一场光与影的盛宴之中。照明设备不仅能够照亮展品，更重要的是它能够营造氛围、引导视线、强化主题，甚至赋予展品以生命，从而吸引观众的注意，极大地提升展示效果。

6）图文资料

展览会上使用的图文资料泛指文字说明、表格、绘画、照片等。图文资料的作用是吸引目标观众，将参展企业和展品的有关情况传达给目标观众，并给目标观众留下深刻的印象。图文资料往往与展品同样重要。要使图文资料产生良好的宣传效果，必须协调安排其他设计因素，如色彩、灯光甚至布局等。图文资料安排得好，能使各方面因素相得益彰。

（1）图文资料的分类。图文资料按内容和作用的不同大致可以分为以下四类：

①展台图文。在展览会上，一个展台很容易被其他展台淹没，每个展台都想方设法地使用各种手段吸引观众。对参展企业而言，展台突出和易于识别非常重要。图文资料在这方面可以起重要作用。

如果是企业展台，使用企业商号；如果是国家馆，使用国家名称。确定图文的尺寸和朝向，以便参观者在可能的方向和距离见到图文。如果图文标识足够高，会吸引远处的参观者。除了用大尺寸的图文标识吸引远处的参观者外，还可以安排内容相同但尺寸小的图文标识，以便近处的参观者和无意走进展台的参观者知道这是哪家公司的展台。参观者很少抬头去看标识。在集体展馆里，可反复使用主题标识；在每个展台上，可以用统一的招牌、旗帜。

②区域图文。对于面积比较大并且划分不同产品区域的展台，这类图文资料十分有用。这是第二层次的标识，可以帮助走近或走进展台的参观者发现感兴趣的展品。集体展台的设计人员需要协调安排好由展览会组织者统一制作的区域图文和参展企业自己制作的区域图文之间的关系，以免造成混乱。

③展品图文。特大的和特小的展品多用照片、图片来反映。这类照片往往强调最好的拍摄和印刷质量。

④介绍参展企业和展品情况的图文。如果是国家馆，应配备说明国家社会、经济、生活、风景等情况的图文。如果是企业展台，应配备说明企业整体情况的图文。这类图文的文字要简洁、准确，图片应明快、突出，以使参观者花较短的时间和在较远的距离就能看明白。参观者一般不愿意长时间或挤靠在一起阅览图文。

（2）工作程序。图文的相关工作程序如下：确定图文内容→设计图文形式→安排图文制作→现场布置图文。图文资料与展品和宣传有密切关系，图文内容由展品负责人和宣传负责人确定；图文内容确定之后，设计人员负责图文形式的设计；图文形式设计好后，设计人员应与图文制作者紧密合作，进行图文制作；图文制作完成后，宣传负责人进行现场布置工作。

（3）文字设计。图文资料中需要强调的是文字。文字是展览设计中最容易被忽略的部分。文字应与展品及展示内容协调，融为一体。具体来说，文字设计时应注意以下事项：

①文字要精炼、易懂、客观。在贸易展览会上，参观者时间紧张、行走匆忙，他们的关注点主要在产品和生意上，很少会驻足仔细阅读文字，面对大篇幅文字可能干脆不看，而对简短的文字可能边走边看。据统计，如果超过15个字（或英文单词），大部分参观者就不会阅读；参观者的阅读时间不会超过2分钟。在国际展览会上，译文必不可少，但是并不一定要译成每一种文字，一般使用主办国的文字以及英文。

②文字可以分层次。文字的层次包括大标题、小标题及说明。大标题用来吸引观众，观众按自己的兴趣和需要阅读小标题和说明。大标题与展品一样重要，所占空间也与展品一样；小标题在许多情况下可以免去，如果一定需要，则应精心选词，使人看到之后便会明白；说明要稍详细为好，供少数感兴趣但不是很了解的人阅读；更详细的说明可以编制成资料，提供给感兴趣的观众带回去慢慢看，而不要印制在展台上。

③要在文字表现手法上下功夫，以吸引观众。根据整体设计风格选定字体、色彩、尺寸、材料，整个展台最好选用一种字体。文字可以尽量大一些，一方面是为了吸引远处的参观者，另一方面是为了照顾众多近视眼的参观者。此外，说明文字应与展品、图片在同等的视觉范围内。文字可以使用变形体，但是要注意不论怎么变，都要保证易读。

（4）注意事项。使用图文资料应注意以下问题：

①参展企业的标识要明确，整体风格要协调。

②要考虑每一项图文资料的功能与重要性，最重要的图文资料要放在最明显的位置。

③注意图文的阅览距离，图文本身的尺寸以及文字和画面的大小应使参观者在一定距离内看得清楚。

7）音视频设备

展览会上使用音响、摄像机、LED 显示屏、投影幕布及投影机等设备的情况很普遍。恰当地使用音视频设备可以吸引观众，增强展品、图文的展示效果。音视频设备的使用要通盘考虑安排，从而产生最佳的宣传展示效果，同时不影响周边展台。具体来说，使用音视频设备时应考虑以下问题：

（1）音视频设备的用途。不同的音视频设备，具有不同的功能。它们可以用来吸引观众，也可以是展品的组成部分；可以短暂播放，也可以长时间播放；可以反复播放，也可以定时播放。也就是说，要根据展出需要安排不同的音视频设备和不同的使用方法。

（2）音视频播放的位置。如果是为了吸引参观者，音视频播放的位置最好在走道旁或面向走道；如果是为少数参观者播放或播放时间较长，音视频播放的位置最好在展台里。此外，好的音视频节目会吸引参观者驻足围观，这容易堵塞展台入口，妨碍通道人流。因此，要事先考虑展台环境特点、观众数量及观众位置，合理安排音视频设备的位置，为观众提供充足、舒适的空间。

（3）音视频播放的音量。音视频节目大都配有声音甚至音乐，这会增强播放效果，引起注意。但是如果音量过大，就可能会影响周围展台，引发矛盾和麻烦，严重时还会受到展览会组织者的干预，封闭制造噪声的展台。同时，声音过大也会影响自己，尤其是需要进行贸易洽谈的展台，高音量会使洽谈双方疲乏、急躁，对成交不利。因此，参展企业要合理地控制音量。

（4）音视频节目的内容。音视频节目的内容制作应尽可能地安排专业人员，以确保质量。好的音视频节目可以给参观者留下深刻的印象。如果音视频节目的内容质量差，就可能给参观者留下负面印象，得不偿失。

5.2.3 道具的租用与制作

道具来源一般是租用或者制作。租用道具的优点是方便，缺点是可能没有特色，费用也可能较高；制作道具的优点是有特色，如果道具能够反复使用，那么平均成本可能较低，缺点是制作比较麻烦。无论是租用还是制作道具，都要注意道具应成系列。

1）道具的租用

展览会组织者一般都会提供道具租赁服务，或者将道具出租商的名单甚至报价单提供给参展企业。现场租用的道具可能只有一个或少数几个系列，样式重复，不容易产生特别的或明显的效果。设计人员需要使用图文、幕帘等装饰手段创造出与众不同的效果。如果可能，可以考虑从别处租用与众不同的道具。

租用道具的手续相当简单，参展企业按需要事先填好道具租用表格，然后交给展览会组织者或道具出租商，在规定或商定好的时间内，道具出租商就会将道具送到展台。展览会结束后，道具出租商会自行搬走道具。

2）道具的制作

如果展出需要，参展企业可以考虑制作道具。制作道具可以理解为购买道具和定制道具。如果制作道具，要考虑材料、式样、制作地点、包装等问题。

（1）材料。道具用料的传统要求是轻型、耐用以及可再生。轻型是为了方便运输、搬运；耐用是为了延长使用寿命，以降低成本；再生是指道具使用后可以重新制成新材料。制作道具时应尽量多地使用再生材料，要符合"生态"和"经济"这两项标准。需要注意的是，几乎所有国家和地区对道具材料的安全性都有严格的规定，要求坚固和防火。

（2）式样。道具的发展趋势是形成统一系列，因此制作道具时，展架、展柜等要一并考虑。另外需要考虑的是，道具要易拆装、可折叠、多用途，适于快捷安装而不需要使用复杂的施工技术。

（3）制作地点。在参展企业所在地制作道具，要注意运输费用；在展览会所在地制作道具，要注意加强沟通交流，否则道具在使用过程中可能会出现问题。

（4）包装。使用专用包装箱，可以节省包装材料、包装空间，减轻包装重量。包装箱要结实耐用；尺寸方面最好用最小的空间放置最多的道具；包装要便于储存和运输。包装箱在展出期间可以作为储存箱，部件、展品小箱等都可以安全地放在这些包装箱内。如果必须使用包装材料，应尽量使用可再生的，虽然需要较高的前期投资，但是从总体上看更经济，污染也比较小。

价值引领5-1 广交会首次实现碳中和

2024年10月，第136届广交会举办绿色时空活动，宣布广交会历史上首次实现碳中和。广州市生态环境局相关负责人现场颁发了第136届广交会碳中和证书。

展会碳中和是通过前期实施减排措施，对展会举办过程中的碳排放量进行预估，以购买"自愿减排量"的方式，达到二氧化碳排放"收支相抵"，最终实现"碳中和"。

第136届广交会深入贯彻绿色低碳办展理念，在100%绿色布展的基础上，积极有效减少碳排放量，探索创建零碳会展。第136届广交会全过程碳排放通过购买广州本地碳减排项目产生的减排量进行抵消，首次实现碳中和目标，首创国内绿色展会先河。

据介绍，我国生态文明建设已进入以降碳为重点战略方向的关键时期，"双碳"政策体系正加快构建。广州积极践行国家碳达峰、碳中和战略，持续强化碳排放约束，提升生态系统碳汇能力，引导城乡绿色低碳发展。2024年，广州在全国中心城市中率先部署打造美丽中国城市样板，制定了包括可持续的绿色低碳发展在内的五大示范目标。

资料来源 杜娟，穗环宣. 广交会首次实现碳中和［N］. 广州日报，2024-10-21（1）.

思政元素：绿色发展 责任意识

学有所悟：第136届广交会不仅是一场全球贸易的盛会，更是一次绿色、低碳、环保的展示。党的二十大报告指出，"推动绿色发展，促进人与自然和谐共生""积极稳妥推进碳达峰碳中和"。实现碳中和体现了广交会作为超大规模展会的责任与担当，对全球会展业的绿色发展具有重要示范作用，有效带动了整个行业的绿色转型升级。

5.3   展台设计

行业广角 5-2

中免集团闪耀
第四届消博会
600平方米展
台共启"惠享
全球"新篇章

展台是参展企业的名片，展台的规模、设计和外观应与参展企业的形象一致。展台要富有吸引力，令人赏心悦目，引起参观者的兴趣，给人以愉悦的感受、留下深刻的印象，传达参展企业的意图。

展台设计应做到：有冲击力，而非索然无味；谦恭，但不低俗；引人注目，但不招摇；实事求是，但不伤害别人；场面宏大，但不刻意夸饰。

5.3.1   展台设计的AIDA法则

展台设计的AIDA法则指的是对参观者的引导过程。在规模宏大的展览会上，企业的展台首先要能够引起参观者的"注意（Attention）"，并诱发参观者的"兴趣（Interest）"，进而刺激参观者接近展台的"欲望（Desire）"，最后促成参观者采取"行动（Action）"进入展台参观。

1）注意（Attention）

人的视觉很容易被过大、过小、特别明亮、特别暗淡、运动、闪亮、异形、响声等要素吸引，因此展台的设计必须注意突出参展主题，同时巧妙运用上述要素。例如，对灯光效果的使用就有多种形式。光彩夺目的灯光固然可以吸引观众，但是单纯通过"耀眼"的形式吸引参观者已经逐渐被众多企业所认识并运用，因此若想在众多参展企业中独树一帜，可以在光线的形状、色彩、动感等方面多考虑一些，并不一定只在亮度上下功夫。

在某服装博览会上，一家参展企业并没有在展台上使用太多的灯光，而是通过激光光束的形式把企业的标识、产品的形状、展位编号等信息直接打到展馆顶棚上并控制移动，从而吸引参观者的注意。

2）兴趣（Interest）

引起参观者注意的同时还需要进一步诱发参观者的兴趣，这个时候就需要根据企业的参展目标进行陈列设计。

如果企业的参展目标是展示企业的形象，则需要重视对展板的充分使用，这样可以突出企业的标识、企业的文化、企业取得的成就。图文的展示需要注意大小和密集度，并特别注意图片与背板的色彩差异，最好两者能形成强烈的色彩对比；使用中性色时应注意使用跳跃色彩，以产生视觉冲击的效果；在调配色彩的同时，还要注意做好形式设计，如背板的异形化、图片排列的艺术化，这样才会在色彩和形式上让参观者觉得有趣，才能刺激参观者产生观看的兴趣。

如果企业的参展目标是开拓市场、推销商品，则需要重视实物陈列技术手段的应用。参展企业可以进行商品搭配组合的陈列展示，若展台面积比较小，可以采用商品、道具同比例缩小的橱窗模式，或者为突出商品的特性而采用虚拟环境演示等多种展示方式。

3）Desire（欲望）

陈列设计的技巧、手法需要在这一层次得到充分展现。这一层次主要是针对展品、道具、灯光等进行有效的搭配组合，通过艺术美的形式激发参观者细致观摩的欲望。例如，在服饰展中，大展位可以使用超大音响，安排模特走秀。中型展位可以考虑设计敞开式艺术陈列空间：符合季节主题、凸显品牌优势的服装的搭配组合，采用吊、叠、挂、摆等多种陈列形式，同时配合灯光和装饰品。小展位的陈列设计则需要"精巧"，突出企业优点的陈列设计是最佳选择：首先要知道本企业产品的卖点在哪里，然后在有限的空间里利用道具将其凸显出来。

▶ **会展案例5-2**

展品巧陈列

在某展览会上，有一家销售鞋子的展台，其在有限的空间里做了4个50厘米×40厘米的墙壁小橱窗，设计了登山、沙漠、公路、涉水4个场景，以突出产品的多功能性。其中，涉水场景最能刺激参观者的参观欲望：玻璃橱窗面是流动的水，有一只浸泡在水中的鞋子，鞋面没有任何浸湿的痕迹。从理论上讲，再怎么防水的鞋子也不可能在水中长时间浸泡而不显痕迹，所以很多人的猎奇欲望被撩拨起来，围观评论的人一直络绎不绝。实际上，鞋子并没有被直接浸泡在水中，而是被巧妙地隐藏在了玻璃与水的夹层中。因此，在展览会上，企业需要根据自身产品的卖点，多运用一些陈列技巧。

资料来源　航程. 围绕主题搞设计　好陈列点亮小展位［J］. 现代营销，2009（6）.

案例点评：在进行展台设计时，通过抓住观众的猎奇心理，突出本企业展台的独特个性，激起观众的参观欲望，可以达到吸引观众进入展台的目的。

4）Action（行动）

当外围的视觉设计抓住了参观者眼球的时候，参观者就会进入展台，这时展台内就需要有更多实物、图片、文字的专业介绍，来增强视觉影响力，从而使参观者确信展台以及企业的产品与众不同。企业可以根据展台客流（线）方向，将实物、图片、文字按一定顺序进行排列，并注意视线的高度。当参观者进入展台时，企业可以根据参观者的身份，通过发送更详细资料的形式使专业参观者的停留时间得以延长，同时聚拢人气。

5.3.2　展台设计的基本步骤

展台设计不仅应当重视"形式服务于精神"，更应当重视"形式服务于功能"。因此，展台设计应当是一个深思熟虑、按部就班的过程。

展台设计的基本步骤包括：

1）收集资料

设计工作的效率和效果与掌握的信息量有关。设计人员应尽可能早、尽可能多地收集有关资料。项目经理在交代设计要求时可能已经提供了大部分资料，但是如果这些资料不完备、不充分，设计人员还需要收集一些其他资料。一般来说，需要收集的资料主要包括以下三个方面：

（1）有关展览会的资料。这包括展览会的性质、规模、举办日期，参观者情况，参展企业数量，场地面积，设施设备（包括大门、地面、供水、供电、供气、供暖、空调、电压、消防设施、照明、通风等），技术参数，图纸，规章制度，标准展架或者定制展架，展具的供应和限制等。

（2）有关参展企业的资料。这包括经营规模和内容、展出面积、展台位置、展台人员数量、展出目标、展出内容、展出活动、展出重点、形象要求、展台区域分配要求、道具要求、装修要求、设施设备要求、图表、照片、标识、色彩、预期观众数量、服务要求、设计日程安排、设计预算安排等。

（3）有关展品的资料。这包括展品的性质、内容、种类、数量、形状、重量、尺寸、外观、特点、重要性，以及有无操作演示、有无技术要求等。设计人员必须事先了解展品相关资料，若有展品挑选工作，最好让设计人员参与。

2）了解规定和限制

这包括展览会或当地政府对展台材料的规定和限制，对展台长、宽、高等尺寸的规定和限制，对展台通道、紧急出口、防火防盗等方面的规定和限制，展览会指定的施工公司、道具租赁公司、花木租赁公司等的名称、地址。

3）理解展出目的，进行创造性构思

参展企业必须将展出目的向设计人员解释清楚，并向其提供有关数据。设计人员必须能够回答下列问题：为什么展出？在何地展出？在何时展出？展出什么？希望吸引什么样的参观者？希望给观众留下什么样的印象？希望获得什么样的定性或定量结果？

设计人员必须在领会和消化了参展企业的要求和想法，以及熟悉和了解市场环境和条件的基础上，再进行创造性构思。

4）确定主题和整体形象

参展企业应当向设计人员说明其希望表达的主题和希望树立的形象。但是在实践中，大部分参展企业自己可能都未思考清楚。因此，设计人员需要了解并弄清参展企业的真实意图，使确定的主题能够反映展出目的，在此基础上设计企业的整体形象。

5）进行展台设计

在理解了企业的展出目的，确定了企业的展出主题和整体形象后，设计人员就可以进行具体设计了。设计时要合理分配功能区域，配备合适的展架、展柜、展板、展台用具，采用恰当的照明设备，同时辅以适当的音视频设备、图文资料等。设计概念要简明，方法要简洁；要能提供良好的展台环境，观众能够方便地观看展示；展台人员能够方便地接待观众，与客户洽谈合作。

5.3.3 展台设计的要求

1）要和谐不要杂乱无章

在所有规律中，和谐是展台设计最重要的一条。展台设计由很多因素组成，包括布局、照明、色彩、图表、展品、展架、展台用具等。好的设计是将这些因素组合成一个整体，帮助参展企业达到展出目的。

2）要简洁不要复杂

展台越复杂，就越容易使参观者迷失，就越不容易留下清晰、强烈的印象。通常来说，人在瞬间只能接收有限的信息。参观者行走匆忙，若不能在瞬间获得明确的信息，就不会产生兴趣。另外，展台复杂也容易降低展台人员的工作效率。

展品要选择有代表性的展示，次要产品可以不展示（但是这些产品要放在易于取出的地方）。参展企业往往认为数量能显示价值，因此大量堆放展品，或在有限的空间堆砌过多展品，其实这样做展出效果并不佳。选择展品就像出门准备行李，难以取舍。但是必须有选择，必须有取舍，否则展台就会花里胡哨，让人抓不住重点。

展台设计必须与众不同，简洁、明快是吸引观众的最好办法。照片、图表、文字说明应当准确、简洁。与展出目标和展出内容无关的装饰设计应降到最低限度。不要在展台墙板上贴零碎的东西，如展览手册、小照片等。不要让无关的东西分散观众的注意力。

3）要有焦点

展示应有中心、有焦点。展台的焦点应能够吸引参观者的注意。焦点应服务于展出目的，一般是特别的产品、新产品、最重要的产品或者被看重的产品，通过位置、布置、灯光等手段突出重点展品。咨询台也可以是焦点。音视频设备也可以将参观者吸引到展台前。

为产生最佳展示效果，焦点不可过多，通常只设一个。焦点过多容易分散参观者的注意力，从而减弱整体印象。反面的情况是不少展台一个焦点也没有，这也是设计失误。参展企业可以通过单独陈列、利用射灯等手段突出、强调重点物品，以形成焦点，注意不要过分强调衬托用具，以免喧宾夺主。

4）要明确表达主题

主题是参展企业希望传达给参观者的基本信息，通常是参展企业本身或其产品。明确的主题一方面可以理解为焦点，另一方面可以理解为使用合适的色彩、图表等，用协调一致的方式营造统一的氛围。预算充足的参展企业往往会建造豪华的展台，给参观者留下深刻的印象，但是可能并没有传达明确的主题和信息。设计人员往往注意吸引力、震撼力，而忽略表达明确的商业意图，或者忽略宣传产品。

总之，展台设计要服务于展出目标，要与展出内容一致。不要贴挂与展出目标无关的照片、图画；不要播放与展出内容无关的背景音乐。

5）要有醒目的标识

与众不同的标识不仅能吸引更多的参观者，使参观者更容易找到自己感兴趣的参展企业，而且会给走进展台的参观者留下深刻的印象，并在展会后被触及回忆。因此，标识的设计要独特，但是不要脱离展出目标和企业形象。

6）要从目标观众的角度做设计

在竞争激烈的展览会上，展出成功与否在很大程度上取决于观众的兴趣。因此，展台设计要考虑人的因素，主要是目标观众的目的、情绪、兴趣、观点、反应等。从目标观众的角度进行设计，很容易引起目标观众的注意、共鸣，从而给目标观众留下较深的印象。

7）要考虑展台空间

拥挤的展台展出效果不一定好，还可能会使一些目标观众失去兴趣；反之，空荡荡的展台也难以取得好的展出效果。因此，设计人员要充分考虑展台工作人员的数量和参观者的数量，在展台设计安排上下功夫，如展架的使用量以及布置方法等。

8）要考虑人流安排

参展企业也许希望在展台内有大量能自由走动的观众；也许希望吸引大量的观众，但是只让经过筛选的观众走进展台；也许希望记录每个观众的数据，或者只记录经过筛选的少数观众的数据。对于人流的控制管理而言，展台设计是一个关键因素。因此，设计人员从一开始就要了解参展企业倾向于吸引何种人流。

会展链接5-2

控制人流的方法

设计人员应当了解人流规律，并进行适当的控制，使参观者按照参展企业的意图参观展览，从而达到展出目的。

1.控制的原则

关于流向，对展览会设计人员而言，要争取让观众看遍展览；对展台设计人员而言，要争取让观众看到每一件展品。关于流量和流速，主要是畅通，避免堵塞。对普通观众开放的消费品展览会拥有大量的参观者，要考虑大流量和比较快的流速；针对零售商的展览会观众流量相对小一些，流速也会慢些，因为观众即客户，他们可能要进行简短的生意洽谈；针对批发商、进口商的展览会，观众流量相对最小，流速相对较慢，因为观众（就是客户）可能要进行较长时间的贸易洽谈。

2.控制的方法

设计人员应根据展出目的，结合展品特征、展览背景及展馆条件，通过巧妙的设计、周到的布局、明确的标志，直接或间接引导人流。

（1）通过展示内容控制人流。展示内容安排有序，同一内容的展台按顺序排在一起，并安排在同一边，以使人流有序；展示点安排均匀，吸引人的展品不要太集中，以使人流稳定；在岔路口或在希望的人流方向安排能吸引人注意的展品、装饰，以引导人流方向；在出入口不要设置有趣的展台，以免人流堵塞。

（2）通过场地布局控制人流。利用封闭式或开放式展台的自然布局，以及开敞面、入口、出口来引导人流。

（3）通过设置道具控制人流。利用问询台、登记台以及其他展具的位置引导人流。

（4）通过指示标志控制人流。指示标志有场地示意图、路标、彩道、绳索等。

控制人流需要注意强制性导向不要超过100米。中间要有非导向区，以免观众忍受不了逐渐增强的约束感。使用不同的布置手法，营造不同的气氛是必要的。另外，要考虑休息设施，如设休息椅等。

理想的人流控制能让观众自然轻松地流动，无约束感；保持参观兴趣，无乏味感；有意无意地知道身处何处，无失落感，并少有疲劳感；同时专心、全面地参观展览。设计人员要了解人流，并进行适当的控制，但是不要过于强调（除非展出目的需要如此）。

有些观众是有备而来的，到了展馆会直奔目标展台，而不理会任何导向；有些观众想观看全部展台，即便没有导向，他们也会自己左绕右拐地走遍展场；还有一些观众会反复观看。这些观众所占的比例也不少，他们一般不会注意设计人员费心设计的人流控制手段。

资料来源　根据网络资料整理。

9）展台要易建易拆

展台结构应当简单，能够在规定的时间内装拆。装拆施工时间通常由展览会组织者决定，设计人员在开始设计前应当了解清楚。

10）要慎重不要轻易更改

设计时，要考虑周到、全面，设计方案一经通过，就不要轻易更改，尤其不要在后期更改。更改可能导致拖延施工、增加费用，甚至会影响参展等。预算常常是矛盾之源，预算和设计之间可能有很大差距，设计人员必须清楚预算标准，在预算内做好展台设计工作。

会展链接5-3

展台设计方法

展台的设计是展览会的亮点，如何更新传统布展手段，丰富展示设计语言，已成为参展企业共同关注的问题。以下展台设计方法可供参考：

1.企业理念的感性表达

将抽象的企业理念具象化，即运用艺术设计语言将企业理念融入展示搭建工作的每一个细节中。这种方法适用于理念完备、文化先进的企业。

2.企业标识形式感的延伸

作为企业形象视觉推广系统的核心，企业标识是展台设计形式因素的来源和统领。企业标识的形状和色彩不仅可以成为展台设计中画龙点睛的装饰，其凝练的构成元素也足以体现展台的整体形象。这种方法适用于以宣传品牌为主要展出目标的企业。

3.企业展品个性的宣扬

展品是展示活动的主角，突出展品特色是直奔主题的设计方法，能够快速概括展品的特性，准确表达展示的主题。这种方法不但适用于以推出新产品为参展目标的企业，而且能够满足产品专业性较强企业的需求。

4.企业历史渊源的戏剧性烘托

在展台设计中，对企业历史因素的巧妙运用，可以带给企业可观的市场商业价值。这种方法适用于老字号企业或有自己风格的时尚品牌。

5.注重展台的功能性设计

优秀的展台设计方案都有一个共同点：注重展台的功能性设计。这包括展台的平面划分、对不同展品展出方案的研究、展示装置的人体工程学考量、照明计划以及水电布置的科学性论证等多方面因素。

6.空间规划

利用空间的高度、宽度和深度创造层次感，保证每个区域都能高效利用，从而满足不同的交流需求。

7.创新与科技融合

运用最新的展示技术和材料，如虚拟现实（VR）、增强现实（AR）、交互式屏幕、3D打印模型等，提升展台的科技感和互动性，使参观者获得更加沉浸式的体验。

8.可持续性设计

考虑使用环保材料、节能照明和易于拆卸重组的结构，减少对环境的影响，展示品牌的环保理念和社会责任感，树立正面形象。

9.情感连接

设计应能触动人心，通过艺术装置、色彩搭配、材质选择等手段营造氛围，让参观者在情感上与企业品牌产生共鸣。

综上所述，企业应巧妙运用上述设计方法，争取创造出既美观又富有实效的展示空间，从而有效提升品牌形象，促进商业交流。

资料来源　根据网络资料整理。

5.3.4　展台区域功能的划分

展台不仅是展示产品的场所，而且是展台人员工作的场所。展示产品、接待观众、洽谈贸易都是为了达到展出目的，都很重要。因此，展台不仅要有展示区域，还应该有接待区域、洽谈区域、办公区域、储存区域等。展台的功能区域应当统一设计安排。

1）展示区域

展示区域就是展品、模型和说明占用的区域，包括场地、展馆、墙面等。如果是大展台，要注意均匀设计分布，不要一部分非常有趣，另一部分十分无味。如果有机械操作，要注意安全。

2）公关区域

参观者观看展品，展台人员介绍展品、解说都需要一定的空间，这种空间称为公关区域。公关区域必须易于进出，易于走动，因此空间不能太小。设计人员要了解参展企业是需要开放式区域还是封闭式区域，了解计划要接待的人数，了解是长谈、深谈还是简单询问，从而做出相应安排。

3）登记与咨询区域

登记参观者情况、解答参观者询问也是展台的主要功能之一。尤其是登记功能，这是后续工作的主要依据。在设计前，设计人员必须了解参展企业对这两项功能的要求。

如果参展企业希望记录所有参观者的情况，那么只设一个入口即可，同时应安排登记台。如果参展企业仅需要记录目标观众的情况，就可以考虑设计比较开放的入口和较近的登记台，由展台人员辨别、接触、确认目标观众后进行登记。如果参展企业希望尽可能多地发放资料，那么可以考虑将资料台或者资料架放在展台前部，以方便参观者拿取。如果参展企业只想将资料分发给目标观众，那么可以设计一个对外不开放但是展台人员可以方便拿取资料的资料库。

登记与咨询区域最简单的要求是一个架子，以便站着记录，或者是一张登记咨询台，以便坐着记录，这是最常见的形式；最复杂的形式是安排一间办公室。

4）招待和洽谈区域

如果要接待很多观众，只做简单的介绍询问，则可以不安排专门的接待和洽谈区域；如果要接待少数客户进行深入洽谈，则需要安排专门的接待和洽谈区域。

在贸易展览会上，参展企业需要考虑安排舒适的接待和洽谈区域，因此多设计成封闭式或半封闭式的洽谈室或接待室，并配备可以提供冷热饮和点心的设备（如冰箱、电烤炉、饮水机等）。为贸易洽谈提供的区域面积要充足，洽谈区域完全敞开容易受干扰，但是完全封闭也容易使人感到压抑。设计人员可以考虑使用下半截墙板、上半截有机玻璃的隔离形式，这样既可以使坐在里面的人不感到空间狭小，也可以给外面的人留下认真、专业的印象。

5）办公区域

如果展览会规模较大，还要考虑安排办公区域，包括办公室和会议室等，并配备相应的办公设备。办公区域也可能是参展企业接待展览会组织人员、接受新闻记者采访的场所，因此设计人员在注重实用的同时，也要注重档次。

6）储存区域

参展企业还需要考虑安排适当的储存区域，用于放置展品、宣传资料、招待品、工具、公文包以及其他个人用品。如果空箱、个人用品等放在展台上，会破坏展台效果。如果是大展台，则可以安排一个储存间；如果是小展台，则可以安排一个矮柜，里面用于储存物品，上面用于放置展品。

7）休息区域

如果有条件，参展企业可以考虑安排展台人员休息、饮食的区域，其形式多为封闭式的房间。展台人员应尽量避免在展台上休息，否则参观者会认为企业文化层次低，从而给企业造成负面影响。因此，参展企业不能忽略展台人员休息的空间和设施要求。

5.3.5　展览会有关展台设计的规定

各国、各地区的展览会对展台设计、施工有不同的管理规定。展览会的严格管理是必要的，很多规定都与维护公共安全和公共秩序有关，参展企业必须了解并遵照执行，以免工作被动、失误。以下是常见的展览会有关展台设计的规定：

1）有关展台的规定

对展台高度的规定：展览会对展台高度有严格限制，尤其是对双层展台、楼梯、展台顶部向外延伸的结构，限制更加严格。限高往往不是禁止超高，如果办理有关手续并达到技术标准，参展企业有可能获准超高建展台。

对展台开面的规定：很多展览会禁止全封闭展台。如果展台封闭，展览会就失去了展示作用，参观者就会有抱怨，但是参展企业可以封闭办公室、谈判室、储藏室等。展览会通常会规定一定比例的面积朝外敞开，这个比例通常是70%，允许30%以下的面积封闭。

2）有关展览用具的规定

对展架、展板、展柜材料的规定：在很多国家，展览会规定必须使用经防火处理的材料，限制使用塑料和危险化学品。

对电器的规定：绝大部分国家的展览会对电器都有严格的规定，所用电器的技术指标必须符合当地的规定和要求。

3）有关走道宽度的规定

为保证人流畅通，展览会通常会规定走道宽度，禁止展台、道具、展品占用走道；显示屏、零售摊前往往聚集很多参观者，因而也有相应的要求，如显示屏不得面向走道、柜台与走道之间必须有一定的距离等。

4）有关消防的规定

对消防环境的规定：如果是大面积展台，必须按展馆面积和预计的观众人数以一定的比例设紧急通道或出口，并设标志。

对消防器材的规定：必须配备消防器材。

对展台人员的规定：一些展览会要求展台指定消防负责人，要求全体展台人员了解消防相关规定并知道紧急出口所在位置等。

5）有关展品的规定

这主要是对异常展品（超高超重展品）的规定。只要采取适当的措施，这类问题一般都可以解决。例如，当展品超过限制高度时，只要展馆高度足够，参展企业就可以与展馆协商解决；又如，超重展品可以分批运进展馆，从而分散单位负荷。超高超重展品一般需要先于其他参展企业的展品进馆。如果遇到难以解决的问题，参展企业应尽早与展览会组织者或展馆方商量。超高超重展品对展览会有宣传价值，因此展览会组织者通常会积极协助解决问题。

6）有关音乐和色彩的规定

对音乐的规定：背景音乐由展览会组织者统一安排，参展企业音视频设备的音量必须控制在不影响周围参展企业的范围内。

对色彩的规定：若展览会组织者想要协调整体效果，往往会提出色彩要求，即要求参展企业使用某种基本色调或标题色调。展览会组织者还可能会提出标题字体、大小方面的要求，但这方面的规定大多比较宽松。

7）有关劳工的规定

大型展览会对劳工的管理非常严格，凡参加劳务工作的人员，都需要进行资质审查，审查合格后发放相关证件。有些国家（尤其是发达国家）规定，展场劳工必须是工会注册工人。不允许参展企业亲自动手布展。比如，在美国纽约参展，如果你要亲手钉个钉子，都会有人劝阻。

8）有关手续的规定

展览会组织者大多要求参展企业将展台设计稿送审，并要求参展企业在施工前办理相关手续。

课堂互动5-1

请同学们收集一些展台的图片，并对图片中的展台设计进行点评，要求说出该展台的优点及不足。

5.4 展台施工

展台施工可以由参展企业承担，但是大多由专业施工者承担，参展企业的设计施工负责人或设计人员负责指导、监督。展台布置工作大多在设计人员的指导下由展台人员完成。展台施工是展览筹备工作的最后阶段，对展台效果和展示效果有着直接的影响。

5.4.1 展台施工者及其选择

展台施工者是指搭建、拆除展台的人员或单位，简称施工者。如果是租用标准展台，那么参展企业与施工者将没有直接联系，因为施工由展览会组织者统一安排。如果是使用自己的展架，展台施工可以由参展企业自己承担，那么参展企业同时也是施工者。当然，参展企业也可以委托专门的施工单位。由谁承担施工任务需要根据工作量以及有关规定安排。

通常情况下，展览会组织者会指定或推荐施工者。指定或推荐的施工者一般都是经验丰富、技术全面、收费合理的公司。这些公司熟悉展场和设施，与展览会组织者和分包商的关系比较好。指定或推荐的施工者可能存在的缺点是承接工作超负荷，无法满足特别的或额外的设计、施工要求。另外，有些指定或推荐的施工者可能会提高施工收费标准。

参展企业也可以另外寻找、委托施工者，尤其是当参展企业有特殊展品或要求特殊效果时。如果选用其他施工者，参展企业应当通过招标方式从数家公司中挑选一家。需要注意的是，价格虽然很重要，但不是最重要的条件，参展企业对超低价应特别慎重。此外，还要看服务项目，最重要的是服务质量，要看施工者的信誉、能力、经验和效率。

展台施工内容包括电气施工、水暖施工、装饰布置等，这些工作可以由不同的施工者承担，但是最好由一家可以提供综合服务、能独立完成工程的施工者承担。将工程分给不同的施工者，会增加不确定性。在一些国家和地区，展览会组织者可能不限制参展企业选择哪一家施工单位，却规定必须使用展览会指定的电气施工单位，以保证展场安全。这可能会给展台施工带来一些麻烦，参展企业还需要多付费用。因此，参展企业应根据实际情况灵活解决此类问题。

施工者的实力与工作量成正比，不要将重大任务交给小公司来完成，而大公司也很少愿意接受小任务。实力与工作量相符时，施工效率最高。此外，熟悉展览会所在地的环境、展具、规则和有关人员也很重要。施工者对环境和展具越熟悉，施工效率越高。

选择施工者的工作要提前做，一般在开展前两个月邀请施工者报价。参展企业需要向施工者提供以下资料：展台效果图或模型，全套的详细的施工图，部分细节的大比例剖面图，对施工材料和施工方式的标准要求，展台搭建、展具安装、开幕闭幕、展览拆除的工程安排，转包商和供应商名单，联系地址等。如果由施工者选择转包商和供应商，则由施工者向参展企业提供名单。此外，参展企业还要向施工者提供展览会组织者有关场地、施工等方面规章制度的复印件，参展商手册复印件，展台使用的设备和要求，以及施工者的责任说明等；若有特殊展品，还要提供这些展品的情况说明和施工要求。在做出选择之前，参展企业最好到施工单位实地考察一下。施工者的报价要仔细研究，任何不清楚或省略的地方都要弄明白。

5.4.2 展台施工合同

参展企业和施工者之间应签订正式的书面合同，而不能采用口头协定安排施工，否则一旦出现问题，可能会造成严重后果。

展台施工合同应包括以下条款：

（1）施工责任。合同要明确双方的责任范围，包括正常工作的分工和产生问题时的责任划分。要规定施工者必须遵守有关规章制度，不得更改设计或更改规格，若更改必须经书面认可。合同中还必须注明由此产生的费用负担方式。

（2）施工内容。这包括施工者负责的所有施工事项，即制作道具、搭建展台、提供展具和装饰用品、安装电气和照明设备以及展台拆除和废物处理等。

（3）施工时间。施工时间很短，一般只有1~3天，因此要以时、分作为计时单位，明确搭建、拆除、搬运、清场等各项工作的开始和完成时间，而不能含糊地规定"在开幕前"。

（4）施工费用。合同中要详细规定费用标准和支付方式。施工者常常要求预付款，参展企业应尊重展览地的习惯做法。但是参展企业应坚持在所有工作都完成后支付尾款；同时规定，若施工未达到标准应返工，否则不付费或部分不付费。施工者制作的道具、图文，在合同未注明的情况下，施工者有权在展出结束后拆毁或者取走。参展企业如果希望保留这些物品，应当事先谈好并在合同中注明。如果展架、道具为参展企业所有，而参展企业展后不希望保留，那么参展企业可以与施工者商量，在拆除之后由施工者折价收购。

合同中最好注明施工者负责展出期间展架和道具的保养、维修；同时，应附上运输公司等有关单位的联系人和地址，以便协调道具进馆等各方面的工作。

参展企业可以与施工者建立长期的合作关系，以提高工作效率，并尽可能地降低费用。但是参展企业也不要放弃招标的方式，以使施工者保持清醒的头脑，保持其价格、质量和效率优势。

5.4.3 现场施工

参展企业的施工负责人对施工质量负有最终责任，因此其必须熟悉施工工作程序。受时间和费用的限制，现场施工的时间越短越好。现场施工时间很紧、费用很高，因此设计人员做各项工作都要力求准确，避免差错、避免修改、避免返工。如果责任是施工者的，那么相关费用由施工者承担，但是要注意施工时间。施工者可以承担施工责任，但是施工失误造成展出效果很差甚至造成展出目标无法实现，则会给参展企业带来不良影响。

现场施工程序通常如下：检查位置；测量面积；核对图纸，图纸上没有的柱、管，在实际场地上也应该没有，如果有，设计人员与施工者要立即调整设计，同时查明责任；明确电源、水源、电话等设施的接点；标出关键点、线，以便施工有方位基准；将施工材料有计划地堆放在场地中，尽量避免在施工过程中移动施工材料，以提高施工效率；铺电线和管道，铺地毯，并在地毯上覆盖塑料膜；悬挂招牌，放置展具；摆放展品，布置问询台、办公室、接待室，布置花草，揭掉塑料膜，清扫展台。

施工时，各方都在赶进度，工作常常交叉进行，指挥、协调工作非常重要。因此，参展企业的施工负责人还需要注意以下问题：搭建期间，展馆极为忙乱，应早一点赶到现场并迅速记住施工人员的名字。尊重施工人员，给他们明确的指示及清楚的图纸，并予以监督；适时提供饮料，在做完一项工作时给予表扬，他们的效率会更高。要协调安排好展架、展板等道具，按时送到展场，监督其拆包、放置。现场要有清洁工，随时清扫。由于现场很乱，容易出现工伤事故，因此要尽量保持现场整洁有序，在施工现场即使不动手，最好也穿工作服。展具打包发运前，随箱装一些清洁用具，如扫帚、抹布、吸尘器等，并准备一个工具箱，装锯、锤子、螺丝刀、拔钉器、钢尺、电筒、电线、绳、线、粉笔、钉子、螺丝、胶条等，以备不时之需。工具箱要结实，可以反复搬运，不用另外包装。工具可漆成鲜艳的颜色，一是便于寻找，二是被借用后归还的可能性大一些。

施工期间，不要安排展台人员到现场；否则，无经验的展台人员可能会乱提要求，从而扰乱正常的施工秩序。

5.4.4 监督检查

为了确保施工达到设计要求，参展企业的施工负责人和设计人员应在现场检查、监督，及时发现和解决问题，保证施工质量达到标准，并按时完工。同时，施工费用要控制在预算之内。参展企业的施工负责人和设计人员应与施工单位的现场负责人建立并保持良好的关系。施工监督最重要的两点是确保施工质量和施工进度，尤其是施工进度，开幕前的施工没有任何拖延的余地，到时必须完工。开幕后还在施工的展台是最糟糕的宣传。施工是否达到要求应由施工负责人和设计人员评定，但是施工质量和效果最终应看参展企业是否接受、是否满意。

施工的第一天就应该开始监督。首先要对照展览会组织者的规定和参展企业的设计图检查场地划线的准确度。要指导、要求施工人员按顺序施工，避免前面的工作妨碍后面的工作，甚至做不必要的返工。检查施工标准，设计人员应随身携带全套图纸和施工人员的联系方式，确保各项工作服务及时、到位。如果发现施工有误，要提醒施工人员及时改正。如果未改正，可以向施工单位的现场负责人提出。如果设计人员的监督面很广，最好商定与各方的联系方法。现场提供的展具等物品应该在认真检查验收后由收货人签字，这是施工负责人和设计人员的责任。如果参展企业在现场提出额外要求，应填写订单，再交由施工者或供应商安排，要注意现场租用的物品价格往往会高出市价很多。此外，对施工人员的到达和离开时间也要进行监督、记录。

施工工作结束后要进行验收检查。验收检查的内容包括：展台所有承重、承压部分足够牢固；设备状态正常；电线全部隐藏好；可能要用的部件备放在仓库；展台清洁；展台、展柜的锁能正常使用，地毯铺设平展、合缝、干净。验收检查应当由参展企业的施工负责人和设计人员负责，但是也可以请他人参加，因为当事人已熟悉环境，对细小的误差往往看不到，旁观者则容易看得清。

5.5　展台布置

展台布置是将道具、展品等放在展台合适的位置上。为了吸引目标观众，将展品的特点和优势传达给目标观众，参展企业在展台布置上必须注意技巧。

行业广角 5-3

标准展位设计
及展品展示
（视频）

5.5.1　分类整齐摆放，统一布局

如果展品种类多，则可进行分类布置摆放。例如，家电类企业的展品有空调、电视、小家电等，企业可按展品种类统一布局，并注意布局的协调、均衡、对称，给人以和谐感。集体展出尤其应当考虑按展品类别统一布局，从而树立整体形象。同时，由于不同的产品有不同的客户，因此展品分类也有助于产品推销和贸易洽谈。如果是既对普通观众开放又对专业观众开放的展览会，在有条件的情况下，应分别安排公众展示区和商业展示区。

5.5.2　从吸引目标观众的角度进行布置

展品展出是为了吸引目标观众与参展企业进行交易。布展时，参展企业应从观众的角度考虑，让目标观众在众多展台中将目光停留在本展台的某个或某些展品上。比如，将服装放在包装盒里陈列在展台上的同时，在展台显眼的地方挂上一张引人注目的穿着此类服装的模特儿照片。前者是参展企业给参观者准备的实物，后者是从吸引买主的角度进行的布置，以提高展品的受关注程度。这要求参展企业必须了解目标观众的心理，了解展品的哪些方面能引起观众的兴趣，并对能引起观众兴趣的特点进行适当放大，使展品对观众产生强烈的心理刺激，激发观众进一步了解展品的欲望，最终促使目标观众与参展企业进行贸易磋商。

5.5.3　突出重点展品

在一个展台里可以展示很多展品，但是有些展品对参展企业而言更重要一些，这些展品一般是企业的拳头产品或新产品，参展企业希望能在展览会上销售更多的拳头产品并打开新产品的销路，从而获得持续、长远的发展。在布展时，参展企业为达到重点推荐的目的，应把这些产品放在突出的位置，或者占用更多的面积、空间，并采用声、光、色等现代化手段进行渲染，以引起观众足够的注意，给观众留下深刻的印象。为配合企业的营销战略，在某些情况下，甚至可以让整个展台围绕一件突出的展品进行布置。

5.5.4　显示展品特性

不同的展品，需要根据其特性采用不同的布置手法，方能展示出最佳效果。就展品而言，有些需要挂在展板上，有些需要放在地面上，有些需要陈列在玻璃柜里。就整个展台而言，有些从一面看效果好，有些从四周看效果好；有些需要从近处看，有

些需要从远处看。使用何种布置手法，在设计时就应予以充分考虑。比如，珠宝首饰漂亮、贵重，因此要控制数量，分散布置，使每一件都显得珍贵。非珠宝首饰批量生产，价格低廉，因此可以大量堆砌，以显得五彩缤纷。豪华轿车和珠宝一样，需要突出，以彰显尊贵。高档服装要用模特儿撑起来，用地毯、聚光灯衬托；低档服装可以成串挂起、成堆摆放。

5.5.5　使展品处于工作状态或自然状态

在观众参观期间，参展企业应使展品处于工作状态或自然状态。将产品的价值展示给目标观众，可以活跃气氛，更容易吸引观众的注意，从而使观众更快地了解产品的特性，并给观众留下更深刻的印象。比如，一串项链挂在模特儿的脖子上比放在盒子里更能引起观众的注意，更能反映其特性和价值；家用纺织品布置在居室环境中比挂在架子上更能体现其特征，更容易给观众留下深刻的印象；机械产品可以演示操作，以显示其性能和作用。

5.5.6　留有空间，立体布置

将很多展品放得很近会大大降低影响力，降低目标观众对这些展品的记忆深度。解决办法是选择少数有代表性的产品进行布置，留出充足的空间，其他产品可以通过资料介绍给观众。

在展台墙上垂直布置或在台面上平面布置展品是比较笨拙的方法。可以使用不同高度的箱子或墩子错落有致地布置展品，或者使用悬挂、支撑等方法营造立体布置效果。

5.5.7　借用各种手法营造需要的效果

1）使用色彩、灯光、形状等手法营造特殊视觉效果

（1）色彩。色彩调节可以弥补空间、材料、陈设等方面的不足，营造一种统一和谐的效果，从而把展品的优点充分显示出来，把参展企业的意图表达出来。

①用色规律。色彩种类宜少不宜多；色彩使用要服务于展台的整体效果；色彩使用要服务于展品的整体效果；尊重民族和地方对色彩的禁忌和习惯，考虑参观者对色彩的反应，不要使用可能引起抵触情绪的色彩。

②色彩选择。颜色搭配、使用要谨慎，要与灯光照明、展品展具的质地以及参展企业的意图结合在一起考虑；要从展台的整体设计效果出发选择色彩；选择一种或两种主导颜色，其他颜色作为配色与主导色相配，至少应当是互补的。

③色彩与区域。可以用不同的色彩连接与区分展品的类别或区域，同时要充分使用色彩，将自己的展台与周围的展台区分开。

④色彩与展品。要结合展品选择色彩，常用的方法有：

第一，搭配。人们往往会潜意识地将特定的产品与特定的色彩联系起来。如果使用相联系的色彩表现展品，就会使人产生对应的感觉。比如，冰箱和洗衣机传统上使

用白色或其他浅色，放冰箱的厨房和放洗衣机的卫生间通常也刷成白色或其他浅色。虽然冰箱和洗衣机有时被改成其他色彩，但人们仍然将它们视为"白色"产品。而在展览会上，与这些产品搭配的色彩首选白色或亮色。产品类别与色彩有对应的关系，产品个体与色彩有时也有对应的关系，如苹果品牌产品与白色、宝洁品牌产品与蓝色。在这方面，色彩已被用于识别参展企业。

第二，衬托。衬托也可以称为互补。如果电视机厂商想强调电视机的技术性，可以使用冷色并将电视机放在镀铬展架上；如果电视机厂商想强调电视机的耐用性，可以使用暖色并将电视机放在传统家具上，用色彩配合环境可以体现出参展企业想表达的意思。设计人员常使用冰蓝色来衬托海产品，用草绿色衬托乳制品，用厚实的色彩衬托工具，用温暖的色彩衬托食品、陶器、木制品等。

第三，对比。为了突出展品，一些设计人员会使用对比色，但是要注意避免使用相冲突的色彩。

需要注意的是，在实际运用中，色彩并不能独立营造出良好的展台环境，也不能单独展示出产品的最佳效果，色彩还要与灯光配合使用。

（2）灯光。灯光也是提升展出效果的重要手段。企业标识、展品、装饰物等都需要用灯光进行效果烘托，不同的展示和工作区域也需要靠灯光来加以区分。灯光不仅能够使整个展台设计更具有层次感，而且能够提高展示设计的档次（如图5-9所示）。

图5-9 灯光照明设计

（3）形状。一些展品（如农产品、五金工具等）不易布置出效果，这时可以考虑采用一些特殊形状进行布置展示。比如，大量堆放苹果，或者制作一个巨大的苹果模型。

2）综合使用各种方法，全面反映展品情况

有些展品靠外观就能吸引观众的注意力，就使人想去深入了解，如首饰。但是有些展品不易通过外观反映其优势，需要借助其他方法。参展企业可以充分利用图片、说明、模型、音视频设备等增强效果，全面展示展品的特征及有关情况。

例如，对于饮料产品，可以考虑安排现场实物品尝，并准备小包装饮料免费发放；用地图和照片反映产地；用大彩照、幻灯片、大屏幕电视反映加工过程；用图表表示不同品种、等级的产量及市场；用样品和照片反映各种最终产品和包装等。再如，对于服装产品，可以考虑用商店橱窗的布置方式布置展品；安排模特儿穿着展品表演；用裁剪样本显示所有使用的布料；用幻灯片、照片等反映制作过程，如果是手工制作，可以安排现场表演；用图表反映产量及市场；用样品和照片反映包装等。通过综合运用这些方法，观众就可以全面了解展品的情况。

行业广角 5-4

展台的布置有哪些创意点子

情景模拟 5-1

场景：现有一标准展台，利用展台布置的技巧突出展示某个展品，以取得重点推荐的效果。

操作：

（1）组织方式：以小组为单位，每组设小组长一名担任展台经理，负责组织项目组成员开展工作。

（2）成果要求：根据本章所学展台布置技巧，按要求营造出展台效果。

（3）各小组分别派一名代表对自己的展台布置方案进行陈述，并接受老师和同学们的提问。

（4）教师点评：教师对各项目组的展台布置效果进行点评。

知识掌握

◉ 判断题

（1）参展企业选择、使用展览场地需要考虑的直接问题有面积、位置和形状，间接问题有形式、区域和人流。　　　　　　　　　　　　　　　　　　（　　）

（2）半岛形展台为两开面。这种展台有非常好的展示面，视野开阔，参观者进出方便，人流畅通，设计人员在设计安排上有很大的灵活性。　　　　　　（　　）

（3）参展商应选择人流多的场地。人流由流向、流量和流速三个因素组成。

　　　　　　　　　　　　　　　　　　　　　　　　　　　　　　　　（　　）

在线测评 5-1

判断题

（4）安排照明时必须注意，不论是散光灯还是聚光灯，都要避免光线直射人眼、光线反射人眼。　　　　　　　　　　　　　　　　　　　　　　　　（　　）

（5）展台设计越复杂，越容易吸引参观者的注意力，越能够给参观者留下清晰、强烈的印象。　　　　　　　　　　　　　　　　　　　　　　　　　（　　）

◉简答题

（1）选择展览场地时应考虑的因素有哪些？

（2）在进行展台设计时应如何控制人流，以使参展企业的展台有更多的参观者光顾？

（3）参展道具有哪些种类？选择道具的原则是什么？

（4）展台可以分为哪几类功能区域？

（5）简述展台布置的技巧。

知识应用

◉案例分析

小展位，妙设计

大多数3米×3米和3米×6米的小展位，常常因为缺乏设计灵感的后墙和杂乱的图形，使得展品无法被充分展示。参展企业可以通过巧妙的设计，达到良好的参展效果。

案例1：雨伞元素展区

如果展区的主题是有关未知的明天，那么如何让其设计比有关可知主题的展区更耐人寻味呢？

在EXHIBITOR LIVE（展商直播）上，Kubik公司负责展会及活动策划与执行的营销人员决定用"风雨无阻"这个主题表现其处理意外事件的能力。为此，展区整体用展示面板连接而成，面板上喷绘雨水坑的图像。当然，此设计最直观且创新之处还在于后墙及侧壁上的雨伞装饰——既有纯色的伞面，也有印着公司作品的伞面。

案例2：立方体切割元素展区

德国废弃物处理公司Zentek GmbH & Co.KG希望在Bautec（德国柏林国际建筑建材展）上吸引建筑业的观众，也希望在SHK ESSEN（德国埃森国际暖通制冷展览会）上吸引卫生设备、供暖和空调领域的专业参观者。Atelier Damböck Messebau公司的创意团队为其精心设计了一个以后墙为中心的展区搭建方案，这面后墙包括30个堆叠的纸板箱且摆放方向不同。除了公司标识和主题色外，这些方块外侧还印有各种与目标市场相关的图像。在Bautec上，工作人员将建筑行业的图像朝外来摆放箱子；而参加SHK ESSEN时，工作人员改变了箱子的方向，让HVAC（采暖、通风和空调）图像朝外展示。这样，建筑图像就被隐藏起来。为了增强品牌的联系性，设计人员将一个移动废物容器改造成放在过道侧面的家具，它同样可以吸引观众，并且提供了完美的交谈空间。

资料来源　刘慧慧. 小展位，妙设计［J］. 中国会展，2019（9）.

问题：仔细阅读以上案例，分析参展企业在展位设计及布展时应该注意什么。

◉实践训练

组织一次观摩活动，注意观察、体会知名企业的展台设计，分析影响展台环境的因素（如音乐、灯光、展材、位置等）。

案例分析5-1

分析提示

学习评价

本章学习评价表见表5-1。

表5-1   学习评价表

学习内容	展览场地选择与布展		
	评价要点	配分	得分
知识掌握	了解展览场地的选择要求	8分	
	掌握参展道具的选择和使用方法	7分	
	掌握展台设计的基本要求	7分	
	了解展台施工的要求	8分	
技能提升	能够选择满足企业需求的展览场地	15分	
	能够对展台进行创新性设计和布置	15分	
素质养成	具有健康的审美情趣，积极弘扬中华优秀传统文化	20分	
	具有严谨求实、勇于创新的精神	20分	
分数合计		100分	

第 6 章

展期现场工作

学习目标

知识目标

- 熟悉展期展台业务工作。
- 了解展台环境工作。
- 掌握展后工作内容。

技能目标

- 能够在展览会上进行产品销售和市场调研工作。
- 能够在展览会结束后有序撤展。

素养目标

- 培养团队协作精神，提高团队协作能力。
- 提高职业素养，树立规范意识。

知识导图

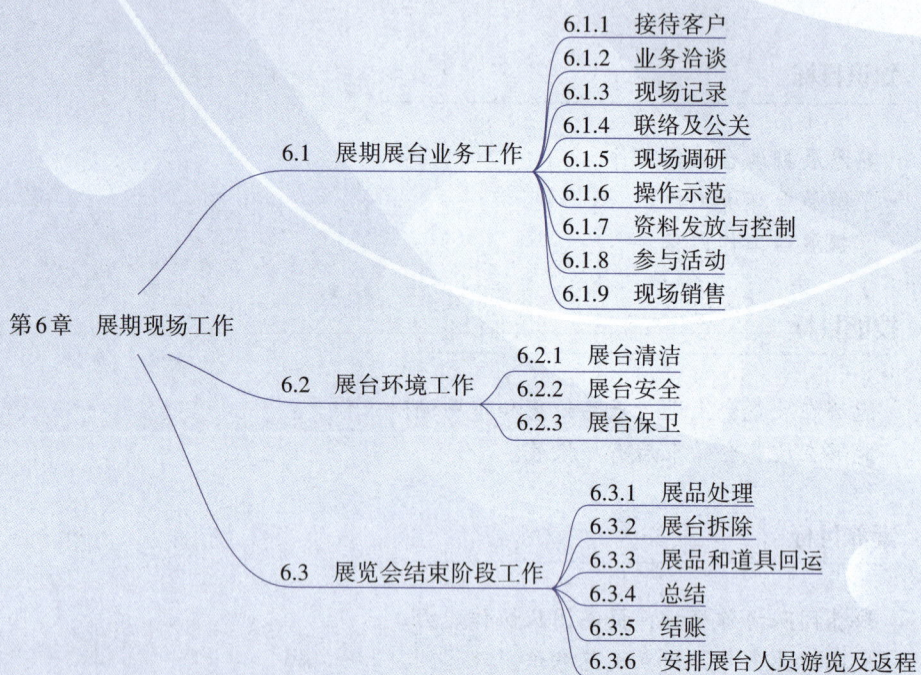

| 引例 | 强势亮相智博会　鼎捷展位备受瞩目 |

2024年9月，以"数字赋能新型工业化"为主题的第十四届智慧城市与智能经济博览会（简称智博会）在宁波成功举办。为期3天的展会，200余位行业专家，超300家企业与科创机构，累计吸引超6.8万人次参观，集中参与展览展示、交流对话、新品发布、主旨演讲等各类专题活动，展示了数字经济发展的新技术、新成果，展望了数实融合发展的新蓝图、新未来。

作为业内专业的数智化转型服务商，鼎捷数智股份有限公司（简称鼎捷）受邀参展。鼎捷以"软硬融通，数智引领制造新未来"为主题，实景搭建"小而美"的柔性智能工厂。以"1+1+N+X"为指引，深度融合AI+OT（人工智能+操作技术）技术，携数智工厂、鼎捷雅典娜、装备制造云、零部件云等创新方案应用亮相智改数转2号馆，全方位呈现鼎捷数智化成果，彰显鼎捷在数实融合领域的技术突破与方案创新实力。

在智博会现场，鼎捷以数字孪生大屏打造呈现了数智工厂全流程场景化体验，生动模拟了制造企业从计划排产、生产任务派工、人机料法环产前准备、设备机联的自动化报产、与智能AGV（自动搬运车）物流设备协同，实现自动化物流入库的完整过程。这一实景操作演示生动直观地展现了未来数智工厂形态。

鼎捷展位还举办了多场数智产品推介会，全面展示鼎捷在技术、产品、实践上的领先成果。产品沉浸式体验，AI大模型应用演示，以及丰富的多媒体、游戏互动环节等，吸引了众多参观者驻足，现场气氛火热。

在智博会同期举办的新品发布主题活动上，鼎捷PLM（工业软件）事业部总经理郭兆富以"鼎捷新一代PLM：深化行业场景，赋能企业数智创新"为主题，现场揭开鼎捷新一代PLM的神秘面纱，全面呈现企业研发管理的数字化转型实践成果。

资料来源　佚名. 鼎捷闪耀2024智博会，数智方案、数智工厂备受业界瞩目［EB/OL］.［2024-09-18］. https://www.cfbond.com/2024/09/18/991061824.html.

引例点评：在展览会期间，参展商利用现场演示这一最为简便直观的方式吸引观众，不但可以让客户很快地了解到企业产品的性能、品质，而且可以传递企业的经营理念，迅速拉近企业与客户的距离。

展览的价值和展出目标主要在展台工作阶段得以实现。展台现场工作主要指展览会举行期间的展台接待、展台推销、贸易洽谈、情况记录、市场调研等。展台工作效率和效果依赖展台管理和展台人员的知识、技巧和工作态度。展台工作的特点是时间短、空间小、人多事多，因此，展台管理工作非常重要。

展台工作是整个展览工作最重要、最关键的阶段，所有展览筹备工作都是为了这个阶段。展览的价值主要在这一阶段得以实现。如果筹备顺利、充分，展台工作将决定展出是否成功。筹备工作相当于"搭台"，展台工作相当于"唱戏"，台搭好了，演出还不算成功，戏唱好了，演出才算成功。

6.1　展期展台业务工作

展览会开幕以后，展出的主要责任人就由组织者转向参展企业，由展台人员开展接待观众、洽谈贸易等工作。展出期间的负责人是展台经理。展台经理要使展台工作正常运转，也就是要使所有展台人员有效工作、互相配合，解决展出期间出现的问题，完成展出工作目标。展台业务工作的主要内容包括接待客户、业务洽谈、现场记录、联络及公关、现场调研、操作示范、资料发放与控制、参与活动、现场销售九项。

6.1.1　接待客户

行业广角 6-1

展会上客户接待有哪些注意事项

接待客户是展台业务工作的重要内容之一。接待工作的主要内容是发现新客户并与之建立联系，以及保持、巩固与老客户的联系。接待安排可以是随意的，也可以是预约的。最好将预约接待安排在观众少的时间，以免会谈时受到打扰，也可以避免错过接待其他客户的机会。

接待对象可以分为重要客户、现有客户、潜在客户、普通观众等。重要客户，不论是现有客户还是潜在客户，都应列出名单，预先告知展台人员。如果发现重要客户前来参观，展台人员应予以特别接待。但是如果不是在洽谈业务，不要因为重要客户而耽误接触新客户，可以在闭馆后与重要客户共进晚宴。接待潜在客户是展览会的最大优势、最大价值所在，也是最重要的展台业务工作之一。普通观众一般没有贸易价值，与展出目标没有直接的关系，因此，不要耗费时间和精力接待普通观众，但是应注意不能没有礼貌。展台人员应客气地与他们打招呼，简略地回答问题，并尽快结束交谈。

会展链接 6-1

展览会接待客户要谨防探子

展览会上经常会碰到同行中的探子，他们扮成客户来套你的价格和技术，甚至客户资料，所以对他们要保持警惕。识别探子的方法之一是到同行展位去转转，初步认识一下展台人员，这样他们来你的展位打探信息时你就会有点印象了。另外，从谈话中可以感觉出对方是否为探子，探子一般会询问一些敏感性问题。

资料来源　佚名．参加展会要"会展"［EB/OL］．［2024-12-10］．http://www.china-nengyuan.com/exhibition/exhibition_knowledge_9651.html.

6.1.2　业务洽谈

洽谈工作与接待工作紧密相关。业务洽谈的重要内容之一是推销，即推销企业的产品和服务。有效的推销会使潜在客户对参展企业产生信任，对展出的产品和服务产生兴趣，使现有客户对新产品产生兴趣和购买意愿，达到这一步，就可以正式进入洽谈阶段。要积极争取与现有客户签订新的贸易合同，但是对新客户的大宗购买以及投资项目要谨慎，不要当场签约，任何决定都必须在彻底调查之后做出。展览会的关键功能是建立新的关系，展览会之后还需要做调研工作，知根知底后再签订贸易合同。推销工作的成果体现为签订贸易合同的数量和金额。

6.1.3　现场记录

现场记录对展览评估和展览后续工作都很重要。不少参展企业无法评估展出效果，或无法取得理想的展出效果，往往是因为没有完善的接待、洽谈记录。因此，在展出期间，展台人员应做好记录工作。

记录方式有多种，常见的有纸媒记录和电子记录等。

1）纸媒记录

收集名片是最简便的记录方式，其缺点是内容有限，只有参观者的姓名、地址。填写观众登记簿也是一种简单的记录方式，在20世纪90年代初期和中期比较常见，国内许多参展企业都曾使用过。观众登记簿一般只记录参观者的姓名、公司名称、地址等情况，有些观众登记簿还有"要求"一栏。收集名片和填写观众登记簿都是比较传统的记录方式，形式比较简单，由于没有记录接待洽谈情况、展台人员的评语以及后续工作的建议，因此它们都不是理想的记录方式。

记录表格也是一种常用的记录方式，它有多种形式，其中使用最多的有两种：一种是展台人员在接待参观者时填写的表格；另一种是让有兴趣但来不及或不愿意等候接待的参观者填写的表格，这种表格通常印在有参展企业地址、邮资已付的信封上，供参观者带走，填好后寄回。记录表格的内容设计要科学合理，除了有参观者的姓名、地址之外，还要有参观者的背景、兴趣、要求，展台人员的评语以及后续工作的建议等。因此，记录表格对展览评估、展览后续工作的开展有很大的参考价值。记录表格的内容应根据需要选定，不要忽略任何重要信息，也不要记录没有价值的内容；格式设计要考虑使用方便和效率。展览会开幕前，展台人员要熟悉记录表格。记录表格最好是复写式，一式多份。每份复写式表格都要注明去向和用途。如果是单页式表格，应在每天结束时或指定时间将表格内的有关情况发回总部处理。

2）电子记录

电子记录是一种先进的记录方式，其记录效率比纸媒记录高。发达国家和地区的展览会普遍使用电子记录，展览会组织者向参观者邮寄展览请柬时会附一份入场卡（磁卡）申请表（内容包括参观者名称及地址、公司所属行业及规模、参观兴趣等），参观者填好表格后，展览会组织者再寄一张入场卡（磁卡）给参观者，参观者也可以在入场前填写表格换取入场卡，参观者在展览会入口刷卡入场。在这种展览会上，参展企业可以免费或交费安装磁卡记录器，参观者在参观展台时，只要在磁卡记录器上刷卡就会留下基本情况记录。磁卡记录器使用计算机储存数据，记录内容、格式应在展览会前准备好。

总之，展台人员在做记录时要尽可能准确，尤其是对潜在客户，准确的记录有助于提高后续工作的针对性和效率。记录内容要及时统计，可以每天进行一次简单统计，内容包括观众数、观众来源、询问内容、成交数量和金额等。对于需要急办的事项，要交给相关部门或人员尽快办理。

6.1.4 联络及公关

联络及公关包括客户邀请、接待室工作、礼品管理工作。

1）客户邀请

客户邀请工作在展前已大规模做过，在展览期间，还要继续做客户邀请工作。展览期间的客户邀请工作主要限于现有客户和潜在客户。

2）接待室工作

接待室工作是展台工作的一部分。接待室应用于有价值的客户和贵宾，要提前向展台人员说明谁可以使用、什么时候使用。接待室是接待、谈判的地方，气氛要轻松一些，但是要避免营造娱乐、消遣的氛围，以免接待室成为观众和展台人员休息的场所。接待室的招待品可以分等级提供，招待标准要按预算确定，要注重效果。接待工作做得好，也是展出成功的条件之一。

> ▶ **会展案例6-1**

一位经常参加展览会的工作人员在总结其展台工作经验时说："凡来展位的客户，我都和他们合个影，并在对方的名片上标注一下。合影便于记住客户的模样，届时再将相片加工一下，写上某年某月某日与某某在某某会展合影留念，会展后将相片以邮件形式发给客户，会取得比较理想的效果。"

资料来源 佚名. 参加展会要"会展"［EB/OL］.［2024-12-10］. http://www.china-nengyuan. com/exhibition/exhibition_knowledge_9651.html.

案例点评：细节决定成败，于细微处见功夫。在接待客户的过程中，为了与客户建立牢固的关系，要想别人没有想到的，做别人没有做到的，为客户提供周到的服务，让客户深刻体会到你的良苦用心，而客户将用订单给予你回报。

3）礼品管理工作

展出工作一般都会配备礼品，根据档次的不同，礼品一般分为贵客礼品和工作用礼品。在正常情况下，重要人物第一天最多，最后一天最少，每天使用多少礼品要有准备，不要早早用完。礼品可以事先包装好，免得临时送礼来不及包装。送礼后应及时登记，既有利于规范流程，确保有档可查，又便于后续赠礼时有据可依。

6.1.5 现场调研

调研是展览会的重要功能之一。贸易展览会不仅是买卖场所，也是理想的调研场所。展览会本身就是一个人员众多、气氛轻松的市场，在展览会上做调研既节省费用，又节省时间。在展览会上进行信息采访，询问市场、产品甚至竞争者的情况要比在其他环境中容易。在展览会上，参展企业和参观者都不介意回答一些问题，有时甚至很乐意提供意见和建议。而在其他场合，同样的问题就不太容易获得答复。据称，有关市场的任何问题都可以通过展览会调研得到答案。

展览会现场调研的范围和内容主要包括市场、趋势、产品、竞争、需求等，参展企业可以根据展出需要和条件来安排。

展览会现场调研的途径和方式也是多种多样的，可以委托专业公司做，也可以由展台人员自己做。专业调研公司的工作质量高，但是它们对产品专业知识可能不太精通，加上经费等方面的限制，因此大部分参展企业会选择自己做调研。

首先，参展企业可以展台为阵地，主要针对参观者做调研，了解参观者对产品和服务的意见，询问参观者对产品和服务的需求，以及对市场和行业发展趋势的看法等。

其次，参展企业可以抽空参观其他展台，尤其是竞争对手的展台，主要针对竞争对手做调研，收集资料，询问情况，了解竞争对手的展示手段、销售方式、宣传方式、新产品、新技术、产品质量、价格、包装、性能等方面的情况。

再次，参展企业可以参加展览会期间召开的研讨会，主要针对市场做调研。参加研讨会是一个了解市场、行业发展趋势的好机会。一方面，发言人会做出推论、预测；另一方面，参加者的人数、参加者表现出的兴趣也可以作为预测的标准之一。此外，在研讨会上还可以寻找并发现重要的潜在客户。

最后，参展企业可以阅读报纸、刊物、官方报告等，了解展览会的相关情况。在展览会现场做调研工作，方式方法可以巧妙一些，但应当注意在法律允许的范围内进行。

▶ 会展案例6-2

张先生是某汽车零配件供应商，他在参展空闲之余，经常到同行的展位去看看，向同行推荐自己的产品，将样本留给同行几份，也向同行索取样本，与同行交换客户资源。他所指的同行，并非指经营同一种产品的企业，而是指经营同一类产品的企业。在汽车配件类展会上，参展商展出的产品有很大区别，有展出车用音响的，有展出车用灯具的，有展出车用座椅的。此类参展商既是供应方，又是需求方。张先生说主动拜访一下这些同行，常常会取得一些资源共享与互补的效果。

资料来源 佚名.参加展会要"会展"[EB/OL].[2024-12-10].http://www.china-nengyuan.com/exhibition/exhibition_knowledge_9651.html.

案例点评：展览会上市场调研的方式灵活多样，参展企业应想方设法拓展调研渠道，以充分了解企业所需要的市场信息。

6.1.6 操作示范

对展品进行操作示范，可以让客户进一步了解产品，从而更快做出购买决定。因此，在有条件的情况下，参展企业应考虑安排操作示范。若展览会有相关规定，应事先征得展览会组织者的同意。如果安排了操作示范，还要事先检查产品，以确保能够正常演示。任何事故都会给参展企业带来难堪，损坏企业形象，甚至会影响企业的生意。参展企业要根据操作示范情况安排保卫人员，并办理保险，以防意外。另外，要警惕竞争对手做手脚。操作示范的次数要适当，次数多效果并不一定好。如果有音视频设备，要注意控制音量、调整屏幕角度，不要影响周围展台。

价值引领6-1　　　　以"文"塑贸：打造服务贸易新引擎

9月16日，2024年中国国际服务贸易交易会（简称服贸会）落下帷幕。5天来，从国家会议中心到首钢园，综合展与专题展相得益彰，百余场论坛会议活动精彩纷呈，200余项融合创新成果集中亮相。服贸会架起各方共享发展机遇的桥梁，为世界经济发展注入新活力。

乘VR座舱穿越北京中轴线、听智能机器人讲解北京经济技术开发区工业旅游线路打卡攻略、把国家大剧院的建筑形态做成项链戴在身上……沉浸式展览和互动体验是2024年文旅服务专题展的主要特色，文化正变得可看、可玩、可互动。

在长3米、高2米的屏幕上，观众按照指引点击屏幕，便可浏览上古十大神兽风采。"这是我们以古建筑屋檐上的'五脊六兽'为蓝本进行二次创作的沉浸式互动体验数字IP产品。截至目前，已有数十家公司跟我们洽谈合作意向。"参展商鲸世科技公司CEO杨利堃说。

本届服贸会上，80多个国家和国际组织以政府或总部名义设展办会，13个国家和国际组织首次独立线下设展，突出展示本土传统文化。

在主宾国法国的展馆里，缩小版的巴黎标志性建筑——凯旋门、塞纳河上的比尔哈克姆桥的拱门格外引人注目，显示屏播放着有关法国文化遗产的介绍。"我们愿积聚各方力量，促进法中双方企业间的交流合作。"法国驻华大使馆商务参赞孔士嘉说。

茶具、客厅摆件、香器……连续5年参展服贸会的安徽淮南汉风陶瓷研究室负责人许怀君今年带来的寿州窑陶瓷系列展品注重实用性。"寿州窑陶瓷烧于南北朝时期，盛于隋唐，是我国比较有代表性的中原陶瓷。很多年轻人和外国展商专程来这打卡，服贸会是我们向世界讲好'中国文化故事'的重要平台。"他说。

歌舞剧《猫神在故宫》以充满趣味和情感的幻想故事，让参观者对故宫产生旖旎的想象；动画电影《班超》画面精美、剧情生动，传递了中华民族勇于开拓的精神……服贸会展区内，一大批基于中华优秀传统文化创作的文艺佳作与观众面对面。

资料来源　魏玉坤，吉宁，刘媛媛．激活新动能　共享新机遇——2024年服贸会观察［EB/OL］．［2024-09-16］．https://www.xinhuanet.com/fortune/20240916/0de8d50981be493cab23a57afc067015/c.html.

思政元素：文化传承　文明互鉴

学有所悟：从全球范围来看，文化贸易发展潜力巨大。服贸会搭建了对外文化贸易高质量发展的平台和桥梁，激活了服务贸易发展的新引擎。传统文化与服务贸易的深度融合，必将在创造性转化和创新性发展中释放新的魅力。

6.1.7　资料发放与控制

展台资料包括企业介绍、产品目录、服务说明、展品介绍、价格单、展台人员名片等。在发放资料时，要注意控制发放数量和发放对象。同时，还要做好资料管理工作，资料管理和使用得当，可以有效发挥宣传、推销作用；资料管理和使用不当，便会出现丢弃、浪费的现象。

1）资料发放要有针对性

展台资料主要分为两类：一类是可以发放给每一个参观者的成本低的资料，包括单页和折页资料；另一类是给专业观众的成套的、成本高的资料，这类资料一般不宜当场提供，最好寄给客户。

2）资料的放置与控制

展台资料要放在方便参观者拿取的地方，不要摆放太整齐或摆放成几何图案，以免参观者误以为是展品而不敢拿取，建议使用资料架放置资料，但是要注意摆放位置，不要影响展台工作，也不要影响观众行走。资料不宜大量堆放，可以由展台人员直接发放或少量放置在展台上，然后不断添加，以免造成浪费。

发放的资料要有数量控制，以便在整个展览期间都能够正常供应。不要在展览结束时，还剩余很多专门印刷、无法用于其他场合的资料，或者展览还没有结束已无资料可以发放。

向客户提供的贸易资料编印成本一般很高，对它的控制可以严格一些。资料可以放在接待室内或资料柜内，不要让参观者自由拿取，而由展台人员有选择地提供给有价值的、真正想要资料的客户。据调查，许多真正的客户往往不愿意携带很多资料，而且基本不翻阅展览会上收集到的资料。因此，展台上可以不直接提供贸易资料，只配备少量资料用于谈判参考。展台人员和参观者在进行贸易细节洽谈时，可以使用有直接关系的、能够辅助洽谈的资料。若客户需要资料，可填写索取表，参展企业当天或展后安排邮寄。

相关机构的统计数据显示，50%没有目的或者目的不明确的参观者到处收集资料，最终将所收集的资料留在餐馆饭桌上、汽车座椅上或废纸篓里。即便拿到了办公室也是放在资料堆里，等有时间再看，实际上是不会有时间去看的。因此，参展企业要控制好资料，不能将贵重资料提供给这类人。

会展问答6-1
客户通常不会带走什么样的宣传资料？　（　　）
A.杂志、会刊　　　　　　　　B.光盘资料
C.实用性样品　　　　　　　　D.自取资料

会展问答6-1

答案解析

6.1.8　参与活动

展览会组织者可能会安排一些活动，包括开幕式、新闻发布会、馆日、招待会、研讨会、晚宴、采购团等。这些活动都与展出有关系，参展企业应予以足够的重视，

并视需要积极参与、充分利用。

开幕式是展览会最重要的活动之一，既有新闻价值，又有商业价值。对一般的参展企业来说，重要的是利用其商业价值。被邀请参加开幕式的人员都是政府官员、工商界名流和新闻记者，在开幕式当天，很多参观展览会的人也是有价值的商人。因此，参展企业要充分利用这一点。

（1）参展企业必须在展览会开幕前完成全部施工、布置工作。开幕式开始后的几小时是关键时刻，对参展企业来说最为重要。这时，重要人物已到场，重要客户也已入场参观。他们巡视整个展馆，如果展台已安排妥当、准备就绪，随时可以接待客人，那么这些重要客户就会把这样的展台列为接触对象。还在施工布置的展台则是在做反面宣传，会失去这些重要客户。

（2）了解开幕式的程序和相关活动，包括开幕后贵宾的参观路线。参展企业应争取将自己的展台规划在贵宾的参观路线内，这将有利于参展企业的新闻宣传。

（3）确保展台人员全部到位，且着装整洁、精神饱满。如果需要，还应做好摄影和摄像准备。

课堂互动6-1

在展览会现场，经常会举办开幕式、新闻发布会、研讨会等活动，请同学们谈一谈举办这些活动有什么作用，哪些活动给你留下了深刻的印象。

6.1.9　现场销售

消费品展览会展出的大多是消费品，向普通消费者开放。参展企业一般是生产、经营消费品的企业，参展的主要目的是直接向现场的观众销售带来的产品，但需要办理相应的手续并严格遵守相应的管理规定。

贸易展览会主要向中间商开放，直接零售是违反效率和效益原则的，因此贸易展览会通常禁止现场零售。贸易展览会是做贸易（进出口、多层次批发）的场所，参展企业应集中精力捕捉潜在客户和贸易机会。只是在展览会的最后一两天，有些参展企业为了减少展品回运的工作量，而将部分或全部展品现场销售。如果参展企业有充分的理由需要零售，可以事先与展览会组织者商量，获得同意后，在合适的位置进行零售；如果参展企业违反规定强行零售，展览会组织者可能会采取强制措施，关闭展台。

6.2　展台环境工作

展台环境工作主要包括展台清洁、展台安全和展台保卫三个方面。

6.2.1　展台清洁

展台代表了参展企业的形象，应当保持整齐、干净的状态。要保持展台清洁，在进行展台设计时，必须留有充足的储存空间。

展品以及模型、图文、音视频设备等要放在合适的位置。如果被挪动，要及时挪回原位；如果被碰脏，要及时擦干净。展出期间，参观者喜欢摸展品，要随时擦去展品、展架上的手印。如果有操作示范，应及时清除废料。如果有空箱，必须及时搬走。展台附近可能有乱放的资料，要及时检查整理，供观众拿取的资料要摆放整齐。

展台地面应保持干净，展台人员应随时捡走地上的纸片、空杯或其他物品；展台墙面也要保持干净，随时擦去墙上的脏手印或其他痕迹；展台内不要随便放东西，尤其是可能绊倒人的物品或障碍物。参展企业可以雇用专业保洁人员或指定展台人员负责展台清扫工作。

6.2.2　展台安全

展台安全包括遵守政府、行业和展览会组织者制定的各种安全规定。展览会人员密集，存在许多安全隐患，因此，参展企业必须予以注意并做出相应安排。展览会上的安全隐患包括火灾以及一些人身伤害等，参展企业必须认真阅读相关规定，并按规定办事。各地展览会比较一致的规定有：展架展板必须经防火处理，照明设备和材料必须符合当地标准，电源必须由展览会指定单位的人员负责连接。另外，各地展览会对双层式展架的要求也很严格。

关于展台安全，参展企业应注意以下问题：

（1）使用符合规定的展览道具。

（2）在施工搭建时，不仅要赶速度，而且要注意质量，保证展览道具安装牢固。

（3）展出期间，要有专人负责检查展架、设备状况，维护修理展架、设备，尤其是观众多的时候。此外，要指定人员在每天闭馆时检查展台，关闭电源。

（4）按规定配备灭火器。

（5）根据条件和需要为展台人员和参观者投保。

注意展台安全既是为了防止事故的发生，也是为了保持展台设备的正常工作状态，从而实现展出目标。

6.2.3　展台保卫

在展览会上，有时会发生失窃现象，因此展台保卫也是展台环境工作的内容之一。展台保卫工作主要包括以下两个方面：

1）防止展品被盗

使用封闭式展台是防止展品被盗的方法之一。如果有贵重但体积不大的展品，可以使用保险箱保存或在闭馆后随身带走。展览会多设有晚间保险设备，参展企业可以联系使用。还有些贵重展品可能需要雇用专业安保人员看护，同时要购买保险。

2）防止展台记录及其他企业情报被非法窃取或合法套取

展览会是合法收集情报的地方。竞争对手或商业间谍（往往以用户或信息咨询机构的名义出现）可能会采取各种方法收集信息，尤其是参展企业的商业秘密。对此，展台人员应保持必要的警惕性，不能只有热情而不用头脑，为吸引潜在客户而泄露企业的商业秘密。竞争对手直接参观展台并不违法，展台人员必须十分小心。

由于许多商业情报是在交谈中被"套"出来的，因此，参展企业应明确要求展台人员不得透露企业的重要信息，如正在研制的产品、拓展市场的战略等，展台人员必须掌握一些交谈的技巧、知晓解决问题的方法等。除了通过交谈"套"情报外，情报收集者还会采用"偷"的办法收集情报。所以，重点产品、秘密资料、贸易合同、接待记录等一旦管理不善，很容易让情报收集者得手。

总之，展台人员既要存有一份戒心，又不能草木皆兵。

6.3 展览会结束阶段工作

展览会闭幕标志着展览会结束，但是并不意味着展出工作结束。展览会闭幕后，参展企业还必须进行展品处理、展台拆除、展品和道具回运、总结、结账、安排展台人员游览及返程等工作。

其中，撤展工作主要包括展品处理、展台拆除、展品和道具回运等，这些工作通常由参展企业的展台经理或指定人员负责。撤展工作必须在展览会闭幕后进行，但是要在展览会期间甚至展览会开幕前就着手准备。撤展工作应注意的问题是按时，既不能提前，也不能推迟。

行业广角6-3

广交会撤展后
的商机与挑战

▶ 会展案例6-3

第136届广交会撤展工作安排

第136届广交会撤展时间紧、任务重，请各商（协）会、交易团、参展企业和特装施工服务商高度重视，严格按照限定时间做好撤展各项工作。

1.请严格按照大会规定的时间安排撤展相关工作，不得擅自提前进场施工作业，严禁提前撤展。

2.位于撤展回旋区的展位，须于当天19：00前将展品及自带展具全部清空。撤展回旋区为第一、二期以下展位（如果最东或最西侧4个展位为标准展位，则不列入撤展回旋区展位）：

A区：1.1至5.1、1.2至5.2展厅最南端东西走向的4排展位（第一期3.2至4.2家用电器展区，第二期2.1进口展区、3.1至5.1日用陶瓷展区除外）。

B区：9.1至11.1、9.2至11.2、9.3至11.3展厅最南端东西走向的4排展位；12.2至13.2展厅最北端东西走向的4排展位（第一期9.2进口展区、第二期11.2进口展区除外）。

D区：17.1至20.1、17.2至20.2展厅最南端东西走向的4排展位（第一期18.1至19.1加工机械设备展区、20.1工业自动化及智能制造展区除外）。

3. 展品及各种参展器材运出展馆大门，一律凭交易团开出的放行条，经门卫验核放行。各交易团不得给参展企业空白放行条，不得为非本团企业发放放行条，开具放行条要有存根，要有签发人签名等。各参展企业应于撤展当天12：00前办理好放行条。广交会保卫办公室、客户服务中心保卫部、展馆保卫科不办理此项业务，如确有需要者，凭交易团出具委托书代开放行条。

（1）展馆A、B区外围不设特装板材临时堆放点，所有特装板材必须在展厅内装车运走。特装施工服务商如果不能在规定时段内将特装弃置板材、垃圾撤出展厅，大会将按有关规定进行处罚。

（2）展馆C区一层设1个临时堆放点（即14.1馆南面广场），二层以上展厅（含二层）不设临时堆放点。

各展厅特装（含标摊改装）展位的展具及废弃材料必须由特装施工服务商自行清运出展馆。撤展过程中展（样）品及材料的保管由参展企业自行负责。10月20日和10月28日凌晨3：00分别为第一、二期特装搭建物放倒时限。

展馆展品及特装弃置板材、垃圾实行分时段撤出，第一期10月19日18：00至21：00、第二期10月27日18：00至21：00、第三期11月4日18：00至22：00为展品撤离时间，所有展品不准堆放在展馆、展厅通道、布展通道、南北广场，只准在货车停车场上车；第二期铁石装饰品及户外水疗设施展区需要在10月28日12：00前完成撤展。

10月20/28日凌晨3：00前，请特装施工服务商务必将全部特装展位放倒，如未能按时放倒，按每次2 000元的标准扣减安全保证金。10月20/28日凌晨3：00前、11月5日17：00前，请特装施工服务商务必将全部标摊简装展位拆除和清理；10月20/28日6：00前、11月5日19：00前，请特装施工服务商务必将全部特装展位拆除和清理；如未能按时完成拆除和清理，广交会将按每个标准展位2 000元的标准扣减安全保证金，并将对无人值守展位统一进行清理。

集货需要申报。各交易团、集物商必须将所需集结点的地点、面积、车辆数、进场时间等报客户服务中心主管部门，以便统一安排。

4. 请各参展企业严格遵守大会撤展时间，禁止提前打包、撤展；请各商（协）会、交易团、搬运公司严格按照大会撤展时间节点安排相关工作，不得擅自提前进场施工作业。违规提前撤场的单位，大会将进行通报批评。

5. 爱护馆内一切设施，不得夹带搬走，不得损坏，违者除照价赔偿外，情节严重的将给予重罚。全馆所有扶梯都不允许作为运输货物的通道。

广交会将于闭幕前发出《撤展通知》，对撤展工作做出详细规定。《撤展通知》发各商（协）会、交易团、特装施工服务商，并在《广交会通讯》上刊登。

6. 接运展品的车辆凭撤展证第一期在10月19日18：00、第二期在10月27日

18：00、第三期在11月4日18：00后分时段进入展馆。

7.第一、二期撤展期间，各交易团和负责第一、二期相关展区管理工作的商（协）会必须留人值班至撤展完毕。第二、三期布展期间，各交易团和负责第二、三期相关展区管理工作的商（协）会必须确保24小时电话值班（至少留两个电话号码），遇有情况，确保能够尽快处理。

8.退押金流程。

（1）参展商退还租用物品或清场后，将业务单交有关作业人员确认签名。

清场押金：撤展当晚，交纳清场押金的标摊企业，应按规定清理展品和搭建材料。标摊企业清场完毕后，须找本馆清场押金签单员检查清场情况，清场押金签单员在顾客联业务单上签名确认后方可办理退押金手续（注：线上交纳清场押金的无单据，请与清场押金签单员确认后自行拍照留底）。撤展当晚，可至馆内咨询台联系清场押金签单员，如发现其离开咨询台，也可拨打咨询台上的联系电话。如无违规，大会将在30个工作日内原路退回押金。如违规，大会将扣除押金并进行相应处罚。签单截止时间：第一期为10月20日6：00前；第二期为10月28日6：00前；第三期为11月5日19：00前。

电箱押金：租用电箱必须由大会安排电工统一拆除。撤展当晚，特装施工服务商和参展商预装电箱或租用电箱的，应派员留守展位，待大会配电施工人员回收电箱时，要求该工作人员在《特装预装电箱确认单》或《特装租用设备确认单》（黄色顾客联）或《标准展位安装电箱押金单》上粘贴电箱已回收特殊标记，同时要求该工作人员签名确认。未交还电箱的，将按照每个电箱1000元的标准扣减安全保证金或押金。

衣架押金：参展商退还衣架后，广交会装搭现场管理人员在业务单上签名确认。

（2）参展商持签名确认后的业务单原件到客户服务中心现场服务点办理退押金事宜，具体时间及地点详见《客户服务中心现场服务点》。

（3）退押金受理时间截止到2024年11月18日，逾期不退。

资料来源 佚名.第136届广交会出口展参展手册［EB/OL］.［2024-09-30］. https://cospub. cantonfair.org.cn/461100754573217792/1728722814173-f39c8aef-154c-49b7-9c72-c9d42f91308a.pdf.

案例点评：展览会的撤展工作是一项比较烦琐的工作，要求在较短的时间内完成，因此很容易出现混乱。参展人员一定要按照展览会组委会的要求有序撤展，同时要注意撤展期间的防火、防盗、防漏等安全工作，妥善处理好相关事宜。

6.3.1 展品处理

展品处理的有关准备工作必须提前做。一般规律是：展品价值越大，使用范围越窄，越要提前做好准备；反之，展品价值越小，使用范围越广，参展企业就越少操心。有些展品如大型机械设备，需要在做出展出决定时就考虑展后如何处理。大型机械设备一般在已确定买主的情况下才会运到展览会上展出，展后由买主运走；否则，就涉及运输问题，大型机械设备的往返运输费用很高，而且筹备展出期间，设备运输费用占用的资金一般企业难以承受。

展品处理工作常常是撤展的第一项工作。体积小、重量轻的展品如轻工品、纺织品等，一般由展台人员自己负责拆卸、再包装，体积大、重量重的展品如机械设备等，可能需要安排专业工人拆卸、再包装。包装材料要提前安排好，从仓库运送到展台。展品从展台上撤下再包装时，参展企业应注意清点数目，不要漏装部件、配件、说明书等。展品包装好后交买主或运输公司安排运输。

展品的处理方式主要有出售、赠送、销毁、回运。出售是指将展品出售给观众。在消费品展览会上，展品往往也是卖品，直接销售给参观者，参观者付款后可以立即取走。在贸易展览会上，展品售出后，买主往往不能立即取走，一般需要等到展览会闭幕后再取走。赠送是指参展企业将展品赠送给客户或重要人物。销毁通常适用于价值较低、参展企业不想出售也不想回运的展品，销毁通常需要证人在场。销毁的展品不能一扔了之，要按规定办理。回运是指参展企业将展品运回参展企业所在地。

需要特别说明的是，如果在同一行政区域和同一征税区域，展品处理涉及费用的情况比较简单，甚至可能不产生费用。但是如果不在同一征税区域展出，展品处理的不同方式会使参展企业缴纳不同的税额。因此，参展企业在选择展品处理方式时，应综合考虑各方面的因素。

6.3.2 展台拆除

展品从展架、展柜上取下后，就可以拆除展台、撤走展具了。

如果参展企业使用的是标准展台或委托施工单位搭建的展台，则可以不用考虑展台拆除问题，由展览会或施工单位处理即可。如果展台是参展企业使用自己的材料自己动手搭建的，那么参展企业必须事先安排好拆除人员和相关工作。

如果展架、展柜都属于参展企业，那么参展企业在拆除展台的同时，也要拆除展架、展柜。如果展架、展柜是需要重复使用的材料，那么在拆除时必须细心，并按要求包装好，避免财物损失。

撤展期间，展台经理或指定负责人要确认所租借的物品（包括办公用品、道具、花草、电气设备等）全部归还原主，以免产生额外费用，并且及时取回押金。如果展台由参展企业自己拆除，参展企业应注意不要留下垃圾，这会给人留下不好的印象，有损参展企业的名声，也会给展览会组织者添加额外工作，参展企业还可能因此产生额外的清扫费用。将场地清扫干净交还展览会组织者，也有助于参展企业和展览会组织者建立良好的关系，从而为将来继续合作打下基础。直到将场地交还展览会组织者，参展企业在展览会场的工作才算完成。

6.3.3 展品和道具回运

回运的展品和道具拆完并包装好后，就可以交给运输公司了。如果是国际展览，还涉及结关问题。参展企业一方面要与海关建立良好的关系，另一方面要按规定办理相关手续。有时参展企业在结关工作结束前就会离开展出地，而将有关工作留给运输代理处理，这时就需要将有关单证缮制得准确无误。参展企业在选择运输代理时一定要慎重，尽量选择信用好、办事能力强的运输代理，以保证回运货物的安全。

▶ 会展案例6-4

令人气愤的回运服务

某公司去香港参加展览会，展览结束后，货物委托某快递有限公司深圳分公司回运。这家快递公司承诺会提供及时周到的服务，并且报价也比较优惠。但没有想到的是，4月20日委托这家快递公司回运到东莞的8箱货物，5月9日才收到4箱，这4箱货物还是公司每天打几次电话催回来的，还有4箱货物竟然还在香港。不知道这家快递公司是怎么操作的，从香港运输货物到东莞竟然需要大半个月的时间。8箱货物中有公司在展览会上认识的客户急需的东西，这个客户很有可能会给公司下一笔大的订单，还有公司参加另一个展览会的样品，但是这家快递公司给的答案永远是还要等几天，真是太令人气愤了。

资料来源 根据网络资料整理。

案例点评：参展工作安排必须万无一失，任何一个环节的差错都有可能导致无法预料的后果和损失。上述案例中，展品回运的失误在于选择运输代理不够慎重，重要的样品应保证回运的时间，不能因为贪图便宜而选择信誉没有保证的运输代理。

6.3.4 总结

参加展览会是企业的一项工作，因此展览会结束后，企业需要对参展成果进行总结，以便开始下一个环节的工作。

总结工作最好在展台人员未离开展出场地时完成，这一方面是因为此时展台人员对展台工作仍记忆犹新，集中展台人员比较容易，便于收集、整理资料；另一方面是因为展台人员一旦回到办公室，就会投入到已堆积起来的日常工作之中，很难再有机会做总结。

总结的主要内容之一是收集资料，有人甚至认为，参加展览会的真正价值和最重要的成果体现在展览资料上。展览资料包括成交合同、新客户名单、参观者接待记录、市场和行业调研结果等。此外，其他资料也很重要，包括运输单证、发票收据、展览会有关单位的联系地址及服务报价表等。

在收集、整理、分析展览资料的基础上，参展企业需要写出总结报告等。每个展台人员应根据自己的工作性质、内容写出自己的总结报告，展台经理应根据展览会整体情况写出整体的总结报告。展览会总结报告的种类和内容应根据实际需要确定，一般包括市场潜力、竞争态势、前景分析、财务报告、展台工作和展览效果、后续工作建议或计划等。展览会总结报告写好后，应尽快提交给企业领导和有关部门。

6.3.5　结账

财务人员应督促各方面工作的负责人尽快结算、支付所有应付费用，包括住宿费、餐费、交通费、场地费、道具费、电话费、水电费、人员补贴等，并且要留出款项以应对暂时无法结账的情况。

支付应付费用是一项必做的工作，应当尽快完成。各项费用支付后，才可以计算展出总账，并计算展出各项工作的成本。

6.3.6　安排展台人员游览及返程

1）安排展台人员游览、购物

展览会通常在外地举办，经过高强度的工作后，安排展台人员放松一下是很正常的。如果展台人员对展览地不熟悉，又必须忙于展台结束工作，那么最好委托旅行社或指定人员安排游览和购物等，以便在有限的时间内游览最佳的旅游点并购买到最有价值、最有特色的物品或纪念品。

2）安排展台人员返程

如果购买的是联程票，则需要提前确认座位；如果没有购买联程票，则需要提前购买回程票。在一些举办大型国际展览会的城市，展览会结束后交通会很紧张，可能不易买到回程票，因此需要早一点考虑安排。临行的当天，要处理好酒店结账、交通等细节问题，保证展台人员顺利离开展出地。

情景模拟6-1

场景：模拟在展览会现场，进行客户接待、贸易洽谈、资料发放。

操作：

（1）每个展位安排三名工作人员分别负责不同的工作。

（2）其他同学扮演参观者，与展台工作人员进行洽谈。

（3）各项目组分别派一名代表在模拟结束后对本组的展台工作情况进行总结。

（4）教师对各项目组的表现进行点评。

知识掌握

◉判断题

（1）接待对象可以分为重要客户、现有客户、潜在客户、普通观众等。　（　　）

（2）接待老客户是展览会的最大优势、最大价值所在，也是展台工作最重要的内容之一。　（　　）

（3）展览会现场调研的范围和内容主要包括市场、趋势、产品、竞争、需求等。

（　　）

（4）参加展览会的研讨会是一个了解市场、行业发展趋势的好机会。　（　　）

（5）撤展工作可以根据参展企业的实际情况安排，可以在展览会期间甚至展览会开幕前着手进行。（　　）

（6）展台经理应根据展览会整体情况写出整体的总结报告。（　　）

◎简答题

（1）简述展期展台工作的主要内容。

（2）展期展台环境工作有哪些？

（3）撤展工作应考虑哪些内容？

知识应用

◉案例分析

参展商展会现场　硬伤太痛

办展不容易，参展同样有硬伤，做到不犯错误很难，但是以下这些硬伤如果多加注意，你就比别人好多了。

1.“废话”太多

"你的需求我都明白，现在我来介绍一下我们这个产品……"客人一进来，负责接待的参展人员就开始滔滔不绝地谈起公司、介绍产品。试问，你真的关心和了解了客户的背景和需求吗？在介绍产品时，是不是只顾着介绍某款产品的最大卖点，却没有问一问，客人是否在意这个卖点呢？要知道，如果他并不在意这个卖点，你说得天花乱坠也未必能打动他。

与客人聊天时，切记要站在客人的角度，思考客人到底想了解些什么，争取把话说到客人的心坎儿上。

2.产品知识不熟

本公司产品的相关信息、规格、报价、交货期、MOQ（最小订购量）、出货港、包装信息、目标市场的畅销产品、产品优势等，这些你都能在第一时间不查阅任何资料而回答上来吗？客人可不会等你去查资料，或者去咨询其他老同事。

3.不懂得有的放矢

不懂得观察，不会筛选有价值的客户，见人就发材料、送礼品，回报率必然很低。

在谈话中也不注意判断客人是不是目标客户、客人有没有采购的决策权、客人的采购需求是否迫切、客人的真诚度和专业度高不高等这些关键问题。

4.一上来就说"Can I help you?"

客人刚走进展位，你迎上去就说："Can I help you?"你有没有想过，如果客户回答："No, thanks. I just look around."你要怎么办？

多问开放式问题，少问封闭式问题。再不济，你也可以问一句："What brings

you into our exhibit today?"

5.不会问问题

上面说到参展人员忽视客人的需求，这里是另一个极端——客人走进展位，参展人员就连珠炮似的发问：你从哪里来？对我们产品有什么具体要求？你的客户主要有哪些类型？你们的采购步骤是怎样的？……你这是谈合作还是审犯人？

参展人员的问题如果没有逻辑性，问题之间没有关联，是很难挖掘出客人的采购需求的。结果就会变成泛泛地聊了聊，然后不了了之。你以为客人没有采购意向，殊不知，你根本没有与客人开始深聊！

6.不做记录

客人来了，交换了名片，谈完了，客人离开了。紧接着，参展人员又投入到接待下一个客人的工作中……晚上回到宾馆一看，客人的名片完全不能跟记忆中的面孔对应起来！与哪个客人聊了哪些重要的信息也记不得了！结果可想而知。

解决办法：与每一个客人聊完之后，拍照留念，在客人名片和客户登记表上均注明照片编号（合影照片在展会后也可以发到客人邮箱里，与客人进一步互动）。或者直接带一支录音笔，放在不显眼的位置，对于重点客户，直接录下与客人的谈话，并记录编号。

在客户登记表上做记录的时候，需要记下客人的联系方式、职位、采购角色、地址、行业、公司形态、关注点、对品质的需求、对产品的了解程度、对产品的意见和建议、有没有提到同行等；同时，适当记录谈判过程和方式。这些都是日后跟进的重要材料。

7.只会讲价

每当客人面露犹豫时，参展人员就主动降价。对此，一位买家这样说："价格只是产品价值链的一部分，如果只谈价格，我们会认为这些供应商对构成产品价值的其他重要部分也许并不了解，其实不仅仅是价格，其他方面也很重要。所以，这也是有些供应商的开场白令我们扫兴的原因。"敢不敢先谈点别的最后再谈价格？只会谈价格的销售不是好销售！

8.客人一砍价，你就看老板

这种行为会给客人留下"价格老板做主"的印象，觉得这家公司的价格没有体系、不专业。

正确的做法：客户要求报价时，首先应该认真分析、了解客户的购买意愿、询价动机、真正需求和迫切性，有的放矢地报出虚盘或实盘。根据不同的出口市场、地域特点、买家实力和性格特点及商品特点来调整报价，也可以根据销售淡、旺季的销量或者订单大小来调整报价。首日报过价或派送资料后记住"熟面孔"，当天下午或第二天客人再光顾时，一定要重点突破。

9.没有说服力

当客人问起产品是否符合相关市场的安全标准、产品的技术参数等有关市场和专业信息的问题时，参展人员顾左右而言他，只说自己的产品好，却拿不出确切的证明；只会讲good、best，而没有具体的数据支撑，这怎么能取得客人的信任呢？

10.只会在展位上守株待兔

一整个上午，拜访展位的客人寥寥无几，甚至展位前的通道上客流量都不怎么样，这时候你仍然坐在展位里抱怨选错展会/展位吗？走到路口、通道上把客人引进来吧！至于怎么"引"，只有一条路——放下面子。

11.千篇一律，没有创意

望望左右的展位，大家都是标摊，摆着类似的产品，都穿着西装，送给客人的礼品都是中国结或者圆珠笔……你用什么让客户走进你的展位并记住你呢？你的展台设计是否能让人眼前一亮？你是否准备了有意思的现场产品展示？或者哪怕只是参展人员换一身显眼又统一的服装？

12.贪多

能把源源不断的客人招呼进展位也是一种本事，但是如果你对每一个客人都说"wait a moment"（等一会儿），然后又去招呼其他客人，你就等于怠慢了每一个客人。贪多嚼不烂，用心谈好一个客人，胜过连收数十张名片！

13.与同事们抢客户

客人走进展位，你把展前的工作分配忘得一干二净，第一个就冲上去；同事引来的客人，你趁他拿材料的时候递名片、套近乎……如果每来一个客人你都这么干，你还想不想与同事们愉快相处了？新人有干劲是好事，但参展时应按照之前的工作分配做事，多看看老同事们怎么做，多学习人家的经验，别太急功近利。

如果你是领导，那么你一定要在展会前就严格规定好客人的分配原则，以免产生纠纷，使团队陷入恶性竞争之中。

14.去同行的展位门口抢客户

你一直等在同行的展位门口，出来一个客户你就递上你的名片，告诉他你有更低的价格。诚然，这是一种最直接的拉客户方法。但多来几次，信不信同行会过来打你？而你放弃了自己的大本营，是不是捡了芝麻丢了西瓜呢？

15.宣传品上的低级错误

你的展板上有明显的拼写错误，你的材料几乎全是"中式英语"，你准备的小礼品质量特别差……这些都会给客人留下一个"不专业"的印象，他们还怎么敢与你合作呢？

16.该跟进的服务没跟上

在展会上，你跟客人说好过一会儿就把报价单发给他，结果展会结束了你还没有发。要知道，客户在展会现场找到的意向供应商肯定不止你一家，别人隔3分钟就把价格、重量、装箱量、交货期等详细信息发过去了，你说客户会选择谁呢？

17.要么过度热情，要么过分冷淡

客人一走进展位，参展人员立刻迎上去，紧跟客户，开始介绍，这种贴身盯人法吓得客人转身就走。又或者走向另一个极端，参展人员坐在椅子上一动不动，任客户自己查看展架上的展品，最后客人无趣离开。

正确的做法：在远处就向目光有对视的客人微笑问候，等客人走进展位后，也不急着推销产品，而是礼貌地说："How are you doing? My name is ×××, the sales representative. Call me if you need any assistance. I will be around."（您好，我叫×××，是销售代表。如果您需要帮助，请随时喊我。我会一直在附近。）这样既不过分紧迫，也不冷淡。

18.闲聊

展会上人气较差的时候，参展人员要么三三两两聚在一起聊天，要么坐在展台前玩手机，或者干脆背对过道休息；午餐时，直接在展台上吃；谈话时，双手抱臂、抖脚、撇嘴、驼背……这些不适当的举止都会影响客人对你及你的公司的印象，从而阻挡他走进你的展位的脚步。

19.以貌取人

怠慢那些其貌不扬或者穿着打扮不那么"高大上"的客人，招待不周。

20.忽视团队的激励

参展是一件非常辛苦的事情，参展人员往往食不定点，忙起来连水都喝不上一口，身心俱疲。这时候，如果领导再施压，很容易让参展人员产生逆反情绪。

如果条件许可，可以安排参展人员轮流上阵，让参展人员以饱满的精神状态去接待每一位客户；如果实在人手不足，也需要注意参展人员的情绪，通过鼓励、奖励以及一些贴心的小细节来调动参展人员的干劲。

要知道，在展会上，参展人员直接反映了一个公司的精神面貌，当然是越正面越好！

21.展会还没结束，人就走了

明明是下午6点闭馆，结果5点不到你就拿块布把展位"封"起来，然后急急忙忙离开了展馆。不管有没有客人在你离开后再来拜访，你的态度，真的是来做生意的吗？

资料来源　佚名. 参展商展会现场　硬伤太痛［EB/OL］.［2024-12-08］. http://www.31huiyi.com/newslist/article/18374.

问题：阅读以上案例，请你谈谈展会现场应注意哪些问题。

⊙实践训练

与某展会的参展商联系，帮助该参展商在展会上对竞争对手的情况进行调查。

要求：调查内容包括竞争对手的展示手段、销售方式、宣传方式、新产品、新技术、产品质量、产品价格、产品包装、产品性能等，力求真实，并根据调查了解得到的资料为参展商提供一些合理的建议。

案例分析6-1

分析提示

学习评价

本章学习评价表见表6-1。

表6-1   **学习评价表**

学习内容	展期现场工作		
	评价要点	配分	得分
知识掌握	熟悉展期展台业务工作	10分	
	了解展台环境工作	10分	
	掌握展后工作内容	10分	
技能提升	能够在展览会上进行产品销售和市场调研工作	15分	
	能够在展览会结束后有序撤展	15分	
素质养成	具有团队协作精神，提高团队协作能力	20分	
	具有职业素养，树立规范意识	20分	
分数合计		100分	

第 7 章

参展企业营销推广

学习目标

知识目标

- 了解展前客户沟通的必要性。
- 掌握展前客户沟通的方式。
- 了解参展营销推广的方法。
- 掌握展期人员促销的要求。

技能目标

- 能够在展前与客户进行有效沟通。
- 能够在展览会上进行有效的人员促销。

素养目标

- 培养爱岗敬业、遵纪守法、诚实守信的职业道德。
- 遵守契约精神，坚持守正创新，加快建设贸易强国。

知识导图

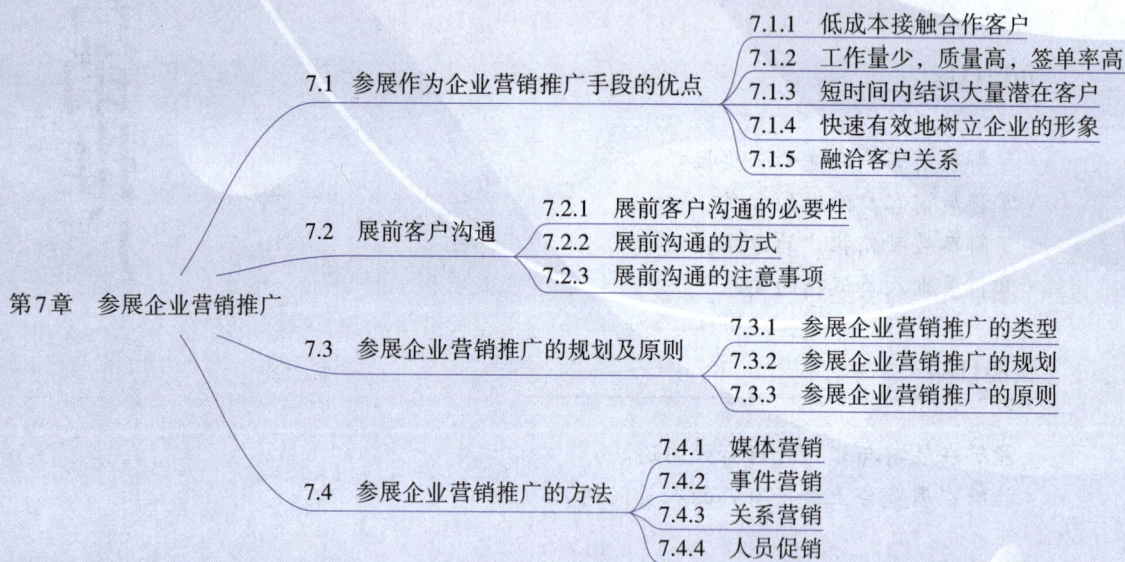

| 引例 | 成功的展会营销 |

2023年6月，北京国际智能家居展览会在国家会议中心隆重举行。智家科技作为参展企业之一，凭借其精心的展位设计、丰富的产品展示和创新的营销策略，成功吸引了大量观众和潜在客户的关注。

1.营销策略

展位设计：智家科技采用开放式展位设计，以白色和灰色为主色调，配备高清显示屏和智能产品演示区，营造出现代感强、科技感十足的展示空间。

产品展示：重点展示最新研发的智能门锁产品，辅以智能照明和安防产品。通过专业人员的现场演示和讲解，让观众亲身体验产品的智能化功能。

现场活动：举办产品发布会和现场互动活动，如抽奖、问答等，吸引观众积极参与。同时，利用社交媒体进行实时报道，扩大展会营销的影响力。

销售优惠：提供展会专属优惠和礼品，刺激现场购买。通过面对面的沟通，收集潜在客户的联系方式，为后续的销售跟进奠定基础。

2.成果

智家科技的品牌知名度显著提升，现场获取的潜在客户联系方式超过预期，达到150个。智能门锁产品销售量远超预期，达到80套。此次参展不仅实现了营销目标，还为后续的市场拓展打下了坚实的基础。

资料来源　超级媒介. 有哪些成功的会展营销案例可以分享［EB/OL］.［2024-11-11］. https://www.163.com/dy/article/JGNOB6J405569AY1.html.

引例点评：在展览会上进行营销推广是知名企业惯用的营销手段，精心策划的展览营销可以吸引众多的观众，能够对参展企业树立良好的市场形象、扩大影响力起到明显的效果。企业在参展时应采取积极的营销手段，争取更好地实现参展目标。

7.1　参展作为企业营销推广手段的优点

市场营销是企业为巩固现有市场、开辟潜在市场而有计划地组织各项经营活动，这些活动旨在满足客户的长期需要，并实现公司的各项目标。为达到此目的，公司必须充分发挥所有市场营销策略的作用。市场营销手段包括产品设计、定价、分销、沟通与促销等，这些手段可使公司对销售市场产生积极影响。

参加展览会是企业营销策略组合中一个重要的沟通与促销手段，也是企业开辟新市场的首选方式。在大型展览会中，参与的人数可能多达数万人，绝大部分是行业内的人士，他们都是抱着一定的购买意向或收集行业资料的目的而来的。企业在这样的场合展示自己的最新产品，将自己有竞争力的价格信息传递给与会人员（市场），对企业实现市场营销目标具有十分重要的意义。一些统计分析表明，市场份额和展览会的参与程度有直接的关系，市场份额超过20%的公司每年参展次数平均是市场份额少于5%的公司的2倍多。与其他市场营销手段相比，它的优点主要体现在以下几个方面：

7.1.1 低成本接触合作客户

公司要接触到合作客户，参加展览会是最有效的方式。据英联邦展览业联合会调查，展览会是最有效的营销中介。通过一般渠道找到一个客户的成本为219英镑，而通过展览会，成本仅为35英镑。

7.1.2 工作量少，质量高，签单率高

在展览会上接触到合作客户后，后续工作量较少，签单率高。调查显示，展览会上接触到的意向客户，企业平均只需要给对方打1.8个电话就可以达成交易。相比之下，平时的典型业务销售方式却需要7.8个电话才能完成。同时，客户因参观展览会而向参展商下的所有订单中，54%的订单不需要个人再跟进拜访。

7.1.3 短时间内结识大量潜在客户

面对面地与潜在客户交流是快速建立稳定的客户关系的重要手段。在短短几天的参展时间里，参展商接触到的潜在意向客户比其6个月甚至1年里能接触到的客户数量还要多。研究显示，以一家参展商摊位上的平均访问量为基数，只有12%的人在展前12个月内接到该公司销售人员的电话；88%为新的潜在客户，而且展会还会为参展商带来高层次的新客户。对参展公司来说，展会上49%的访问者正计划购买该公司的产品和服务。

7.1.4 快速有效地树立企业的形象

展览会为参展商在竞争对手面前展示自身实力提供了机会。通过训练有素的展台职员、积极的展前和展中促销、引人入胜的展台设计，参展公司的竞争力可以变得光芒四射。而且，展览会的参观者还会利用这个机会对各个参展商进行比较。因此，展览会是一个让参展商展示自身形象和实力的好平台。

行业广角7-1

展会宣传推广：激活市场潜力，塑造品牌形象

7.1.5 融洽客户关系

知名的展览会一般会吸引众多专业观展商反复前来观展，人气较旺。平常的业务活动一般是通过电话、微信、QQ、传真、电子邮件与客户进行联系，很难有见面的机会。因此，企业展前向老客户发出邀请，老客户一般也愿意前来。在展览会上，双方都可以暂时把繁杂的工作事务放下，进行面对面的交流、沟通，进一步增进双方的了解，融洽彼此的关系，对建立和稳定销售渠道具有重要作用。

7.2 展前客户沟通

展前客户沟通主要是将企业将要参加某个展览会的消息传递给目标客户，并邀请目标客户到展位前参观、接洽。吸引和邀请参观者拜访是参展前最重要的筹备活动之一。

7.2.1　展前客户沟通的必要性

参展企业参展的效果与光顾自己展位的人数成正比。在参展前营造一定的声势、进行展前客户沟通，对吸引观众、实现参展目的有极大的帮助。

1）增加展位观众人数

据调查，观展商参观那些曾经在展前寄发过邀请函的参展公司，比参观其他公司的展位机会多4倍。可见，展前做好宣传对增加展位参观人数十分有效。

2）促进成交

展览会上竞争激烈，生产同类同质产品的企业比比皆是，要争取客户、获得订单很不容易。在展前加强与目标客户的沟通、联系，并诚挚地发出邀请，会使接到邀请函的客户认为得到了参展商的认可和重视，这在一定程度上满足了客户获得尊重的心理需要，客户往往会用订单来作为获得尊重的回报。

3）提高参展企业的知名度

展前沟通工作做得好，一方面，客户会认为这是企业营销管理能力强、管理者素质高的一个表现，参展企业在公众心目中的形象自然会得到提升；另一方面，展前良好的沟通可以吸引客户不断前来捧场，而展台前人气旺盛相应地也会带动参展人员情绪高涨，从而不断引来展览会现场其他参展商羡慕的目光，提高本企业在同行和展览会中的知名度。

7.2.2　展前沟通的方式

参展商展前沟通的方式可分为选择性沟通和一般性沟通。

1）选择性沟通

选择性沟通是指选择参展企业认为重要的或希望其前来进行业务接洽的客户进行直接沟通，让对方清楚地了解参展商展出活动的详细情况的做法。选择性沟通的方式有：

（1）将邀请函直接邮寄给特定目标群体（决策人、政府官员、意见领袖等）。邀请函的格式如下：

尊敬的　　　先生（女士）：

您好！

非常感谢您对我们公司长期以来的大力支持，值此　　　　　到来之际，我们在此真诚地期盼您的参观，恭候您的到来。

展会日期：　　年　月　日

展会时间：

展会地址：

展位号：

希望您能给我们提供一些好的参考和建议，我们的成长与发展离不开每一个客户的指导与关怀。谢谢！

敬请光临！

（2）电话沟通。对于关系密切、经常电话联系的客户，参展商在展前与客户的业务电话联系中可以将参展信息告知客户，通知其前来观展。展会即将开始前应该再次提醒，以免对方因为各种原因耽误。

（3）以传真或电子邮件方式告知参展活动基本情况并邀请客户前来洽谈业务。

2）一般性沟通

一般性沟通是通过各种大众媒体告知一般观众参展企业展出活动的做法。一般性沟通的方式有：

（1）在会刊/参展商光盘里投放广告。几乎所有的展会的主办机构都会发行含参展企业名单的会刊或光盘。参展商可以在这些出版物里做广告，让广告受众了解本企业的参展情况。

（2）在专门的行业出版物上做广告。有时这些出版物会发行关于展会的特刊，这给参展商做广告提供了可能性。此外，在公共区域如机场、火车站或场馆的进入通道投放广告，也是非常有效的。

（3）互联网。参展商可以在公司网站主页或者在展会及其他相关网站上投放网络广告来告知和推广其参展活动。

▶ 会展案例7-1

参展商网上发布客户邀请函和展位图

目前，参展商通过网络来加强宣传和进行信息沟通已经越来越普遍，图7-1和图7-2分别为某参展商在网上发布的参展邀请函和展位图。

图7-1参展商在网上发布的参展邀请函

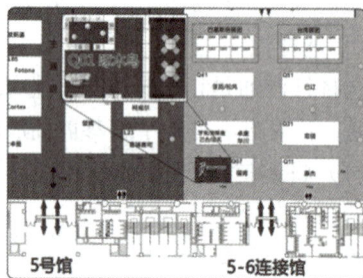

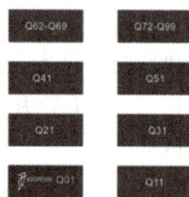

图7-2　参展商在网上发布的展位图

资料来源　根据桂林市啄木鸟医疗器械有限公司网站资料整理。

案例点评：展前在公司网站上发布客户邀请，可以针对参展商的具体展位采用图示方式进行标注，使客户一目了然。

7.2.3　展前沟通的注意事项

参展商是否要向全部的目标客户发出邀请呢？这需要进行分类研究、区别对待。客户按照与参展商的关系程度可分为四类：

第一类：关系很好，相互信任度很高，合作时间很长的A类客户。

第二类：关系一般，有一定的业务往来，但与自己的竞争者也保持业务关系的B类客户。

第三类：刚建立业务关系或关系尚处于发展阶段，对其忠诚度难以确定，关系还不太稳定，而且自己身边的竞争者与其还没有业务关系的C类客户。

第四类：相互认识，但没有业务交往的潜在目标客户，即D类客户。

以上四类客户中，应该向A类、B类、D类发出邀请，邀其前来（展览会）进行业务交流。特别是D类客户，他们是企业扩大贸易规模的希望所在，应该积极地争取；C类客户则不要邀请，因为这类客户是企业的保密类客户，邀请其前来参观展览存在被其他竞争者抢走的危险。

7.3　参展企业营销推广的规划及原则

参展企业营销推广是参展企业为了实现参展目的而有针对性地举行的宣传推广活动，这些宣传推广活动是围绕着参展的基本策略和目标而展开的。制定营销推广策略时应考虑：营销推广的出发点、主题、亮点，如何突出参展商的个性化特色，如何从客户角度出发，处处体现出客户利益。

7.3.1　参展企业营销推广的类型

根据参展目标，参展营销推广的类型可以分为以下五种：

（1）认知型营销推广。其主要目的是使受众全面深入地了解参展商，提高对参展商的认知度。宣传推广的重点是企业的发展现状、经营管理等较详细的内容。

（2）显露型营销推广。其以迅速提高参展企业的知名度为目的，宣传推广的重点是企业的名称、产品品牌等简单明了、便于记忆的参展商信息。

（3）竞争型营销推广。其主要目的是与竞争对手展开竞争或进行防御，宣传推广采取与竞争对手针锋相对的策略，是一种针对性很强的宣传推广活动。

（4）促销型营销推广。其主要目的是在展会期间推动参展企业产品的销售或招揽更多的观众到展台前参观洽谈，宣传重点是客户所关心的主要问题。

（5）形象型营销推广。其主要目的是扩大参展企业的社会影响，树立参展商的良好形象。营销推广的重点是追求目标客户对企业形象的认同，积极与他们进行信息和情感的沟通，增强对参展企业的信任度和忠诚度。

7.3.2 参展企业营销推广的规划

参展企业在进行营销推广规划时，需要做好以下四个方面的工作：

（1）界定时间跨度。确定宣传推广的时间范围，从何时起到何时止。参展宣传推广要走在实际展出时间的前面，要为展出造势、造知名度，宣传推广在时间上要连贯。

（2）界定地域。明确宣传推广活动传播的地域范围，要在有潜在客户的地方进行宣传。

（3）界定目标受众。明确宣传推广活动主要针对哪些人。

（4）性质描述。明确宣传推广的主要目的和重点内容，用什么方式将其准确形象地表达出来并传递给目标受众。

7.3.3 参展企业营销推广的原则

从本质上看，参展企业营销推广的重点不在于宣传展会活动本身，而在于宣传推广本企业的各种产品和服务。参展企业在宣传推广时应坚持如下基本原则：

（1）形象性。宣传推广的形式要生动活泼，表现方式要有感染力，能吸引受众的注意，并能激发客户的需求欲望。

（2）真实性。信誉的建立在于企业能遵守承诺，企业进行宣传应做到实事求是，不能夸大其词使客户产生过高的期望。

（3）一致性。在进行宣传策划时，企业标志、商标、字体、色调、画面、风格要基本保持一致，要给客户留下深刻的印象。

（4）通俗性。使用行业和客户熟悉的语言，不要用太抽象的描绘影响客户对企业及其产品的认识和理解，也不要用一些模糊的语言误导客户。

会展链接7-1 ◀

广交会馆内宣传品管理规定

1. 总则

（1）为维护广交会的声誉和权益，规范广交会馆内宣传品发放秩序，根据《中华人民共和国著作权法》《中华人民共和国商标法》《中华人民共和国广告法》等国家有关法律法规和商务部相关要求制定本规定。

（2）广交会馆内宣传品，特指广交会宣传品、广交会参展企业宣传品和广交会驻会商务单位宣传品。

（3）广交会各部门、各参展单位、各宣传品服务单位应遵守本规定。

（4）广交会新闻中心对广交会宣传品发放行使管理职能，包括实施审核和监管，并对违规行为进行处分。

2.广交会宣传品

（1）广交会宣传品，是指经广交会批准，广交会开幕期间在广交会展馆内由新闻中心统一安排发放，以宣传国家商务政策、广交会、参展企业和参展商品为主要内容，直接为参展商和采购商服务的印刷品、电子出版物及其他用于宣传的信息载体。

广交会宣传品分为三类：

①广交会授权印制的宣传品，包括《广交会通讯》《广交会会刊》《参展商名录》《展区指南和导向图》等直接为大会服务的宣传品；

②各进出口商会、外商投资企业协会的广交会专刊（每个单位限一本）；

③经广交会批准进馆发放的商务部直属单位宣传品以及全国性外经贸类报纸、杂志或其他宣传品（每个单位限一种）。

除上述三类外，其他任何宣传资料均不具备广交会宣传品资格。

（2）未经广交会许可，任何单位或个人不得擅自以中国进出口商品交易会（广交会）名义征集文稿和广告；不得在任何宣传品上使用"中国进出口商品交易会""广交会"中英文字样（包括简写体）和广交会LOGO；不得在任何宣传品上使用可能对广交会声誉和形象造成不良影响的字样和标志；不得采取与中国进出口商品交易会（含广交会各办）或中国对外贸易中心联合或合作名义编印、发放宣传品。

（3）广交会宣传品应标明宣传品和编印单位名称。所选用文稿、图片，以及涉及广告、专利、版权等内容，必须符合国家有关规定。如发现任何违法违规行为，由编印单位承担全部责任。宣传品主办单位应立足为参展企业和采购商提供信息咨询服务，严格控制营利性广告篇幅。

（4）广交会宣传品（样刊）应在当届广交会开幕前一个月（即3/9月15日前）报广交会新闻中心审批，审批当届有效。其中的第一类宣传品内容由广交会新闻中心审核；第二、三类宣传品内容由编印单位自行按本规定要求严格审核后，填写发放申报表，签订遵守相关管理规定的保证书，连同样刊在当届广交会开幕前一个月报送广交会新闻中心审核。审核通过后方能在当届广交会印制发放。

（5）广交会宣传品由广交会新闻中心安排在指定发放地点供采购商和参展商自愿免费领取，不得售卖和强行派发。各进出口商会、外商投资企业协会的宣传品仅限于在本会办公室和会员企业展位发放；各交易团的宣传品仅限于在本团办公室和本团所属企业展位发放。

（6）广交会新闻中心有权对广交会宣传品的质量、内容进行检查，对有下列情况之一的宣传品，一经发现，即予取缔：

①违反本规定擅自对外发放宣传品；

②超出指定的宣传品发放区域；

③编印单位申报不实，虚报、假报；

④出现严重知识产权侵权行为；

⑤出现其他违法违规行为。

（7）广交会宣传品在每届广交会对外发放的数量不少于8 000册，编印单位须在广交会开幕前交纳发放工本费（每种10 000元人民币/届）。否则，其下一届的进馆发放资格将被自动取消。

（8）外贸中心的展会招商宣传资料，归入新闻中心统一管理，具体办法参照广交会宣传品有关规定执行。

（9）广交会休会期间，相关工作由外贸中心办公室负责。

3.广交会参展企业宣传品

广交会参展企业宣传品，是指广交会进口展区、出口展区参展企业自备的企业介绍、产品目录或宣传单张等，内容仅限于介绍本企业和本届参展的产品，仅限于在本企业展位内派发。

未经广交会许可，企业在参展期间不得在展览场地，以任何形式陈列、展示其他展览会或电子商务网站的资料；不得为该展览会或网站进行任何形式的宣传活动。

各交易团按大会有关规定对出口展区参展企业的宣传品行使管理职能。

4.广交会驻会商务单位、中央天桥服务商柜台宣传品

广交会驻会商务单位、中央天桥服务商柜台宣传品，是指经批准进入广交会的商务单位，用于介绍本单位以及专门为广交会参展商或采购商提供业务服务的宣传资料。

驻会商务单位、中央天桥服务商柜台宣传品仅限于在本单位服务点范围内发放。外贸中心广交会工作处、客服中心展馆销售部对驻会商务单位宣传品行使管理职能。

5.违规处罚

宣传品所属单位人员超越其固定区域发放、或擅自派发未经审批的宣传品，一经证实，大会将予以劝阻、没收资料和证件等处罚。对情节严重或屡教不改者，广交会保卫办将会同其他管理部门做出清场处罚。

6.检查和处理

对上述各类馆内宣传品管理，除广交会新闻中心实施监管外，广交会现场服务指挥部大会检查组有权对馆内宣传品发放情况进行检查，并依据第5条规定对违规单位做出处理。

7.附则

（1）本规定由广交会新闻中心负责解释。

（2）本规定自2013年2月1日起施行。2011年7月15日发布的《广交会馆内宣传品管理规定》同时废止。

资料来源　中国进出口商品交易会．广交会馆内宣传品管理规定［EB/OL］．［2022-03-10］．https://www.cantonfair.org.cn/zh-CN/pages/%E5%B9%BF%E4%BA%A4%E4%BC%9A%E9%A6%86%E5%86%85%E5%AE%　A3%E4%BC%　A0%E5%93%81%E7%AE%　A1%E7%90%86%E8%A7%84%E5%AE%9A.

7.4　参展企业营销推广的方法

7.4.1　媒体营销

媒体营销是通过报刊、电视、互联网等媒体进行宣传推广，实现企业营销目标的一种手段。

（1）召开新闻发布会。新闻发布会可以在展厅里举行，也可以在会展中心租用一个房间来举行，如果有必要的话，也可以在展馆以外的场地举行。要注意公布的资料要简明扼要，突出客户的利益，并方便新闻媒体把握重点。在筹划新闻发布会时，要注意以下问题：

① 主体的新闻价值；

② 有回答问题的发言人或代表；

③ 合适的日期和时间；

④ 及时发出附带回执的邀请信；

⑤ 预订会议室和有关设备；

⑥ 准备全套新闻资料；

⑦ 言简意赅的发言材料；

⑧ 问答环节安排；

⑨ 根据时间安排适当的茶点。

（2）展出前，在专业和大众报刊上做广告，以吸引专业观众的注意；展期内，选择当地发行量大的报纸和展会组织者每天编辑的展览快讯进行宣传报道。

（3）展览会组委会往往提供参展的宣传推广方案，并印制和发放展览会的宣传资料，对展场的宣传品也有相关的规定，参展商可通过向组委会订购促销广告，进行参展宣传推广。

（4）在网上宣传推广。在知名度较高的展会网站上发布企业以及产品信息（如中展网等），只要定期维护更新一下，就可以让企业及产品排名靠前，赢取更多的商机。

会展链接7-2 ◀

2024年上海进博会参展商如何做好媒体邀约

作为国际顶级展会，上海进博会不仅是展示优质产品和服务的平台，更是参展商推广品牌、扩大市场影响力的绝佳机会。要在这场全球瞩目的盛会上脱颖而出，参展商需要精心策划媒体邀约工作，通过强有力的媒体报道实现品牌宣传的最大化。那么，如何在进博会上做好媒体邀约呢？以下是一些关键策略和注意事项。

1.了解上海的媒体生态

在准备媒体邀约之前，参展商首先需要深入了解上海的媒体生态。上海作为中国的经济和媒体中心，拥有多元化的媒体资源，涵盖电视、报纸、网络媒体和视频平台等各类渠道。

（1）电视媒体。上海的电视媒体如东方卫视、新闻综合频道、纪实频道等，拥有广泛的观众群体，能够提供高权威性和影响力的报道，是企业宣传的重头戏。

（2）报纸媒体。报纸如《文汇报》《解放日报》《新民晚报》等，是上海传统媒体的重要力量。这些报纸在市民和商业群体中有着深厚的读者基础，适合做深入报道和品牌形象塑造。

（3）网络媒体。澎湃新闻、东方网等网络媒体以其迅捷的传播能力和广泛的覆盖面，能够迅速扩大品牌的曝光度，特别是在年轻受众群体中。

（4）视频平台。如腾讯视频、爱奇艺、优酷等视频平台，适合进行视频内容传播和现场直播。通过这些平台，品牌能够以更生动的方式与受众互动，增强宣传效果。

2.明确媒体邀约的目标

在制订媒体邀约计划时，参展商需要明确媒体邀约的具体目标，这将有助于选择合适的媒体，并制定相应的策略。常见的媒体邀约目标包括：

（1）提升品牌知名度。如果品牌希望通过进博会提升其在国内外市场的知名度，可以重点邀约覆盖范围广泛、影响力强的电视和网络媒体。

（2）增强品牌公信力。对于希望通过进博会树立专业和权威形象的品牌，可以邀请报纸媒体和行业权威媒体，借助其公信力为品牌背书。

（3）与目标受众互动。如果品牌希望与特定的受众群体进行更深入的互动，如年轻消费者或技术爱好者，则可以利用视频平台和社交媒体，进行直播、短视频推广等形式的传播。

3.制订详细的媒体邀约计划

一个成功的媒体邀约计划需要考虑以下几个方面：

（1）媒体名单的选择。根据品牌的宣传目标，确定需要邀请的媒体名单。确保覆盖不同类型的媒体，以实现宣传效果的最大化。参展商应关注媒体的受众群体、报道风格和影响力，确保选择的媒体能够有效传递品牌信息。

（2）提前沟通与邀约。媒体邀约需要提前进行，特别是在进博会这种大规模活动中，媒体资源非常紧张。参展商应至少提前一个月与目标媒体联系，发送正式的邀请函，并跟进确认媒体的出席情况。

（3）定制化媒体服务。为了确保媒体能够高效报道，参展商应为其提供一站式的服务支持，如专门的媒体接待区、采访安排、新闻发布会等。同时，准备详细的媒体资料包，包括品牌背景、产品信息、新闻稿和图片等。

4.媒体邀约的执行技巧

在具体执行媒体邀约时，参展商需要注意以下技巧：

（1）突出新闻价值。媒体选择报道内容时，通常会考虑其新闻价值。参展商在与媒体沟通时，应明确展示活动的亮点和独特性，如新品发布、重大合作签约、重量级嘉宾出席等，以吸引媒体的兴趣。

（2）提供独家采访机会。独家报道和采访机会是吸引媒体参与的有效方式。参展商可以安排高层管理人员接受媒体采访，或者提供一些未公开的品牌信息，提升报道的独特性。

（3）关注互动和体验。在媒体邀约过程中，参展商可以设计一些互动环节或体验活动，增强媒体的参与感。现场体验、产品演示和消费者互动等活动，能够让媒体获得更多生动的报道素材。

（4）关注现场报道效果。活动当天，参展商应安排专人协助媒体进行报道，确保他们能够顺利采访和获取相关资料。同时，现场可以安排专人进行直播和社交媒体互动，进一步扩大宣传效果。

5.活动后的跟进与关系维护

进博会结束后，参展商还需做好媒体报道的跟进工作：

（1）跟踪报道成果。及时收集和整理媒体的报道成果，包括文章、视频和社交媒体内容。分析这些报道的覆盖范围、受众反应等，为后续的品牌宣传提供参考。

（2）感谢与反馈。对于参与报道的媒体和记者，参展商应表达感谢，并提供正面的反馈。这不仅有助于巩固关系，还为未来的合作打下基础。

（3）持续关系维护。与媒体建立长期的合作关系非常重要。参展商可以在未来的品牌活动中，继续邀请这些媒体参与报道，形成稳定的合作网络。

资料来源　媒体管家. 2024年上海进博会参展商如何做好媒体邀约？[EB/OL]. [2024-08-09]. http://meitiyaoqing.cn/details.php?cid=4&id=135513.

> **会展案例7-2**

第七届中国国际进口食品及饮品博览会企业宣传推广机会说明

名称：第七届中国国际进口食品及饮品博览会

时间：6月21—23日

地点：北京·全国农业展览馆（北京市朝阳区东三环6号）

•这里是全球食品企业进入中国的窗口

•这里是全球食品企业分享收获的盛典

•这里是全球食品企业形象展示的舞台

展前的宣传机会/Before the Show

1.展前特刊/Special Issue

2.展前预览/Show Preview

3.参观券广告/Invitation Advertisement

4.展会官方网站形象宣传/Image Promotion on the Official Website

5.网站在线宣传/Website Advertisement

6.杂志宣传/Magazine Advertisement

展会期间的宣传机会/During the Show

7.晚宴赞助/Banquet Sponsor

8.会刊广告/Show Directory Advertisement

9.参展商技术交流会/Exhibitor Technical Seminar

10.参观指南/Visitor Guide

11.展馆广告/Onsite Banner

12.展会日报广告/Daily Advertisement

13.电子卡独家赞助/Electronic Card（Exclusive）

14.观众登记处/Visitor Registration

15.展位指示牌/Direction Board

16.地面向导/Ground Guide

17.礼品赞助/Gift Sponsorship

18.吊带/Lanyard

19.手提袋/Visitor Bag

案例点评：展会组织者会利用展览会的知名度给参展企业提供宣传推广的机会，参展企业可根据自身的需要进行选择。

7.4.2　事件营销

在大型展览会上不失时机地制造一些可以提高企业声誉的事件，能够吸引参展观众的注意力，引起媒体的关注，使企业或企业的产品随着事件的传播得以提高其影响力和知名度，从而达到参展的目的。

▶ **会展案例7-3**

茅台酒瓶碎惊万国

美国政府为重振旧金山市民的信心和重塑美国的国际形象，决定于1915年在重建中的旧金山召开"庆祝巴拿马运河开航太平洋万国博览会"。博览会的主题是：交流人类知识，促进世界文明进步。当时，刚刚成立的中华民国政府也收到了美国政府的邀请书。在征集产品时，"成义""荣和"两家烧坊都将产品送展，当时的农商部官员将送展品牌由"华茅""王茅"合并为"茅台酒"，将"烧坊出品"一概改为"茅台造酒公司出品"，茅台酒才得以越过千山万水，来到旧金山。1915年2月20日中午12时，巴拿马博览会如期开幕。博览会设置了评审机构对参展商品进行评奖。中国茅台酒在农业馆内展出，圆形、小口、黄色陶质釉器包装的茅台酒由于包装土气，并未引起特别注意。同年8月，评审工作接近尾声，眼看茅台酒评奖无望。有位官员急中生智，故意随手一碰，一瓶茅台酒"啪"一下摔到了地上。霎时间，满室香气四溢，浓郁的酒香由此引起了各国评委们的高度关注。经各国评酒专家品尝，高级评审委员会评定，茅台酒终于获奖。

资料来源　李金顺. 茅台酒瓶碎惊万国［J］. 文史天地，2007（3）.

案例点评：这是事件营销的成功案例。在展会上制造一些引起轰动的新闻事件，可以利用展会观众众多、事件传播速度快的特点，帮助企业迅速提高知名度。

7.4.3 关系营销

关系营销是通过在展会上举办一些活动增进与客户的感情交流，树立企业在公众中的良好形象，提高企业知名度，扩大影响的一种营销手段。参展商公关策划的秘诀就在于抓住情感诉求点，以感情投资为信誉，乐善好施、以情动人，即古代兵法中所谓的"攻心为上"。比如，在摄影设备展上，参展商就可以免费为观众拍摄照片，在现场将照片制作成杂志封面赠送给观众，不但能吸引不少幻想成为封面人物的观众，也一定能引起媒体的兴趣。在展览会上，关系营销主要采取以下方法：

（1）派送礼品。把礼品作为一种"酬谢"赠送给那些和公司代表交谈或留下名片的客户，表示友好和联络感情。这既可以拉近与客户的距离，增进感情，使双方易于沟通，同时礼品上往往印有参展商的标志，又可以强化参展企业在客户心目中的印象。精心选择的礼品会给企业的展位带来活力，有助于品牌认知度的建立和招徕更多的潜在目标客户。礼品要有个性，这样才能走进客户的心里；还要注意所选用的礼品的数量和质量，高质量的礼品会给与会者留下深刻的印象，数量上则要根据观众情况做充足的准备。礼品的形式选择可以多样化，如包装袋、日历、纪念品、优惠券等。

同时，还应该特别注意礼品的派送方式。要营造礼品稀缺的氛围，以激活礼品的生命力，提高客户对它的价值认同感。不要让参观者随意拿取礼品，而应该把它作为一种"酬谢"赠送给那些和公司代表交谈或留下名片、填写客户信息、观看产品演示的专业观众，或者通过设计游戏、抽奖活动、调查问卷等方式派送礼品。总而言之，创新运用各种奖励方法，能够事半功倍，为你的展位吸引更多的注意力。

（2）赞助活动。在展会举办期间，主办机构会组织各类活动，以使展会灵动起来，锦上添花。参展企业可以根据需求与展会主办机构事先共同设计一些个性化的赞助活动，增加公司的曝光机会，提升自身形象。

（3）明星效应。在展会上，可以请一些体育明星、影视明星、歌星、业界知名人士等作为亲善大使来展台观展助威，为企业进行宣传，利用明星的示范效应和大众的追星心理，拉近企业与消费者的距离，提高企业在消费者心目中的形象。

（4）展会宴请。展览会为企业的经销商提供了难得的相聚机会，参展商在展览会期间可以通过举办宴会来感谢经销商的大力支持。对于新客户和潜在目标客户，参展商应分别宴请，以加深了解，促进感情。

会展链接7-3

如何让派发的物品成为"抢手货"

展会过程中所派发的物品不外乎宣传册、礼品袋等印刷品，以及文具和其他小礼品，如何让这些常见的展会派发品成为参观者眼中的"抢手货"？需要我们在构思和设计上多下功夫，下面列举一些简单的例子以供参考。

宣传单张——也叫 DM 单页，这是展会过程中企业向参观者派发最多的资料之一，一般都是 16 开大小，上面印有简单的企业产品和服务介绍。但仅仅一张简单的铜版纸印刷的宣传单页，是很难让大家提起兴致的，除非这个单页的内容是受众非常关注的。当众多参展商的宣传单页都雷同时，我们何不换个思路，跳出传统的圈子，把宣传单页画面变得精美一些，做得特殊一些？笔者曾经收集过一些比较特殊的宣传单页，如日本一家面料企业将宣传信息印在了一块眼镜布的背面，这对戴眼镜的人非常实用；还有一些企业将自己的宣传单页印成精美的台历，这让办公一族非常乐意保留。

宣传画册——也可以称为企业样本或品牌画册，这是展会宣传派发资料中的"重头戏"。宣传画册一般都会反映出企业的综合实力和生产经营情况，信息范围相对于宣传单张也宽泛一些。针对宣传画册的设计，我们则建议"稳重一些"，毕竟这本画册还承载着企业和品牌的形象，应尽可能以图文并茂的形式进行介绍，画面的精美和印刷纸张的高要求也必不可少。很多参观者在拿到一些参展商精美的画册之后，即便还没有采购的打算，但感觉拿回去也很有保存价值，以便以后查阅资料时使用。不过，宣传画册在形式上也并不是一成不变的，一些富有创意的画册在开本、工艺和装订方式等方面体现出了非常强烈的个性。例如，有的服装品牌将画册印成精美的明信片，正面是漂亮的产品照片，背面印着企业和品牌介绍，这样的明信片不但易于收藏，同时如果将明信片寄送出去，对企业也是非常好的宣传。

礼品包袋——这是参展商为参观者提供的最常见的免费礼品之一。既然是礼品，就要送得体面、实用。首先，礼品袋做工必须精致，如果是单调的画面印上企业名称和标志，很难让人多看几眼；而当参观者乐于拎着一个品牌的礼品袋时，也就等于给品牌在做免费宣传。其次，礼品袋的材质和质量要有保证。一些轻质材料制成的礼品袋，看着挺漂亮，但拎不了多少东西就露底儿了；有的拎手部分以硬质塑料制成，虽然很结实，但拎时间长了手会不舒服；还有一些礼品袋为了外观大气，越做越大，虽然可以装很多东西，但超常规尺寸的袋子携带起来总是一件麻烦事，所以这样的礼品袋都是不可取的。笔者有一个高档皮具企业制作的礼品袋，画面是非常时尚的产品照片，而且袋子的质地和做工非常好，经常用来装资料，用了两年都没有坏，像这样的礼品袋，任何一个拿到手的人都没有舍弃的理由。

纪念礼品——在展会上派发小礼品、小纪念品已经不是什么新鲜事了，纪念笔、便签本、透明小胶盒、台历日历、拼图、钥匙扣等屡见不鲜，不过派发这些小礼品和小纪念品也有大学问。首先，小礼品不一定是越贵越好，具有一定功能性才会大大提高它在日后的出现率，如立体台历、拼图相框、漂亮的鼠标垫等，放在办公桌上既是装饰品，又可以满足一定的日常实用需求，与此同时也保证了企业信息在很长一段时间内被保留着。其次，这些小礼品也需要好的做工和质量，特别是常用的纪念笔、便签本类文具礼品；否则，让参观者拿到一支写不出字的纪念笔，将是一件很尴尬的事情。最后，企业不要仅从礼品公司提供的样本中挑选小礼品再加上企业信息，其实常见的小礼品也可以有独特的创意，曾经有一个专做辅料的企业将流苏花边做成吊缀挂在钥匙扣上并附上企业名牌，这样既展示了产品，又与其他企业的小礼品拉开了距离，同时也降低了小礼品的成本，可谓一举三得。

资料来源 吴皓. 展会礼品："精准"和"精美"同样重要 [J]. 现代营销（经营版），2008（7）.

课堂互动7-1

以某一个展会为例，假如你是参展企业，你可以采取哪些方法，以做好营销推广工作呢？

7.4.4 人员促销

展台人员在展期的促销是参展成功与否的关键，它通过与客户的直接沟通达成交易或合作意向。由于这种形式具有直面性（直接面对客户）、双向性（企业的信息和客户的信息进行双向的传递）和因人而异（通过观察客户的反应捕捉商机）等特点，因此具有其他促销手段无法比拟的优势。参展商能否达到预期参展目标，关键要看参展人员在展期内能否成功地通过现场与客户沟通、促销唤起客户的购买欲望，使客户愿意与参展商进行合作。展期人员促销在企业参展活动中的作用就相当于足球场上的临门一脚，参展的所有工作都是围绕着展期通过人员促销最终成功与客户建立业务关系这个目的而展开的。

展期参展人员促销的作用主要体现在以下三个方面：

第一，双向信息传递。一方面，参展人员向客户传递有关产品特性、用途、使用方法、价格等方面的信息；另一方面，参展人员又将顾客对产品性能、规格、质量、价格、交货时间等的要求及时反馈给企业。

第二，及时促成购买，缩短购买时间。参展人员通过现场促销，可以大大缩短做出购买决策的时间。在参展人员面对面的讲解说明下，客户的疑问能够即刻得到解决。特别是参展人员可根据每位潜在客户购买动机、要求和问题的不同，随时调整自己的策略和方法，有针对性地进行推销，以促使顾客尽早做出购买决定或达成合作意向。

第三，便于发展新客户。一些潜在的客户为了扩大业务规模、范围，疏通供货渠道，或者降低成本，获得质量更好的产品，往往通过参加一些知名的展览会寻找理想的合作伙伴。参展人员通过展览会可获得与这类客户现场接触的机会，并通过现场展示和人员促销，使新客户对参展商从相互不认识到产生兴趣，再到进一步深入了解、产生信任和合作意向，最终做出购买决定。

展台人员促销的特点是在很小的空间、很短的时间内，接待大量的参观者，向参观者推销，与参观者进行贸易洽谈等。这需要展台人员有较高的工作积极性、技巧和经验。

展台人员在促销时应做到：注重形象与言行举止；与目标客户进行有效沟通；正确识别目标客户并促成交易或合作意向。

1）注重参展人员的形象和言行举止

展台人员应当保持良好的精神状态，态度友善，主动接触对展台和展品表现出兴趣的参观者，使参观者有受欢迎之感。交谈过程中，展台人员应保持清醒的头脑，注意交流的方向和内容，始终牢记展览的目的。同时，言谈措辞要简洁、直接、实际。通过交谈迅速判定参观者的身份和价值，在授权范围内尽量深入交谈，介绍公司、推销产品，引导、激发客户的购买兴趣。如果有可能，就进入实质性的贸易洽谈阶段，争取签约成交。如果是重要的潜在客户或是重要的合同，即使到了闭馆时间，仍应设法与其继续洽谈，争取签约或取得阶段性成果。

在展览会上，直接面对客户的参展人员的外在形象及内在素质的展示是对企业的一种宣传，因此参展人员在展会上要表现出对企业的热爱和对客户的热情，以树立企业的良好形象。任何一个参展人员都是代表企业面对客户，员工的素质反映着企业文化，个人的行为举止影响企业在客户心目中的形象，文明得体的言谈举止和良好的个人形象能给客户留下美好的印象，有助于争取到客户并获得交易的成功。所有参展人员都应注意自身形象，穿戴整齐，精力集中，面对客户时做到彬彬有礼、热情好客、不卑不亢，在接待客户过程中表现出应有的专业素质和文化修养。

参展人员在展台上特别要注意以下行为：

（1）不应在展台上看闲书与报刊、手机。应充分把握机会引起客户对企业与产品的注意，吸引买家与专业观众停下来，针对企业与产品进行咨询，精神饱满地回答有关问题，提升他们的信心。如果你在看报纸或杂志、手机，机会也会因此从你身边流失。

（2）展会上应杜绝随意吃喝现象。这种邋遢和事不关己的表现会使所有潜在客户对参展企业产生极差的印象，继而影响他们对参展商的企业文化、管理水平、员工素质、产品质量的评估，导致对企业与产品的不信任。

（3）耐心解答参观者提出的问题，竭力避免怠慢潜在客户的行为。谁都不喜欢被怠慢，如你工作正忙，不妨先与客户打个招呼或让他加入你们的交谈中。如你在与参展伙伴或隔壁展位的人谈话，此时应自觉立即停止。

（4）积极对待每一位参观者，不要以貌取人。展览会上唯一要注重仪表的是参展单位的工作人员，客户可以按自己的意愿穿得随便些，如牛仔裤、运动衫，客户的穿着与参展的效果没有直接影响。

（5）在展位上应营造一种温馨、开放、吸引人的氛围，不要形成与两个或更多参展伙伴或其他非潜在客户群聚、闲聊的气氛，使走近展位的买家与参观者感到无所适从。

（6）要热情地宣传自己的企业和产品，宣传时要做到感染力与满腔热情并存。在买家与参观者看来，你就代表着你的企业，你的言行举止和神情都会对其认识你的企业产生极大的影响。

（7）参展期间，要注意打电话的方式与时间。不恰当的电话会相应地减少与潜在客户交流的时间，从而直接影响企业在展会上的业务目标。

（8）参展期间，除与客户洽谈商务外，应坚持站立参展。展览会期间坐在展位上，你会给买家与参观者留下不想被人打扰的印象。买家与参观者产生这种印象后，就会感觉你对潜在客户不够重视与热情。此外，不要站在挡路的地方，在客户目光转向本企业展台时，要注意避让，以免遮挡客户的视线，影响客户对展台的关注和观察。

（9）不要恶意贬低竞争对手，以免客户误认为你采用不光彩的手段与同行竞争，怀疑你的品行；要用企业自身的实力和周到的服务去赢得客户。

会展链接7-4

与外国客户打交道"八戒"须牢记

一戒：问年龄。西方人的年龄是保密的，特别是24岁以后绝不会谈论自己的年龄。

二戒：问财物。一个人的收入和随身所带的财物都与个人的能力、地位、脸面等有关。

三戒：问婚姻。这属于个人隐私，让一位年龄较大的外宾交代自己尚未婚配并不是件愉快的事情。

四戒：问住址。西方人认为给人留下住址，就得请对方到家里做客。西方人是不喜欢随便请人到家里做客的。

五戒：问经历。这是对方的"老底"，也是商业秘密，西方人是不会轻易让人摸到自己的底牌的。外宾认为这是不友好的盘问，是干涉自己的私生活。

六戒：问信仰。政治见解和宗教信仰都是非常严肃的事情。

七戒：问行踪。

八戒：问吃饭与否。

资料来源 许召元. 推销员必备全书 选择推销是你获得巨大成功的开始 [M]. 呼和浩特：远方出版社，2008.

2）与目标客户进行有效的沟通

参展人员在展台与目标客户进行有效沟通非常关键，因为人们的购买行为往往建立在良好的人际关系和充分信任的基础上，这种人际关系和信任只有经过双方深入有效的沟通才能建立起来。因此，参展人员需要具备与人主动沟通的意识，乐于跟陌生人交谈，引起对方的兴趣，了解他们的需要，并用恰当的开场白来打开局面。另外，展览会是一个特殊的交易场所，参展人员与客户在展台进行洽谈、沟通时，可能经常会受到周围环境的干扰，或者由于客户要参观其他展台，时间有限，因此参展人员必须充分、合理地运用有限的时间，熟练掌握沟通技巧，做到善问、巧答，表达准确，口齿清晰。

观展商进入展台后，要给他们充足的时间来参观展品。参展人员应该观察观展商对什么东西感兴趣，并等待时机与他们接触。在与观展商开始沟通后，可通过有关问

行业广角7-2

参展商与海外买家商务谈判（视频）

题获得其参观动机、批评意见、应用意向、质量要求及何时才能做出购买决定等信息。如果有可能，对于异议和非实质性争论，最好是巧妙地回答或提出具体的解决办法。在结束交谈时，要尽可能安排以后的交流活动，如安排参观、递送报价单和技术资料等。另外，在填写参观记录时，要尽快记下观展商的所有要求；否则，在展览会这样繁忙的工作环境里，有些东西转眼间就忘了。确保记录准确，有助于避免在展览结束后的跟踪工作中向感兴趣的观展商提供前后矛盾的信息。

在与客户沟通中要注意因人而异。行业展会云集了众多的产品和商家，要让自己的企业与产品在同行中脱颖而出，被客户牢记，就要突出"异"。观展的客户所涵盖的范围相当广泛：有技术人员、采购人员，还有负责收集市场信息的情报人员。对技术人员来说，最想了解的是最新产品的研发进度和价位；对采购人员来说，寻找产品供应商是他们的最大目的；而对情报人员来说，其目的则是收集最新的研发方案、产品性能等信息，在此基础上做比较分析，帮助企业进行生产研发。由于不同客户的关注重点不同，针对不同客户的咨询派出适合的人员与其沟通，能更好地解决客户提出的问题，提高他们的满意度。

在与观展商交流的过程中，展位工作人员一定要为对方创造发言的机会并专注地倾听，不注意对方的反应只管自己喋喋不休地介绍产品，容易引起对方的反感，甚至直接造成潜在客户的流失。营销专家的建议是：用80%的时间来聆听客户倾诉自己的需求，只用20%的时间来进行讲解或提出解决方案。通过交谈，展位工作人员需要了解客户对产品感兴趣的程度、购买计划和预算情况，了解对方是否是购买的决策者。

参展商还可以通过以下方式加强与客户的沟通：

（1）准备合适的文本信息资料提供给客户，如一般的小册子、技术传单、产品信息、产品目录、企业快讯、参考单、价格表、新闻稿等（在海外展会上，信息资料应该被恰当地翻译成当地的语言或通用的外语），让其充分地了解本企业的情况。

（2）用大屏幕进行企业和产品展示，即在现场安装大屏幕电视，现场播放企业的相关宣传资料。对于无法在现场演示的产品，也可以采取这种辅助手段。

（3）现场演示并配合讲解。尽可能让观众参与产品演示，通过实际参与他们更容易记住你所讲述的内容，加深对产品的印象和感悟。

（4）进行场外沟通。对摊位相对较小的企业来说，在展会现场和观展人员洽谈，空间会显得比较狭窄、拥挤，很难实现交易的顺利进行，有必要在展馆周围的宾馆、酒店租用会议室，或者在下榻宾馆的房间与有意向的客户接洽，这不仅可以创造较为宽松的环境，而且可以利用夜晚等闭馆时间，更广泛、更深入地接触客户，建立进一步的信任。

（5）努力记住潜在客户的名字并做到善用。人们都喜欢别人记住自己的名字，在谈话中不时提到，会让客户感觉自己很重要。参展商要大胆些，直接看着参观者胸前的名牌，念出他们的名字；遇到难读的字，还可以询问，以此来加深相互间的了解与认识。

会展链接7-5

说服的要领

为了使对方接受你的意见与建议，要注意谈话的方式方法。

（1）要向对方阐明，一旦接纳了你的意见，将会有什么样的利弊得失。一方面，这样做会给人感觉比较客观、真实；另一方面，如果对方接受了你的意见，果真有问题出现后，你可以提出事先已经声明。

（2）要向对方讲明，为什么你要和他合作，并为何来说服他，以示对他的尊重，使对方认真思考被选择的机会，从而在心理上接受你说服他的潜意识。

（3）应公开你的意见被采纳后自己所要得到的好处，以使对方免去猜疑。

（4）要强调双方立场的一致性。暗示合作后双方的益处，给对方以鼓励和信心。

资料来源　赵燕萍．电子商务概论［M］．北京：中共中央党校出版社，2005．

3）识别客户并促成交易

参观展览会的人员中，真正属于企业客户的其实并不多，有时候你热情接待的人很有可能是竞争厂商的代表，因此要识别潜在的目标客户。潜在客户必须具备三个方面的条件：一是购买力；二是决定权；三是有需求。这三个要素缺一不可，只有当客户同时具备这三个方面的条件时，才是企业合格的潜在客户。

会展问答7-1

谁有可能是你的目标客户？　（　　　）

A.过分热情的人　　　　　　　　B.不愿意留下联系方式的人

C.认真提问并回答的人　　　　　D.西装革履的人

会展问答7-1

答案解析

如何判断哪些观展商是你的客户并有效地促成交易？以下是一些简便的观察方法：

（1）从语言信号去识别。客户开始讨论关于产品的使用、附件、保养、价格、竞争品等内容时，销售员可以认为客户在发出购买信号，至少表明客户开始对产品感兴趣。客户提出的问题越多，成功的希望也就相应越大。客户提出的问题就是购买信号，尤其是客户在听取销售员回答问题时显现出认真的神情。

（2）从动作信号去识别。一旦客户完成了对产品的认识与情感建立，就会做出与展台人员介绍产品时完全不同的动作，如由静变动，动手试用产品，仔细翻看说明书。比如，客户忽然变换一种坐姿、下意识地举起茶杯、下意识地摆弄钢笔、眼睛盯着说明书或样品、身体靠近展台人员等，很可能就是客户购买心态变化的不自觉外露。

（3）从客户的表情信号去识别。展台人员可以从客户的面部表情中读出其是否为潜在客户。如眼睛转动由慢变快，眼睛发光，神采奕奕；腮部放松；由咬牙深思或托腮变为脸部表情明朗、轻松、活泼、友好；情感由冷漠、怀疑、深沉变为自然、大方、随和、亲切。客户总喜欢用肢体语言来体现他们对产品的兴趣，这些肢体语言的变化，需要展台人员自始至终地予以专注，就好比打开的雷达一样，不断地扫描购买信号的出现。

展台人员要做有心人，只要用心去识别客户的购买信号，适时进入达成协议阶段，成交的概率就会提高。

价值引领7-1　　　　　　发力"直播带货"　做强"数字商贸"

近两年，直播电商"强势生长"，已成为一股不可忽视的电商风潮。义乌的直播带货更是热火朝天，网红经济异常红火，走播、展会直播、仓播等新模式层出不穷。

在2024浙江国际电子商务博览会，现场设立了"展会+"场景式直播间，带货达人、团长现场"开麦"，开展沉浸式直播带货。

展会直播助力好货"走出去"

"我在义乌展会现场，今天给大家介绍几款料理锅和空气炸锅，全都给大家送福利。"在A1馆，主播老郑通过直播平台销售小家电，直播间实时流量达800余人次。

据了解，这是可口可乐小家电板块首次与浙江国际电子商务博览会合作，在A1展馆专设直播区，展会期间包括老郑在内的6名达人现场直播。"从去年开始就流行展会直播方式，想借助浙江国际电子商务博览会的影响力，带动直播间流量。"可口可乐小家电板块工作人员介绍，展会第一天，直播带货总量超50万元。

本届展会紧跟潮流，有效联动头部直播电商平台、MCN机构、红人KOL、社群团购等，搭建集"产品供应、爆款打造、直播培训、网红带货"的特色产业链聚合平台。

"现在露营行业十分'内卷'，希望借助直播平台，开拓新的销售渠道。"展会现场，一家MCN机构的主播介绍，她第一次参加浙江国际电子商务博览会，展会现场直播引流效果不错，不到3小时，她就在线销售了300多单露营装备。

展会现场，不少直播公司负责人表示，通过展会直播、走播形式，可以引领企业拓展销路、转型提升，推动直播电商高质量发展。

新设备、新技术驱动数字化发展

本届展会，不少销售直播器材和提供直播间场景搭建服务的商家也是展会的焦点之一。

"这个直播间可以再优化吗？"在B1馆，参展商深圳市昊一源科技有限公司相关负责人陈华润一早上都在忙着接待咨询的客户。"这次参展带来了几款今年新推出的AI设备。"陈华润说，随着直播电商行业发展，直播的专业化程度也越来越高，展会接待的数家MCN机构都对他们的直播产品非常感兴趣，现场交换了名片，后续再跟进对接。

C1馆的参展商"心动来客"带来了无人直播技术和同声传译技术。在展位上，主播通过TIKTOK平台，直播销售水晶产品。"这个主播直播间说中文，同声传译技术可实时英文转播，解决了语音沟通的难题。""心动来客"负责人何林说。

　　本届展会上，不少参展商带来了各种AI新技术、新设备、AI数字人主播、直播一体机等数字服务贸易领域"黑科技"产品。"作为电子商务发展的高级形态，数字贸易和直播电商、跨境电商等新电商的融合发展，已成为中小企业参与国际竞争、出海抢订单的重要引擎。"中国电子商会秘书长彭李辉表示，利用AI直播等新技术、新设备可以搭建更好的"跨境直播"场景式体验，为国内卖家和海外买家构建深度沟通场景，进一步推动国际贸易数字化发展。

　　资料来源　骆红婷. 发力"直播带货"　做强"数字商贸"［N］. 义乌商报，2024-09-03（2）.

　　思政元素：科技兴贸　高质量发展

　　学有所悟：党的二十大报告指出："推动货物贸易优化升级，创新服务贸易发展机制，发展数字贸易，加快建设贸易强国。"在展会现场做直播，既能让优质的展品被大众熟知，又能促成更多交易，助力产业链良性循环，形成高质量发展。

情景模拟7-1

　　场景：某家具展览会现场，参展商进行人员现场促销。

　　操作：

　　（1）以3~5人为一小组，其中两名为展台工作人员，其余的扮演观展商。

　　（2）运用本章所学的人员促销的知识进行现场促销。

　　（3）模拟结束后，由观展商根据自身的感受对展台促销人员的促销效果进行评价。

　　（4）教师对人员促销情况、效果进行点评。

知识掌握

　　◉判断题

　　（1）参加展览会是企业营销策略组合中一个重要的沟通与促销手段，也是企业开辟新市场的首选方式。　　　　　　　　　　　　　　　　　　　　　（　　）

　　（2）选择性沟通是指选择参展企业认为重要的或希望其前来进行业务接洽的客户进行直接沟通，让对方清楚地了解参展商展出活动的具体情况。　　　　（　　）

　　（3）制定参展宣传推广策略时应考虑：宣传推广的出发点、主题、亮点，如何突出参展商的个性化特色，如何从客户角度出发，处处体现出客户的利益。（　　）

　　（4）认知型宣传推广以迅速提高参展企业的知名度为目的，宣传的重点是企业的名称、产品品牌等简单明了、便于记忆的信息。　　　　　　　　　　　（　　）

　　（5）在与观展商交流的过程中，展位工作人员要主动向观展商介绍公司及其产品，吸引对方的注意力，再等待对方发言提问。　　　　　　　　　　　　（　　）

在线测评7-1

判断题

　　◉简答题

　　（1）简述参展营销推广的类型。

　　（2）参展营销推广的原则有哪些？

　　（3）参展营销推广的方法有哪些？

（4）展期如何进行人员促销？

（5）参展企业进行关系营销可采取哪些方法？

知识应用

◎案例分析

IFA展会精彩营销案例

在当今全球化的商业环境中，IFA（柏林国际消费电子展）作为全球极具影响力的科技盛会，为众多品牌提供了展示自身实力和拓展国际市场的绝佳舞台。

1. 社媒互动引发参与热潮

在2020年IFA展会举办前，TCL在全球主流社交媒体发起#TCL Switch On Possibility Challenge#的创意挑战赛，号召网友以各种姿势"花式"开启家里电器，开放有趣的创意挑战将国内外受众纳入同一个沟通语境。在TCL品牌年轻化战略下，其营销理念显而易见：以年轻人喜闻乐见的内容和方式，与年轻消费者产生精准的沟通。通过社媒互动的营销手段，TCL的品牌知名度得到提升，用户参与度得以增强，最重要的是，吸引了更多人关注TCL在展会上的表现和推出的新品。

2. 展位活动唤起情感共鸣

TCL在2020年IFA展会上设置了一个"时光隧道"体验区，让参观者回顾TCL品牌的发展历程和科技创新成果，增强了消费者对品牌的认同感和忠诚度。此外，TCL还举办了一些有趣的竞赛活动，如智能电视游戏竞赛等，吸引了众多参观者参与。通过这些互动活动，TCL不仅增加了品牌的趣味性和吸引力，还收集了大量消费者的反馈和意见，为产品的改进和优化提供了重要依据。

3. 沉浸式体验营销

在2023年IFA展会上，海尔智家携旗下海尔、卡萨帝、Candy（卡迪）、Hoover（胡佛）四大品牌，带来沉浸式全场景的智慧家庭体验。展会现场，海尔展示了一系列搭载了全球领先科技的产品，如540毫米大筒径洗衣机、行业首创的双擎热泵系统的 X series11干衣机等。IFA展会现场，参展的家电企业不在少数，海尔却格外引人关注，除了现场产品展现的产品创新实力外，海尔在欧洲乃至全球市场的成绩同样不可忽视。2023半年报显示，在行业销量下降8.1%背景下，海尔智家欧洲市场营收增长29.6%，跑赢行业，成为过去8年市场增速最快的品牌。据统计，2023年IFA展会期间，海尔智家展位每天吸引了近10 000名参观者，比上一届展会增长了10%，超过90%的参观者表示对品牌的认知度得到了极大提升，品牌的知名度和美誉度大大提高。

4. 创新的产品发布策略

在2023年IFA展会上，荣耀携折叠屏概念新品亮相。荣耀通过营销打造"AI+KOL"（人工智能+关键意见领袖）营销事件，结合人工智能技术与象征未来智能的荣耀新品，在全球范围收获高曝光。在2023年IFA展会召开的一周时间内，本次"AI+KOL"营销事件收获了高曝光和高互动量，单周内获得超过30万的曝光量和超3万互动量，成功助力荣耀新品全球造势。

资料来源　出海资讯．IFA展会营销大盘点：一定有你不知道的精彩营销〔EB/OL〕．〔2024–09–24〕．https://www.wearebn.com/zh/archives/6667/a-comprehensive-review-of-ifa-exhibition-marketing-there-must-be-some-wonderful-marketing-you-dont-know-about.

问题：阅读以上案例，试分析参展在企业营销战略中的重要意义，并结合案例说说你对企业参展的一些看法。

⊙实践训练

选择你所在地区的某个展览会，仔细观察参展商与客户接洽的场景，如有可能，向参展商请求作为其临时工作人员，为其进行现场促销。

学习评价

本章学习评价表见表7–1。

表7–1　　　　　　　　　　　学习评价表

学习内容	参展企业营销推广		
	评价要点	配分	得分
知识掌握	了解展前客户沟通的必要性	8分	
	掌握展前客户沟通的方式	7分	
	了解参展营销推广的方法	7分	
	掌握展期人员促销的要求	8分	
技能提升	能够在展前与客户进行有效沟通	15分	
	能够在展览会上进行有效的人员促销	15分	
素质养成	具有爱岗敬业、遵纪守法、诚实守信的职业道德	20分	
	遵守契约精神，坚持守正创新，加快建设贸易强国	20分	
分数合计		100分	

案例分析7-1
分析提示

第 8 章　参展企业展后工作

学习目标

知识目标

- 熟知展后工作的内容。
- 了解展后工作的要求。
- 掌握展后评估的目的及步骤。

技能目标

- 能够在展后对客户进行分类追踪。
- 能够对参展效益和质量进行评估。

素养目标

- 关注会展行业的发展趋势，用发展的眼光看待问题。
- 培养面对困难和挫折的良好心理素质，善于从逆境中寻找转机。
- 树立正确的职业价值观。

知识导图

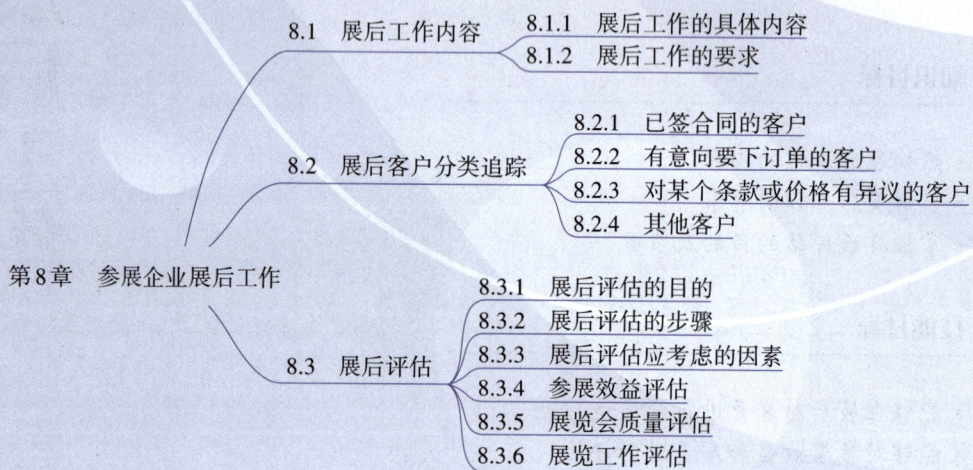

8.1 展后工作内容　8.1.1 展后工作的具体内容
8.1.2 展后工作的要求

8.2 展后客户分类追踪
8.2.1 已签合同的客户
8.2.2 有意向要下订单的客户
8.2.3 对某个条款或价格有异议的客户
8.2.4 其他客户

第8章 参展企业展后工作

8.3 展后评估
8.3.1 展后评估的目的
8.3.2 展后评估的步骤
8.3.3 展后评估应考虑的因素
8.3.4 参展效益评估
8.3.5 展览会质量评估
8.3.6 展览工作评估

引例　**携手共进·共绘辉煌新篇章——联合会会员企业吉隆坡参展复盘总结交流会**

在这个充满挑战与机遇的时代，每一次的跨出国门参展都是对企业实力与智慧的全面检验。2024年6月底，龙岗区电子行业联合会组织8家会员企业圆满完成了吉隆坡国际展会的征程。7月2日，参展企业举办了一场意义非凡的复盘总结交流会。

复盘总结交流会上，与会人员分享了本次展会的独特收获，对参展期间的市场表现、客户反馈、合作意向等进行了分析。

华南英才何小妹说："本次出海对公司产品的精准度把握比较准确，对马来西亚的市场定位有了一定了解，为后续拓展马来西亚市场奠定了基础。"何小妹就参展经验给出了建议：第一，产品要出海，选择靠谱的物流很重要，本次展会因展品迟到一天，错过了达成交易的机会。第二，在商务考察面对卖家时，要做好充分准备和客户沟通；第三，直观展示自己的产品，更有利于客户驻足。

艾伊电子王小艳说："本次参展，我们在电子元器件的基础上加入了智能数码产品，包括智能无线音箱、便携式小风扇等。这一策略的调整成效显著，展会的第一天，几款样品上架后迅速售罄，市场反响热烈。下一次参展，我们将继续沿着智能数码产品的类别去细化挑选，确保紧贴市场需求。在不影响主营业务电子元器件的基础上，不断升级，引领行业潮流。"对于参展经验，王小艳建议：第一，参展人员要对企业的产品能熟练专业地进行介绍；第二，样品清单要齐全，方便后期清点；第三，要大胆展示自己，不放过任何可以展示企业和自我的机会，特别是在路演时，准备一些小礼品作为互动奖励，不仅能有效提升观众的参与热情与积极性，还能在轻松愉快的氛围中加深他们对品牌的印象与好感。

蓝红黄胡春华说："本次参展相较于印度尼西亚市场，反响热烈许多，众多广告公司、设计师以及印刷厂代表纷纷前来咨询并表达合作意向，现场直接建立了超过20个新的业务联系。下一次参展，我们不仅要展示印刷品的设计和技术实力，而且计划携带一些精心制作的印刷成品进行现场展示。"

华南英才国外市场销售徐义苗说："根据现场的客流量分析，我们的展位吸引了络绎不绝的客户，有很多客户来购买和咨询批发价以及后期运输合作的问题，样品基本售罄；此次展会我们收获的意向客户数量远超以往，有很多电商、线下店铺前来咨询合作。接下来，我们也将迅速响应，高效推进与这些客户的深度对接工作，确保每一个合作机会都能转化为实际的业务增长。"

江潮鑫邓朝霞说："这次参展，我们也精心准备了一些关于电池盒的成品，基本卖完，现场也对接了几位专业懂行的买家，目前正在紧密跟进中。通过多年的贸易积累，我们在传统平台上已拥有了一批稳定的大客户，参展也是希望通过展会得到一些订单。计划在下一次参展时寻找更多类似的优质成品，以满足市场的多元化需求。"

朝阳辉闫科说："本次参展，我们的目标清晰而坚定，即寻找代理公司。此刻，正是进行复盘总结的最佳时机，它能让我们深入剖析参展过程中遇到的问题以及我们采取的应对策略。参展三天忙于对接客户甚至无暇顾及用餐，现场签约了几家意向客户。"闫科给出建议：针对元器件产品的展示，我们在海报设计上必须下足功夫。关键在于让客户在第一眼就能清晰识别出我们的产品领域。为此，我们可以在海报排版上巧妙融入产品的应用场景，通过生动形象的展示，让客户直观感受到产品的实际用途，从而加深对我们产品的认知和兴趣。

这次活动，不仅是对吉隆坡参展经历的一次深刻回顾，更是企业家们"总结沉淀促提升，凝心聚力共奋进"精神的生动实践。协会也会继续做好会员服务工作，助力企业迈出国门，走向世界舞台，展现深圳智造品牌的独特魅力与实力。

资料来源　龙岗区电子行业联合会. 携手共进·共绘辉煌新篇章——联合会会员企业吉隆坡参展复盘总结交流会［EB/OL］.［2024-07-04］. https://mp.weixin.qq.com/s?__biz=MzA4OTMxOTAwNA==&mid=2247492710&idx=1&sn=fde008728458c97d74fa7dfdf966c962&chksm=901e1755a7699e434c90357dc9c385f12c960c01b79fa56b504fc21e3efb8d022ea9017fe22d&scene=27.

引例点评：企业在参展后，对展览会上认识的客户要进行跟踪落实，并且要对参展工作和参展的效果进行全面评估，扬长避短，提高今后参展的效果。

8.1　展后工作内容

展览的效果是长期的。参展企业在重视并投入很大精力做展台设计、产品展示、展览宣传、展台接待和推销等工作的同时，也应当投入相当的精力进行展览后续工作。如果各项后续工作都做到了并且做好了，那就有可能得到很好的展览效果。展后工作应当作为展览工作的有机组成部分。展览相当于"播种"，是建立新的客户关系；后续工作相当于"耕耘"和"收获"，是将新的关系发展成为实际的客户关系，做成买卖。后续工作的主要目的是巩固新客户关系，促进实际成交。

展后工作的主要内容是巩固、发展客户关系，推销产品和服务，洽谈贸易，签订成交合同，因此参展企业应当重视并迅速做好展后工作。

8.1.1　展后工作的具体内容

1）致谢

展览会一闭幕，参展商就应抓紧时间向提供帮助的单位和人员致谢，最好是展台经理亲自致谢。对于重要的人，可以登门致谢甚至通过宴请表示谢意，也可以打电话致谢。如果没有时间亲自向每一个有关人员和单位致谢，至少要向主要的人员和单位致谢，并尽快向不能亲自致谢的人员和单位发函致谢。致谢与付款的道理一样，接受货物和服务需要付款，接受帮助和支持需要致谢。即使不准备再次参展，也要对给予帮助和支持的人表示感谢。

致谢应作为展后例行工作之一。致谢不仅是一种礼节，而且对建立良好的关系有促进作用。此外，对参观展台的客户，不论是现有客户还是潜在客户，都要发函致谢，感谢客户参观展台。这是一项比较大的工作，可以在展会结束之前就开始准备。一方面，如果在感谢信上能够就接待时的一些问题发挥一下，感谢效果会更好，因为这已不是一般的交流；另一方面，比较近、比较深的交流方式，能够表现对参观者的重视。

行业广角8-1

会展后续宣传
方式

2）宣传

如果展出效果好，可以举行记者招待会，将展会的有关情况提供给媒体，从而进一步扩大展出影响。很多参展企业不重视展会之后的宣传，这种做法是错误的。展会之后的宣传能够获得比较突出的宣传效果，加深参观者的印象。

▶ 会展案例8-1

新华制药成功参加第89届API China展会

2023年10月18日至20日，新华制药参加了在南京举办的第89届中国国际医药原料药/中间体/包装/设备交易会（简称API China展会），公司党委书记、董事长贺同庆，党委副书记、董事、总经理徐文辉带队，国内贸易部、国际贸易部、采购中心、进出口公司等相关单位和部门人员参加了此次盛会。

本届展会规模达7万平方米，共设置3 100个展位，1 000余家国内外企业参展。展会以"共聚、共享、共创未来"为主题，聚焦医药行业的未来发展和变革中的机会，共同探讨我国医药工业当前面临的创新发展机遇与挑战。制药工业领域众多知名企业在本届展会集中亮相，展出国内外优秀的医药原料药、药用辅料、医药包装、制药设备等数十个大类、300多个小类的数万个产品。

新华制药展位位于原料展区主入口第一排，整体风格大气、庄重，吸引了众多客户的驻足。2023年为公司成立80周年，展台专设新华80年企业文化展示，充分展示新华80年历程，客户纷纷前往摄影留念，成为展会的一大亮点。

此次展会上，公司在醒目位置展示了已取得的美国FDA认证、欧盟EDQM等证书，不仅展示了公司原有人药、兽药等重点产品相关信息，同时展示了如碳酸司维拉姆、激素系列、鱼油系列等部分新产品，吸引了众多客户前来咨询。

公司展位现场客户络绎不绝，新老朋友汇聚一堂，探讨市场形势，交流市场信息和需求，探寻产品发展合作空间，对与新华制药的合作充满了信心。

资料来源　新华制药. 共享机遇　共谋发展　共创未来　新华制药参加第89届API China展会［EB/OL］.［2023-10-24］. https://mp.weixin.qq.com/s?__biz=MzAwNDEwNjUxOA==&chksm=833ee095b4496983373aa71ab2f9330c88a484e703dff753bdee98cc0f7c49f20cb1ec9ef21a&idx=1&mid=2650452204&sn=ad89ea338616f7986cf51a21b5c05328.

案例点评：企业在参展后，为了使参展效应进一步扩大，可在展后通过新闻报道的形式对企业在展会上获得的成功进行宣传，以继续吸引相关客户的关注。

3）巩固贸易关系

在展览会闭幕之后和客户离开展出地之前，参展企业可以抓紧时间访问展出地的关键新客户。每个买主在展览会期间会与许多参展企业建立联系，但是只会与少数参展企业建立实际的贸易关系。这一方面依赖于参展企业的产品、价格等条件，另一方面依赖于参展企业的工作效率和质量。参展企业要抢在竞争对手之前巩固与新客户的关系，谁的工作做得好，谁就可能争取到新客户。对于接近谈成的项目，也要抓紧时间继续洽谈，争取在离开展出地之前签约；否则，未谈完的项目随时可能出现变化，煮熟了的鸭子也可能"飞走"。

4）准备下一届展出

展出效果好，参展企业可能希望继续展出。如果这样，参展企业可以与展览会的组织者初步接触、商谈。早申请的优势有：展览会组织者更容易熟悉参展企业；参展企业可能优先挑选场地位置；组织者可能在其新闻稿中提及最先申请的公司，这也是公司扩大影响的机会。

5）更新客户名单

在市场经济环境下，客户是公司生存和发展的重要资源。公司都需要客户，贸易性质（制造、批发等）的公司都需要客户名单。客户名单按市场编制，同一市场的客户可以分两类，即现有客户和潜在客户。在信息发达的市场中，收集并编制客户名单并不是一件难事，营销工作做得好的公司多有这种完整的客户名单。

通过展会期间的接触以及展会之后的巩固和发展工作，一些潜在客户会成为实际客户，一些现有客户也有可能失去。由于企业拥有客户的情况有所变化，因此企业要编制、调整、更新客户名单，并根据名单的变化分析、发现和调整对客户工作的方向，调整宣传、展览工作的重点和方式。

6）发展客户关系

贸易展览的主要任务是发展客户关系，包括巩固与现有客户的关系和发展与潜在客户的关系，尤其是后者。潜在客户往往意味着企业的未来发展希望，但是由于展览会时间短、客户多，因此展览接待工作大多是尽可能多地接触、认识客户。展览会期间的客户工作重数量，而展览会之后的客户工作则重质量，即要加深与客户的了解，建立相互信任的关系，将认识关系发展成伙伴关系和买卖关系。

7）促进贸易成交

推销产品和服务、洽谈签订合同是展览的最终目的。在展览会期间，向现有客户推销老产品和服务比较迅速，可能在展览会期间签约。但是，向现有客户推销新产品和服务，向潜在客户推销任何产品和服务，并进行贸易洽谈都比较费时，都可能需要在展览会之后继续努力。展后工作的主要内容之一是将已开始的贸易谈判继续下去，并争取签约；或者向已显示出购买兴趣的客户继续做工作，激发其购买意向，并争取签约。

8.1.2 展后工作的要求

1）展后工作要注意时效性

美国的两项调查表明，如果在展览会闭幕后继续与新建立关系的客户联系，参展企业的销售额可以增加2/3。因此，美国著名展览专家艾伦·可诺派奇博士建议，展出者应将预算的15%～20%用于后续工作，并在展览会准备时就计划后续工作，而不是在展览会闭幕后才考虑这项工作。

参展企业要明确负责展后工作的部门和人员，一般情况下，展览部门不负责展后工作，展后工作应由销售、技术部门负责。另外，参展企业还要分清子公司和总公司之间的责任。

美国学者对展览会期间和展览会之后参展企业寄发资料的结果进行了调查，见表8-1。

表8-1　美国学者对展览会期间和展览会之后参展企业寄发资料结果的调查

资料	时间	阅读率
第一份资料（从展台上得到）	7天内	8%的参观者阅读
第二份资料（参展企业邮寄）	45天内	13%的参观者阅读
第三份资料（参展企业邮寄）	90天内	17%的参观者阅读
第四份资料（参展企业邮寄）	5个月内	21%的参观者阅读
第五份资料（参展企业邮寄）	8个月内	25%的参观者阅读
第六份资料（参展企业邮寄）	11个月内	28%的参观者阅读
第七份资料（参展企业邮寄）	14个月内	33%的参观者阅读

英康姆调研公司所做的调查显示，参观展览会促成的实际成交有20%是在展览会之后11～24个月达成的。由此可见，展览后续工作以及后续寄发资料工作的频率对成交额起到了相当大的影响。

2）展后工作的依据和起点是展台记录

在展览期间，建立完善的记录非常重要，因为展台记录是后续工作的基础。展台人员会接触很多客户，如只留下名片的客户、交谈过的客户、表现出兴趣并索取报价的客户、表示要订货并开始谈判的客户等，对这些客户应当按标准详细记录。客户的信息很重要，如公司名称和地址、成立年份、雇员人数、年营业额、信用等级等，但是在展台接待中往往很难获得这些信息。因为展台人员及参观者都非常忙，没有足够的时间询问和答复，或者参观者本身可能并不掌握这些情况，尤其是大公司的雇员。另外，如果问得太细，可能会引起参观者的不快而不愿意继续交谈。因此，如果能获得这些信息最好；如果不能，就应在后续工作中进一步收集，并且记录在展览记录表中。展览记录表见表8-2。

表8-2	展览记录表

序号	
展览会名称:	记录日期:
记录人:	
参观者姓名:	职　　位:
公司名称:	
地　　址:	电　　话:
成立年份:	雇员人数:
经营产品范围:	年营业额:
经营性质:	信用等级:
现有代理:	市场区域:

8.2　　展后客户分类追踪

参加完各种展会后，参展企业应根据展会获得的相关资料，及时与客户沟通联系，进行分类追踪，这样才能保证订单到手。

8.2.1　已签合同的客户

展会结束后，参展企业一般按照这些客户的要求，为其提供详细的资料，再次确认合同，并要求这些客户按合同条款的规定进行下一步的工作，比如开信用证或汇定金。不过，这些跟你签过合同的客户并不一定会给你下订单。有些客户虽然跟你签过合同，但过后如果在其他供应商那里有了更好的价格或条件，便会把订单下给别人；或者客户回去后市场发生变化，而决定改变或取消订单等。对于此种客户，要小心沟通，一旦出现不开信用证或不汇定金的情况，请提高警戒，及时与其沟通，了解是否出现了什么问题，从而采取相应的措施，说不定就能挽回一个订单、一个客户。

8.2.2　有意向要下订单的客户

从与客户在展会的沟通中，参展人员可以判断出此客户的意向程度。一般来说，产品问得越详细，条款谈得越仔细，这样的客户下订单的可能性越大。对于这些客户，参展人员在展会结束后应及时与其联系，把所有的资料及客户关心的问题清清楚楚地给客户发过去，并且马上落实打样（一般这些客户都会要求打样）。企业也会碰到寄了样品就没了消息的情况，最常见的原因是这些客户在收到所有样品（包括别人的样品）后，没有选择该企业的产品，或者市场发生了变化等。这样也不要放弃，应与这些客户保持联系，有新产品及时向其推荐，以后还是有合作机会的。

8.2.3　对某个条款或价格有异议的客户

展会结束后，即使企业能按这些客户的要求来做，也不要马上妥协，应先发个邮件或打个电话（还是坚持企业先前的要求），看看情况再做决定。如果客户态度出现松动，那企业就成功了；如果客户坚持自己的要求，这时再向其妥协也不晚。

8.2.4　其他客户

对要求发资料的客户，按其所提出的要求尽可能把详细的资料发给他们，并电话告知。对随便看看、随便问问的客户，要看清他们是否在打探行情。这些客户的名片上有他们公司的网址，可以先浏览他们的网站，详细了解他们的情况，看看他们主要经营什么样的产品，以寻找合作的机会，说不定参展商此次没带去参展的产品正是他们的主营产品。

会展链接8-1

参展商展后客户管理跟进技巧

客户管理跟进技巧一：好好筛选，切忌盲目跟进

回忆在展览会上与客户谈判的细节，判断此客户的购买欲有多强，也就是说，要区分清楚该客户是"真的买家"还是"打听行情的买家"。有的客户其实已经有长期稳定的供应商了，他们只是把你当报价的参照物罢了，要特别小心这类客户。对于这类客户，笔者个人的意见是：不但不要报价，连资料都不要给。因为在这样的客户身上花费太多的时间与精力是不值的。不否认也有"精诚所至，金石为开"的客户，但以笔者做外贸的经验来看，骗"财"（价格）骗"色"（样品、资料）的客户太多，不值得浪费时间。关于真假买家，我们可以通过交谈（面谈、电话、传真、邮件）来辨别（这种方法的前提是对你所提的问题，客户要有所反应）。真还是假？行家还是生手？只要问他们几个关键的问题，如产品的规格及技术参数、能够接受的价位、打算订购的数量、做什么品牌、该品牌在当地是否有影响力、和中国哪些企业有过生意往来、和中国做生意有多长时间（是否为"中国通"）等，通过这些大致可以区分出客户的"真"与"假"、"实"与"虚"、"大"与"小"。从外商提供的名片也可以判断出客户的实力，如客户公司所处城市的地段，有几条电话线、传真线，有没有自己的网站，是零售商、批发商还是进口商，在当地是否代理过一些著名的品牌等。

客户管理跟进技巧二：需要就会下单

这看起来很简单，其实很难。你的产品或者服务如何让客户觉得是必需的，那就要看销售员的水平了！如果客户觉得买你们的产品或者服务是他们最好的选择，或者说买你们的产品或者服务能够得到最多的回报，那么客户肯定会在第一时间向你们下单！

对于同类型的产品，贵公司的产品有何优势？

除了产品的优势，您的价格如何？交货能否准时？

贵公司是否有一些国际认证？

贵公司是否曾与行业中的知名企业合作？

你是否比别人更努力？

只要你能多站在客户的角度去考虑，再加上你的"努力+努力+不懈努力"，你会发现困难已离你远去。

客户管理跟进技巧三：不要无条件满足

出于节省费用等原因，不要马上给客人寄送样品。样品虽然大多时候是免费的，可是快递费可要自己出。首先同客户通过传真、邮件进行交流，知道他们对该产品了解多少，以及国外最终消费者对该产品的反应等，然后再寄送样品。如果客户十分急着要样品，那就同其商量到付，真正的买家是不会在乎这点费用的。

客户管理跟进技巧四：坚持、耐心以及热忱会为你带来最后的成功

笔者每年都去参加行业内的专业展览会（每年两次），每次都会碰到同一位欧洲客人。从第一次见面开始联系，直到他下第一个试订单，用了一年半的时间。现在这个客户每个月在我们公司采购10个集装箱的货物。笔者觉得，关键是掌握业务技能，在仔细分析客户的基础上，不断同客户接触，站在客户的立场去解决问题。

客户管理跟进技巧五：保持好的心态，不受消极影响

对于毫无反应或反应消极的客户，也不必很在意。这样的客户太多了，他们各怀目的，并不是真正的买家。有的客户可能暂时无成交的意愿，但作为卖家的我们，目的已经达到，而且第一次的报价可以让我们的业务力保不失。根据笔者的经验，如果客户收到你很多传真和邮件却没有回复，不是因为客户轻视你，或是你做错了什么、说错了什么，而是因为你所提供的产品无法满足客户当前的需求。这时你应该做的是发掘客户的当前需求，提供更多的产品、更多的资料供客户选择，切忌盲目行事，抓住你已经给客户提供的产品或资料不放，不断催促客户回应。一旦你所提供的产品满足了客户的需求，客户自然就会回过头来主动找你，对于欧美客户，这种情况是非常常见的。另外，不要因为客户没有回应而灰心丧气，一定要有自信，要坚持不懈地努力，自信心有助于让你做出正确的判断和决定。打个比方，刚开始做外贸就像在一条漆黑的巷子里独行，你不知道前面还有多远才能走出去，但一旦你走出了巷子，你会发现前方一片光明，那时你才真正上路了。

资料来源　根据网络资料整理。

课堂互动8-1

很多客户在展会上表现出较强的合作意向，展会后也确认了购买订单，但是到付款环节又会取消订单。请同学们想一想，在这情况下，参展企业应该如何跟进。

8.3　　展后评估

参展企业在参展后，对参展期间的工作、效果以及展览会的质量要进行总结评估，并将总结评估的结果形成文字报告，供以后参展参考。

8.3.1　展后评估的目的

在企业的投资预算中，参展成本占有很大的比例。这是因为作为一种有效的市场营销手段，展览会的重要作用已经得到大多数企业的认同。参展的企业越来越多，展出的规模越来越大，参展的一般观众及专业观众也越来越多。同时，参展成本也在上升，企业要在参展成本与参展效益之间寻找一个合适的平衡点，以便为日后继续参展、选择更有效益的展览会提供参考，避免参展次数越来越多，效益却不明显甚至下降。展后评估的目的包括以下几个方面：

（1）判断参展决定是否合适；

（2）判断资源投入量是否合适；

（3）判断展出有无效益；

（4）判断展出有无理想的效益；

（5）比较展览会与其他营销方式的成本效益；

（6）决定继续参展还是使用其他更合适的营销方式；

（7）决定未来资源投入量；

（8）决定是否使用同样的方式继续参加同一展览会；

（9）决定是否继续展出同一产品等。

8.3.2　展后评估的步骤

展后评估是一个有计划、有步骤的动态过程，必须循序渐进。通常，展后评估工作包含以下程序：

（1）确立展后评估目标。展后评估的主要目标是了解展出的效率和效益。由于参展效果的评估涉及参展工作项目与工作成果之间的复杂关系，导致展后评估目标的复杂化。所以在进行展后评估时，应该根据展出目标确立评估的具体目标和主要内容，并依据评估目标的主次，排列优先评估或重点评估的次序。

（2）选择规范的评估标准。展出效果的评估标准包括整体成效、宣传效果、接待成果、成交结果等。评估时，应该根据展出目标确定展会评估标准的主次。比如，展出目标是推销，就应该把成交结果作为主要评估标准。划定评估标准的主次以后，还应该使其规范化。评估标准的规范化是指评估标准必须明确、客观、具体、协调和统一，也就是明确评估标准的主次、重心；客观地制定切合实际的评估标准；量化评估标准，使之具体化、可操作；评估标准之间必须协调并能长期统一，从而使评估结果更为准确。

（3）制订评估方案。根据评估目标及评估标准，确定各阶段具体的评估方案，包括各时间段的安排与抽样分布、评估的对象和方法、人员安排和经费预算等。制订评估方案应包括以下内容：

① 根据评估项目、对象和方法制订评估方案，明确人员分工，安排各项必要

措施。

②设计制作各种测评问卷及情况统计表，如参展商问卷调查表、观众问卷表和展览会举办情况统计表等。

③小范围预测，修改测评问卷。

（4）实施评估方案。首先，通过安排记录、召集会议、组织座谈、利用调查问卷向参观者收集情况等方式收集各种信息。其次，整理收集的信息，处理分析数据。

（5）撰写评估报告。根据不同阶段的效果测评，对整个展览活动的效果进行总体评价，撰写评估报告。评估报告的内容一般包括评估项目、评估目的、评估过程与方法、评估结果统计分析、评估结论与可行性建议及附录等。

8.3.3　展后评估应考虑的因素

评估参展是否成功应全面考虑以下方面：

（1）参展产生的各项花费；

（2）签订合同、建立联系及获取信息的情况；

（3）分析观众记录；

（4）将来本公司展台参观的观众与预期的目标群体进行比较；

（5）将来本公司展台参观的观众与往届观众进行比较；

（6）将来本公司展台参观的观众与组委会的观众进行比较；

（7）分析组委会发给参展商的问卷；

（8）考察本公司所在领域的经济环境；

（9）广告及邀请观众的情况；

（10）评估展台的面积、位置和设计水平；

（11）评价参展人员的准备工作和参展能力；

（12）评估参展人员的工作状况及《展台工作守则》的执行情况；

（13）评析竞争对手的展出情况；

（14）大众传媒对本公司参展活动的报道情况。

8.3.4　参展效益评估

1）参展效益评估的特点

企业参展效益是指参展企业参加某一次展会活动所获得的总收益与总支出之比，是企业进行参展决策的重要指标。参展效益的评估具有以下特点：

（1）参展效益的隐含性。企业参展的有些效益并不能用精确的数据来直接衡量，如参加展会提高了企业或企业品牌的知名度。

（2）参展效益的滞后性。企业参展的效益在参展期间并不能全部直接显现，在展会上直接反映出来的主要是展会期间的订单或合同。在实践中，这种订单或合同的数量往往非常有限。在参展之后的一段时间内，企业参展的更多效益才开始慢慢显现。

（3）不同企业参展效益的差异性。不同时期、不同企业参加不同的展会都会有自

己的参展目标，参展的投入方式、投入数量也大相径庭。即使有相同的参展目标，对不同的企业而言，其效益也可能是不同的。因此，不同企业参展效益的计算不能采用统一的指标。

（4）参展效益的综合性。参展带来的效益是多方面的，效益的评价必须综合考虑，少计算其中的一项或几项都会导致计算结果不能真实、有效地反映参展带来的实际效益，并有可能导致企业做出错误的决策。企业可以将所有的指标进行量化，用参展效益指标进行衡量。

2）参展效益的评估指标

参展效益的评估指标主要有以下几种：

（1）成交额。展览会以成交为最终目的，因此，成交额是最重要的评估内容之一，但它也是参展效益评估矛盾的焦点之一。许多参展单位喜欢直接使用展出成本与展出成交额相比较的方法计算参展的成本效益。要注意这是一种不准确、不可靠的方法，因为有些成交额确实是由于参展而达成的，而有些成交额却是不展出也能达成的，更多的成交额可能是展览会之后达成的。因此，要慎重评估并慎重使用此评估结论。成交额评估的内容一般包括销售目标达到与否、成交额、成交笔数、实际成交额、意向成交额、与新客户成交额、与老客户成交额、新产品成交额、老产品成交额、展览期间成交额、预计后续成交额等，这些数据可以交叉统计计算。

（2）接待客户。这是参加展览会最重要的评估内容之一，包括接待客户的数量和质量。如果参展目标是企业形象的宣传推广，那么就可以接待观众人数等作为主要标准。在通常情况下，还要考察接待客户的质量。接待客户质量一般体现在客户购买兴趣指数、购买意向指数和购买计划指数等方面。

购买兴趣指数：客户在展位前花费的时间越多，表明其购买的兴趣越大，可以用每位潜在客户平均参观时间来计算。

购买意向指数：宣称对产品或服务有购买意向的接待客户占总接待客户的比例。

购买计划指数：在展后计划购买产品或服务的客户占总接待客户的比例。

（3）成本效益比。开发新客户的成本效益比的计算公式如下：

$E = C \div N$

式中，E表示参展的成本效益比；C表示建立新客户关系的数量；N表示总成本。因为与潜在客户建立关系是展览的直接结果，与客户建立关系意味着在未来可能成交并产生效益。如果参展目标是推销，则可以采用这种衡量方法；但如果参展目标是企业形象的宣传推广，则不适用这种衡量方法。

（4）参展综合效益。为了更全面地衡量参展效益，我们可以将所有衡量参展效益的因素进行量化，并用收益与成本进行比较，从而综合地描述参展效益。

参展企业的收益包括：

① 巩固老客户关系。参展可以巩固与前来展位参观的老客户的关系，这一收益指标可以用能够获得相同效果的其他营销手段所需要支出的费用来替代，如约见老客户的管理层、给老客户赠送样品和目录、发邮件和电话联系、通过新闻媒体发布信

息等。

② 开发新客户的收益。其衡量标准是新客户的数量，开发新客户的收益可以用新客户预期给参展商带来的合同来计算。

③ 提高企业、产品或服务的知名度。其衡量标准是展会参观人数、参观本企业展位人数、企业宣传册发放数目。其收益可以用参展企业做广告、直销、促销、公司事件策划或进行产品展示等方式所需支出的费用来计算。

④ 树立、维护公司形象。其衡量标准是有效观众的判断和意见，以及对公司的态度发生了改变的有效客户数量和改变的程度，这些信息参展商在展会期间或展会之后开展专业的调查才能获得。其收益可以用进行直销、产品展示、制定并实施公司形象战略、公司事件策划等方式所需支出的费用来计算。

⑤ 获取市场信息。由于有大量的实际消费者和潜在消费者会集中参加展会，因此展会期间也是企业开展市场调查的有利时机。其收益可以用开展市场调查所需支出的费用来计算。

⑥ 获取订单。这是企业参展的主要目标之一，其收益的大小可用展会期间新增销售合同所带来的利润来表示。

⑦ 开拓新市场。这一指标可以用新市场询价数量、新产品询价数量来衡量，其收益可以用进行市场调查或专业的咨询策划服务所需支出的费用来计算。

参展企业的费用支出包括：

① 场地费用。它包括场地租金、参展人员通行证、展会期间照明费用、包装箱临时存放费用、空调费用、展会期间的安保服务、会场公共区域的清洁服务等。

② 展位搭建费用。它包括展台设计费用、展位装饰装修费用以及展台内照明设施、视听媒体、绿色植物、展桌、椅子、沙发等方面的费用。

③ 运输费。它包括展品和资料从指定仓库集货起直至展会展台的全程运输费、仓储费、回程运费和（或）废弃物处置费用。

④ 员工费用。它主要包括每位参展员工的工资、津贴、奖金、食宿和交通费用，还有可能包括礼仪小姐、翻译等临时工作人员的费用支出；如果展会在国外举行，还要计算每位参展人员的签证、保险等费用。

⑤ 其他费用。除以上费用外，还有一些其他的费用要发生。例如，参展前给新老顾客发邀请函及入场券的费用；展会期间做会刊宣传的费用、做场地广告的费用；在展位内举办小型活动，如小型产品讲座、技术讲座、有奖活动、发送小纪念品、文艺演出等的费用；招待记者的交际费用；邀请知名人士出席开幕式剪彩仪式的费用；展会期间发生的电话、传真和网络服务费用等。

我们用 M 代表总收益，C 代表总支出，En 代表参展净收益，E 代表参展收益率，则参展商净收益的计算公式如下：

$En=M-C$

参展商参展收益率的计算公式如下：

$E= En \div C$

公式中E的数值越大，说明参展效果越好。

削减展会预算是一件两难的事情。公司管理层只会要求你削减预算，但是什么项目该保留，什么项目可以削减，管理层是不会有明确的或具体的指示的。这个责任就要由负责参展的人员来承担。

对不同的公司和展会而言，决定削减哪一部分的预算是不同的，这并没有统一的标准。

会展链接8-2

参展商如何有效削减展会预算

对某些公司来说，聚会就像裙子的褶边一样是不可缺少的；对另一些公司来说，招待会对于建立和维系客户关系是必需的，这些都不可以削减。新闻发布会对某些公司来说是不需要的奢侈品，但是对另一些公司来说，使媒体不断地对公司的新产品和新服务保持关注是公司战略的重要组成部分。

无论是什么行业的企业，以及企业的参展战略是什么，我们都可以从以下一些成熟的预算规律中学到些东西，这是从多次的实践和错误中总结出来的削减预算的重要理念。

让我们先看看什么费用容易削减，有以下几个方面可供参考：

（1）尽量减少赠品的费用。现场的展会管理者对此可能会有抱怨，但他们会理解的。赠送时你一定产生过这样的想法：这个人可能不是我们的目标客户。英特尔公司在展会上用于赠送的花费从5 000美元到3万美元不等，特别是在一些大型展会上。假如你的公司像英特尔这样一年参加20多个展会并减少赠品的费用，那么可能节约的费用将达到6位数。

即使你没有参加那么多展会，你也可以计算一下在赠品方面节约的费用。最近的一项调查显示，赠品是增加预算的典型开支，经常占到展会预算的8%~12%。英特尔公司在参加Comdex展会时，在赠品上花费了大约3万美元，占总参展费用的1.5%。

（2）降低展位清洁服务的费用。对于一些小的展位，比如说10英尺×10英尺、10英尺×40英尺或者20英尺×20英尺的展位，一般都是由展位上的员工做清洁工作。但对于一些大型展位，如40英尺×50英尺、50英尺×50英尺或者50英尺×70英尺的展位，可能有专门的清洁工人来清扫垃圾或者废料。不过，有经验的管理者会要求清洁工人只在展位刚搭建好的时候来打扫一次，而不是每天有专人打扫。因为过了第一天之后，展位的清洁工作往往就很少了。某些公司在清洁方面每个展会可以节约1 800美元到10 000美元，而且不会降低展出活动的水准。

（3）不租植物。省去眼花缭乱的盆景，你可以节约250美元到1 800美元。有的公司一年可以节约5 000美元，展位也不会显得没有生气。

（4）展位上少装电话。展位上的电话能满足需要就行了。通常，在展位上拉一根电话线要250美元，如果少装几部电话就能减少很多费用。少装电话的好处还在于可以使你的员工少打未经批准的长途电话。

对于不可削减的费用，每一个老练的展会管理者都会有自己的经典原则，参展商也可以从以下经验中学到更多：

（1）保证工作的稳定性和连续性，这是参展制胜的法宝。一位资深的市场经理认为，参展商必须保证年复一年展会工作之间的关联性。如果不注重这个，工作将充满不确定性。参展后，跟踪客户将使你知道什么展会是高回报的，什么展会你可以不参加。如果参展商有一次没有追踪客户信息，那么下次可能要花几年的时间恢复这个信息并要多花成百上千美元的费用。

（2）高水准的销售团队会见客户，这是一条非常关键的经验。参展商一定要花时间面对客户，不能削减客户与你的管理层、关键销售人员以及市场人员会面的机会。参加展会是一种有效的与客户沟通的方式。例如，在 Comdex 展会上，英特尔公司的市场分析专家要与来自世界各地的 100 多位客户面谈。如果要送一位高层管理人员去客户所在地会面，平均每一次旅程大约需要花费 5 000 美元。而在 Comdex 展会上，平均一位管理人员可以会见 25 个重要客户，仅这一项就可约 12.5 万美元左右。在展会上，公司高层与客户见面能够节约多少费用，是很难估算的。想象一下，如果有 10 位公司高层管理人员在展会上与 100 位客户见面，将节约多少费用。这么估算一下，参加展会就是一个成本较低的与客户接洽的机会。

（3）重点产品的展示推广费用不可少。重点产品信息的发布和宣传费用是不可缺少的，展会现场是发布产品信息的重要场所。当然，新闻媒体也能做到这一点，但是客户不能亲眼看到真实的产品，也不能亲身体验新产品。不过，不是所有的展会都能做到让顾客对公司以及公司的产品有直观的认识。有经验的参展商会花一笔钱聘用受过训练的专业人员，这些专业人员能够用最有效的方式展示公司的明星产品，用最少的时间获得最多的回馈，这笔预算是不可节约的。

（4）殷勤招待客户。在展会上，让你的客户高兴是参展的主要目的之一。所以，招待客户的费用不可缺少。参展商也许需要为此举办一些酒会或者活动，来稳固与客户之间的联系。一位参展商曾说，客户是我们参展的理由，也是我们做生意的理由。

资料来源　佚名. 参展商如何削减展览会预算节约公司成本［EB/OL］.［2016-07-07］. https://www.yshows.cn/zixun/2016/7.shtml.

8.3.5　展览会质量评估

参展商对展览会质量的评估，一方面要考核展览会的选择是否正确，为是否继续参加下一届展会提供参考；另一方面，可以将参展效果与展览会质量进行比较。如果参展效果与展览会质量成正比，说明参展工作做得好且有成效；如果展览会质量高，参展效果一般或不好，说明参展工作存在问题，企业就应该从自身找原因；如果展览会质量一般，参展效果却不错，说明参展工作非常出色，应该好好总结成功经验，以便继续发扬。展览会质量评估一般有以下几个主要评估指标：

（1）参展企业数量。这是一个比较直观简单的定量指标，这个指标可以从展会组织者那里获得。

（2）参展企业质量。这是最重要的一个指标，参展企业质量与展出效率成正比，即参展企业质量高，则展出效率就高。

（3）参观者的总人数。这可以从展会公布的统计数字中获知。

（4）展览会的人流密度。这是指在展馆开放时，平均每平方米容纳的人数。它可以用参观者总人数除以天数再除以展馆总面积获得。这个指标可衡量展会受买家关注的程度。

（5）参展商平均成交额。这个指标可以用展会总成交额除以参展商总数获得。企业要根据参展商提供的成交额的真实性，决定这个指标是否参考。

（6）平均参观时间。它是指参观者参观整个展览会所花费的时间，该指标与展览会效果成正比。

▶ 会展案例8-2

2024年亚洲国际模具展览会报告

亚洲国际模具展览会（Asiamold Select）的原身为广州国际模具展览会，自2007年首办，至2024年已经成功举办了十八届。多年来，亚洲国际模具展览会始终深耕模具行业，紧跟市场趋势，凭借优良品牌和专业内容，备受华南模具制造和应用行业认可，是一个贯穿上中下游、专业化程度高、配套完善的全产业链展示平台。2024年3月6日，第十八届亚洲国际模具展览会成功落下帷幕。

一、观众分析

1. 排名前十位的境外观众来源国家/地区分布（见表8-3）

表8-3　　排名前十位的境外观众来源国家/地区分布

排名	境外观众来源国家/地区
1	俄罗斯
2	马来西亚
3	哈萨克斯坦
4	越南
5	韩国
6	伊朗
7	白俄罗斯
8	印度
9	印度尼西亚
10	日本

2.境外观众地区分布（如图8-1所示）

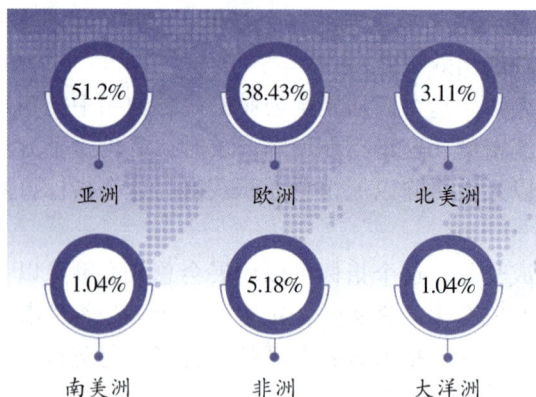

图8-1 境外观众地区分布

3.参观展会目的（如图8-2所示）

图8-2 参观展会目的

4.观众行业分布（如图8-3所示）

图8-3 观众行业分布

5.观众职位/决策权（如图8-4所示）

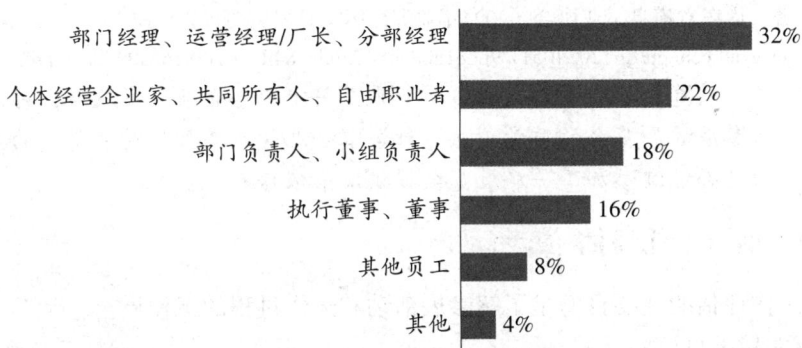

职位	百分比
部门经理、运营经理/厂长、分部经理	32%
个体经营企业家、共同所有人、自由职业者	22%
部门负责人、小组负责人	18%
执行董事、董事	16%
其他员工	8%
其他	4%

图8-4 观众职位/决策权分布

6.观众满意度

97%的观众满意本届展会；90%的观众认为能达到观展目的。

二、参展商分析

2024年亚洲国际模具展览会共吸引336家专业模具企业参加，展会面积达20 000平方米，展会吸引了模具制造中的注塑、冲压、压铸、铸造、3D打印技术等领域优质名企参展，更吸引了来自67个国家与地区的海外专业采购商，创造了海量模具采购需求，成为中国首屈一指的国际化模具展示平台。

1.参展商收获

本届展会各地参展商各有收获，87%的参展商认为此次参展达成目标。

协隆（东莞）塑料电子有限公司塑料业务部曾经理认为："亚洲国际模具展览会是有效的业务宣传平台。我们今年首度参加，目标是提高品牌知名度并吸引新客户。我们已经在这里与许多海外买家建立联系，包括一位对我们户外照明模具感兴趣的日本买家。我们还迎来了对汽车、医疗和电子行业注塑产品感兴趣的买家。我对这次展会的成果感到满意，明年将再次参加。"

深圳市南和建毅模具有限公司陈经理说："亚洲国际模具展览会在业内享有盛誉，多年来在国内具有重要影响力，因此我们每年都会参加。我们的目标客户主要是医疗、厨具和汽车行业企业，基本上涵盖所有需要塑料部件的行业。今年展会的观众络绎不绝，我们会见了来自厦门和福建其他城市的新客户以及众多国际客户。模具行业需要不断创新；如今，年轻人很少进入工厂，因此自动化必然是我们追求的方向。"

2.参展商满意度

关于本届展会参展商的满意度，主办方也进行了调查和结果统计，整体看来，参展商满意度非常高，90%的参展商考虑继续参展。

三、同期活动

除了展会本身，同期举办的高端研讨活动亦是2024年亚洲国际模具展览会取得成功不可或缺的要素。展会邀请了行业专家、商界领袖和其他知名人士在同期活动发表演讲，超过40场演讲探讨了制造业的发展趋势，包括人工智能在工业自动化中日益重要的作用、模具制造数字化的应用与发展以及3D打印在成型行业中的应用前景。

资料来源 广东省模具工业协会. 2024年亚洲国际模具展览会报告〔EB/OL〕.〔2024-05-17〕. https://staticgw.gymf.com.cn/file/20240517/9b6e1a08e684759dcc84ffdab7f58266a9958acd.pdf.

案例点评：展览会的质量对企业参展效果至关重要。企业在参展后，可以通过相关渠道了解所参展的展览会的质量，然后结合本企业的参展效果对展览会的质量进行综合评估，为是否继续参加下一届展览会提供决策依据。

8.3.6 展览工作评估

展览工作评估的主要目的是了解参展活动和运作过程的工作质量。

1）有关展出目标的评估

这主要考察参展目标是否能够实现，以及企业制定的参展目标是否与展览会的主题相匹配。

2）人员绩效评估

评估方法主要有以下几种：

（1）平均每位参展人员接待潜在客户的数量；

（2）平均每位参展人员实际发展的新客户的数量；

（3）平均每位参展人员签订合同的金额。

3）参展效率评估

参展效率是衡量参展工作整体情况的指数，可以用接触潜在客户的平均成本来评估，即参展总开支除以实际接待的潜在客户数量。

4）有关设计工作的评估

定量的评估内容有展台设计的成本效率、展览和设施的功能效率等。定性的评估内容有公司形象如何，展会资料是否有助于展出，展台是否突出和易于识别等。

5）有关展品的评估

这可以用展品的受吸引程度，即对公司参展产品感兴趣的观众比例来衡量。

6）有关宣传工作的评估

这包括宣传和公关工作的效率、宣传效果、是否比竞争对手吸引了更多的观众、资料散发数量，以及新闻媒体的报道刊载或播放次数、版面大小、时间长短、评价等。

价值引领 8-1　　　　　　　链链不舍　来年再见

第二届中国国际供应链促进博览会（简称"链博会"）成果丰硕

5天、6链、1展区，线上线下观众超过20万人，高校和科研院所2万多人现场参观、学习交流；200多个省、区、市代表团和境外代表团来访，涉及69个国家、地区、国际组织的620家中外企业和机构参展，其中境外参展商占比32%；参展商与3.7万多家上下游企业建立合作联系，结识重要目标客户1.8万多家，共签署合作协议、意向协议210多项，涉及金额超过1 520亿元人民币；举办69场主题专题活动和370多场对接洽谈，1万多人参加交流……

"在各方大力支持和共同努力下，本届链博会实现了国际化、专业化、市场化、绿色化，实现了促进上中下游衔接、大中小企业融通、产学研用协同、中外企业互动的目标，办成了一届高标准、高质量、高水平的全球经贸盛会。"中国国际贸易促进委员会副会长张少刚说。

国际商会秘书长丹顿、巴西南里奥格兰德州州长莱特、苹果公司首席执行官库克、非洲工商会联盟秘书长伊兹……本届链博会高朋满座，老朋友新伙伴纷至沓来，大家"用脚投票"，证明"脱钩断链"损人不利己，与全球工商界的意愿背道而驰，建好"共赢链"才是众望所归。

在链博会上，"手拉手""找朋友"的故事，无时无刻不在会场各处发生：苹果公司携4家中国供应链伙伴共同参展；力拓、宝武、博世、小鹏4家公司以供应链上下游顺序组成联合展台；住友电工与多家合作伙伴签署了光纤熔接机长期战略合作协议……中外企业和机构相互奔赴、彼此成就，拓展了合作共赢发展新空间。

本届链博会汇聚了各方智慧力量，有效促进了产业链、供应链创新合作。中国国际贸易促进委员会同与会中外工商界代表共同发布《产业链供应链国际合作北京倡议》；凝聚全球工商界、研究机构和有关国际组织智慧，发布《全球供应链促进报告2024》，全球首创并发布全球供应链连接指数和促进指数，向全世界发出了希望深化互利合作、坚定维护全球产业链供应链稳定畅通的"链博声音"，为产业链供应链国际合作、共建开放型世界经济贡献力量。

此外，匈牙利成为本届链博会主宾国，由外长西雅尔多亲自带团出席链博会开幕式；湖北省成为本届链博会主宾省，举办"主宾国遇上主宾省"对接活动，现场签署多项合作协议，成为本届链博会一大亮点。

本届链博会有力地服务了国家战略

在服务创新驱动发展战略、加快发展新质生产力方面，本届链博会不仅新设先进制造链，在其他链条和供应链服务展区也有很多企业展示了最尖端的产品和技术：现场激光镭射定制的"永恒笔"、会"讲话"的3D透明屏、全球通关AI大模型、AI迷你调酒工厂……漫步展馆，满眼都是创新的成果，让很多观众和企业更加深刻地理解了加快发展新质生产力的意义。

在服务高质量共建"一带一路"方面，本届链博会吸引了来自40多个共建"一带一路"国家的企业和机构参展，约占境外参展商数量的一半；大批共建国家政府部门、商协会组织代表团前来观展交流、举办洽谈活动，推动中国与共建国家之间的贸易投资合作。

在服务区域重大战略方面，本届链博会围绕京津冀产业链协同发展、长三角产业链高质量"走出去"、海南自贸港发展、粤港澳大湾区建设等举办专场活动，支持各省、自治区、直辖市举办形式多样的招商推介和对接交流活动，促成了一大批合作项目和合作意向。

在服务知识产权强国战略方面，本届链博会现场设立商事法律服务展位、知识产权和法律服务工作站，围绕知识产权强链增效、知识产权管理等举办一系列交流研讨活动，增强企业知识产权保护和运用能力，推动知识产权国际合作。

各国企业高度评价链博会

"链博会作为促进上中下游衔接、大中小企业融通的开放平台，为推动科技共创、产业共融、生态共赢注入关键动能。"西门子全球执行副总裁肖松表示。

"链博会为供应链上下游企业提供了交流平台，有助于全产业链的高效联动与创新发展。"先正达集团中国事业部总裁苏赋说。

"作为全球首个以供应链为主题的国家级展会，链博会为企业提供了广阔的发展平台和合作机遇。"中粮集团董事长吕军认为。

正因如此，链博会热力值不断攀升。在第三届链博会参展签约仪式上，GE医疗、思爱普、马士基、美光、稳健医疗等68家企业和机构签署参展协议，提前拿到第三届链博会"入场券"。

"第二届链博会画上圆满的句号，但链博会的故事还在继续。中国国际贸易促进委员会将继续与有关各方携手努力，让链博会越办越好，让链博会的朋友圈越来越大，进一步凝聚推动产业链供应链国际合作的广泛共识，推动构建人类命运共同体。"张少刚说。

资料来源　范丽敏，万泽玮. 链链不舍　来年再见［N］. 中国贸易报，2024-12-05（1）.

思政元素：民族自信　责任担当

学有所悟：作为全球首个以供应链为主题的国家级展会，链博会的创办以及连续举办，不仅彰显了中国在全球产业链供应链中举足轻重的地位，而且为维护全球产业链供应链稳定畅通贡献了中国力量。

知识掌握

◉判断题

（1）对参观展台的客户，不论是现有客户还是潜在客户，都要发函致谢，感谢客户参观展台。这是一项比较大的工作，可以在展会结束之后开始准备。　（　）

（2）由于企业拥有客户的情况有所变化，因此企业要编制、调整、更新客户名单，并根据名单的变化分析、发现和调整对客户工作的方向，调整宣传、展览工作的重点和方式。　（　）

（3）展后工作的主要内容之一是将已开始的贸易谈判继续下去，并争取签约。
　（　）

（4）参展商可以将参展效果与展览会质量进行比较。如果参展效果与展览会质量成正比，说明参展工作做得好且有成效。　（　）

（5）参展效率是衡量参展工作整体情况的指数，可以用接触所有客户的平均成本来评估，即参展总开支除以实际接待的客户数量。　（　）

在线测评8-1
判断题

◉简答题

（1）展后工作内容主要有哪些？

（2）如何进行展后客户跟踪？

（3）简述参展效益的指标及其评估方法。

（4）简述展后评估的步骤。

（5）参展商展览工作评估的目的是什么？

（6）展后评估的目的有哪些？

知识应用 ◀

◉ 案例分析

展会结束了，你的客户呢?

参展几次之后，简单总结一下展会客户跟进的心得。

1.定义分类客户

根据在展会上的交流将客户适当分类，并划分等级，分类和划分等级的标准可以根据自己工作需要，也可以参照以下标准：

A类：在展会上意向较强，交谈到订单细节，对对方市场信息和采购计划有了解（此类客户的下单意向比较强，需要顺着订单方向引导、盯紧）。

B类：近期有采购此类产品的需求，处于挑选供应商和选品阶段（需要争取把公司的产品列入此类客户近期采购项目清单中，沟通得好有机会成为客户新的供应商）；样品客户（展会拿样品的客户，且排除一部分自用样品客户。样品一般在展会上会收取双倍价格，如果客户肯付款，说明还是比较有诚意的，后期需要紧密跟进，有样品在他手，让他一直想起你，是有机会下单的）。

C类：拿了公司目录，有过简单交谈的客户（这类客户有潜在的采购意向，正在进行市场调查，后期可以陆续跟进，加深客户对公司产品的采购意向）。

当把客户分成不同等级，就会有目的性地去跟进客户，不是展会上所有的客户都需要花很多精力去跟进，重要的是选择，选择有效的客户。

2.做好交谈和跟进备注的记录

交谈备注：主要是与客户在展会上交谈的记录，摸清客户的侧重点。

跟进备注：是指跟进的次数和情况的记录。有些展会客户，即使你发了几封邮件还是没有回复，此时不要着急，先查一下这位客户的公司信息和交谈记录，判断是紧急的对接客户还是潜在的游客客户。如果合作意向较强，可以打电话给客户，或者通过其他社交方式与其取得联系；如果是一般客户，可以继续发邮件，一个月后可以打电话给客户，多了解他的真正需求是什么。

3.展会客户没回复的分析

很多人会有最近展会客户怎么都没回复的疑问。首先，需要弄清楚客户是否已经回到了当地，或者确定他的手机、电脑能收到邮件，这是首要的。

有的客户可能还在参加其他展会，或者刚回到公司有一大堆事情要处理，来不及回复展会邮件。也有可能，公司的产品不在客户的考虑范围内，他也就不回复了。还有一种可能是，客户正在进行市场调研，所需的时间比较长。

虽然客户没有回复你，但并不表示你没有机会，你可以想尽办法和他联系，委婉地要一个解释，就像谈恋爱一样，还没和别人结婚，还没和其他供应商签订订单，你还是有机会的。

4.保持耐心去紧紧跟进

划分好了类别，做好了客户的分析和备注，接下来就是耐心地跟进和引导客户了。很多展会的客户是新客户，新客户下单还是要历经很长的一段磨合期的。客户需要了解你、你的公司、产品，你需要了解和分析客户，客户没马上下单也不要心急，多给彼此点儿时间。但是，要保持一个月至少2次主动去联系和跟进客户，就算他不回邮件也没关系。

5.你除了这次展会的客户还有其他客户

有一部分人会用两三个月的时间完全耗在近期的展会客户上，思索客户没回邮件的原因而失去工作动力，对其他客户也不怎么爱搭理了。展会客户，只是潜在客户的一部分而已，需要从头开始经营关系。别忘了已经经营了半年、一年、两年的客户，他们下单的概率是不是比较大呢？

资料来源　佚名.展会结束了，你的客户呢？［EB/OL］.［2017-05-31］.http://yue.52wmb.com/article/5073.

案例分析8-1

分析提示

问题：以上案例为一位参加了广交会的业务员的展后客户跟进心得，请阅读这则心得后谈谈展后客户跟进的重要性，并提出跟进客户的方法和建议。

⊙实践训练

为你熟悉的某位参展商收集其参加某个展览会的详细资料，对其参展的效果进行评估，并草拟一份总结报告，提出你的建议。

学习评价 ‹‹‹‹‹‹‹‹‹‹‹‹‹‹‹‹‹‹‹‹‹‹‹‹‹‹‹‹‹‹‹‹‹

本章学习评价表见表8-4。

表8-4　　　　　　　　　　　　　学习评价表

学习内容	参展企业展后工作		
	评价要点	配分	得分
知识掌握	熟知展后工作的内容	10分	
	了解展后工作的要求	10分	
	掌握展后评估的目的及步骤	10分	
技能提升	能够在展后对客户进行分类追踪	15分	
	能够对参展效益和质量进行评估	15分	
素质养成	关注会展行业的发展趋势，用发展的眼光看待问题	15分	
	具有面对困难和挫折的良好心理素质，善于从逆境中寻找转机	15分	
	具有正确的职业价值观	10分	
分数合计		100分	

参考文献

［1］吴信菊. 会展概论［M］. 2版. 上海：上海交通大学出版社，2003.

［2］胡平. 会展管理［M］. 北京：高等教育出版社，2004.

［3］阿诺德. 展会形象策划专家［M］. 周新，等译. 北京：中国水利水电出版社，2004.

［4］王保伦. 会展经营与管理［M］. 北京：北京大学出版社，2006.

［5］王春雷，陈震. 展览会策划与管理［M］. 北京：中国旅游出版社，2006.

［6］张金祥. 会展实务［M］. 2版. 重庆：重庆大学出版社，2013.

［7］张红，郝庆智. 会展概论［M］. 2版. 北京：高等教育出版社，2015.

［8］罗秋菊. 会展概论［M］. 北京：高等教育出版社，2020.

［9］孟奕爽，蔡卫民. 会展策划与管理［M］. 北京：高等教育出版社，2022.

［10］杨劲祥，钟颖，卢灵. 会展实务［M］. 6版. 大连：东北财经大学出版社，2024.

附 录

附录1　中外著名展览会集锦

中国进出口商品交易会

一、简介

中国进出口商品交易会（简称"广交会"），创办于1957年，每年分春秋两季在广州举办，迄今已有半个多世纪的历史，是中国历史最长、层次最高、规模最大、商品种类最全、到会客商最多、成交效果最好的综合性国际贸易盛会。

广交会实行"省市组团、商会组馆、馆团结合、行业布展"的组展方式，主要组织资信良好、实力雄厚的拥有自有商标品牌、自有技术专利的外贸公司、生产型企业（包括外商投资企业和民营企业）以及科研院所等参展，向全世界展示中国的商品及技术，以现场看样成交为特点，以出口贸易为主。每届广交会都会吸引来自世界各地数以十万计的客商云集广州，互通商情，增进友谊，成效良好。广交会由商务部和广东省人民政府联合主办，中国对外贸易中心承办。广交会由48个交易团组成，有数千家资信良好、实力雄厚的外贸公司、生产企业、科研院所、外商投资或独资企业、私营企业参展。

二、展品范围

现在的广交会每届分三期进行，每期展出的展品类别不同。

第一期：大型机械及设备、小型机械、自行车、摩托车、汽车配件、车辆（户外）、化工产品、五金、工具、工程机械（户外）、家用电器、电子消费品、电子电气产品、计算机用通信产品、照明产品、建筑及装饰材料、卫浴设施、进口展区（包括机械设备、小型车辆及配件、电子产品及家电、五金、工具、建材及厨卫设备、原材料、日用消费品、装饰品及礼品、食品及农产品）。

第二期：餐厨用具、日用陶瓷、工艺陶瓷、家居装饰品、玻璃工艺品、家具、编织及藤铁工艺品、园林产品、铁石制品（户外）、家居用品、个人护理用具、浴室用品、钟表眼镜、玩具、礼品及赠品、节日用品、日用消费品、礼品、家居装饰品。

第三期：男女装、童装、内衣、运动服及休闲服、裘革皮及羽绒制品、服装饰物及配件、纺织原料面料、家用纺织品、地毯及挂毯、办公文具、土特产品、食品、医药及保健品、医疗器械、耗材、敷料、体育及旅游休闲用品、办公文具、鞋、箱包。

三、摊位类别

广交会的摊位分为三大类：分配性摊位、保证性摊位、招展（洽谈厅）摊位。

1.分配性摊位：即商务部根据各地方或系统的上年出口额核定的摊位，由各交易团分配给各参展单位。

2.保证性摊位：即商务部用于安排重点名牌商品和企业的摊位，包括以下三大类型：

（1）安排商务部重点支持和发展的名牌出口商品参展；

（2）确保有发展前途、高科技、高附加值的名优新特产品参展；

（3）鼓励交易团扶持优秀企业，提高布展水平。

3.招展摊位：根据参展商品特性由各商会负责组展的摊位，包括机械仪器设备展区（机械大厅）、小型车辆及配件展区、车辆及工程农机展区、家用电器展区、电子及信息产品展区、食品及茶叶展区、土畜产品及地毯展区、裘革皮及羽绒制品展区、医药保健及医疗器械展区、礼品展区（珠宝骨玉雕类展品）、家具展区、石雕展区、园艺展区以及化工洽谈厅、矿产冶金及有色金属洽谈厅、纺织原料面料及纱线洽谈厅。

四、参展申请资格和条件

1.拥有合法进出口经营权，并已获得进出口企业代码。

2.具有相关单位进出口商会或外商投资企业协会会员资格。

3.通过各类经营主体申请资格的审查并符合安排参展的依据，主要是从企业所经营商品的档次和水平、企业的信誉和实力来看，同时结合企业的出口实绩等，具体将按所属交易团的有关规定执行。

五、参展申请办法

申请在广交会布展的单位，必须符合规定的资格标准，并经资格审查、复查和备案。分配性摊位、保证性摊位及招展摊位三类广交会摊位的申请程序分别如下：

（一）分配性摊位的申请

分配性摊位数是交易团根据各地方或系统的出口额来核定的，由各交易团分配给各参展单位。申请广交会分配性摊位的地方企业必须先向当地广交会工作主管部门提出书面申请。

对于申请分配性摊位的企业，主管部门须对企业申请展区商品的出口实绩、境内销售以及商标注册和认证等情况进行审核，实行统一计分制度，具体按照《广东交易团属省分配性摊位管理规定（试行）》执行。

（二）保证性摊位的申请

保证性摊位的申请条件及需要提交的资料依照广交会保证性品牌类展位候选企业评审标准的有关资格条件执行。

保证性摊位不列入展位分配基数，根据参展企业的客观需要和展馆条件进行安排。

（三）招展摊位的申请

招展摊位的分配由有关进出口商会负责。申请时需要提交的资料及提交方式按照申报广交会招展摊位的有关通知的规定执行。

无论申请上述何种摊位，企业均应通过所在地广交会的主管部门向相关交易团提出申请。

六、举办时间

广交会每年春季的举办时间是当年4月，秋季的举办时间是当年10月，每年春秋两届各分三期举行。具体展出时间为：

　　春交会：第一期：4月15日—19日；

　　第二期：4月23日—27日；

　　第三期：5月1日—5月5日。

　　秋交会：第一期：10月15日—19日；

　　第二期：10月23日—27日；

　　第三期：10月31日—11月4日。

　　七、展览地点

　　中国进出口商品交易会展馆（广州市海珠区阅江中路380号）。

　　八、官方网站

　　https://www.cantonfair.org.cn。

中国-东盟博览会

　　一、简介

　　中国-东盟博览会（简称"东博会"）由中国和东盟10国政府经贸主管部门及东盟秘书处共同主办，广西壮族自治区人民政府承办。东博会以"促进中国-东盟自由贸易区建设，共享合作与发展机遇"为宗旨，以双向互利为基本原则，以自由贸易区内的经贸合作为重点，面向全球开放。东博会已成为中国-东盟友好交流、经贸促进和多领域合作的重要平台。

　　二、展品范围

　　机械设备：汽车（摩托车）及配件、食品加工与包装机械、印刷机械、农用机械、缝制机械、工程机械和电力设备等。

　　电子电器：家用电器、低压开关、灯具灯饰和信息产品等。

　　五金建材：小五金、建筑及装修材料等。

　　轻工工艺：工艺品、塑料制品、自行车和家具等。

　　农产品和食品：果蔬产品、水产品、粮食产品和特色食品等。

　　三、展出地点

　　南宁国际会展中心（中国广西南宁市民族大道东段）。

　　四、首届时间

　　2004年。

　　五、官方网站

　　https://www.caexpo.org。

中国国际高新技术成果交易会

　　一、简介

　　中国国际高新技术成果交易会（简称"高交会"）由中华人民共和国商务部、中华人民共和国科学技术部、中华人民共和国工业和信息化部、中华人民共和国国家发展和改革委员会、中华人民共和国农业农村部、中华人民共和国国家知识产权局、中国科学院、中国工程院、深圳市人民政府共同举办，深圳市中国国际高新技术成果交易中心（深圳会展中心管理有限责任公司）承办，是中国规模最大、最具影响力的科技类展会，被誉为"中国科技第一展"。

高交会设有高新技术成果交易会、高新技术专业产品展、论坛、super-SUPER专题活动、高新技术人才与智力交流会、不落幕的交易会六大板块，集成果交易、产品展示、高层论坛、项目招商、合作交流于一体，通过"官产学研资介"的有机结合，为海内外客商提供寻求项目、技术、产品、市场、资金、人才的便捷通道。

自1999年首届高交会举办以来，高交会得到了中国各级政府的高度重视和大力支持。每届高交会均有国内著名高校参加展示、交易和洽谈。同时，高交会也得到了海内外高新技术企业的认可和欢迎，全球有50多个国家的客商参加了历届高交会的展示、交易和洽谈，其中有美国、英国、德国、加拿大、澳大利亚、意大利、俄罗斯等近30个参展国家或国际组织；有微软、IBM、西门子、英国电信、爱立信、飞利浦、SAP、索尼、三星等40多家国际知名跨国公司；来自全球的商政学界精英，如诺贝尔奖获得者、部长级以上政府官员、跨国公司总裁等400多人在高交会论坛上发表演讲。每届展会参观人数超过50万人，产品与技术交易额超过130亿美元。

二、展品范围

1号展馆：信息技术与产品展、新能源与节能环保展。

2号展馆：电子展。

3号展馆：光电平板显示展。

4、5、6、7、8号展馆：国家高新技术成果展。

9号展馆：省市高新技术成果展、海外高新技术成果展。

三、举办地点

深圳会展中心。

四、首届时间

1999年。

五、官方网站

http://www.chtf.com。

中国国际投资贸易洽谈会

一、简介

中国国际投资贸易洽谈会（简称"投洽会"）于每年9月8日至11日在中国厦门举办。投洽会以"引进来"和"走出去"为主题，以"突出全国性和国际性，突出投资洽谈和投资政策宣传，突出国家区域经济协调发展，突出对台经贸交流"为主要特色，是中国目前唯一以促进双向投资为目的的国际投资促进活动，也是通过国际展览业协会（UFI）认证的全球规模最大的投资性展览会。

二、投洽会的主要内容

投洽会的主要内容为投资和贸易展览、国际投资论坛及系列投资热点问题研讨会和以项目对接会为载体的投资洽谈。投洽会不仅全面展示和介绍了中国各省、自治区、直辖市和香港特别行政区、澳门特别行政区的投资环境、投资政策、招商项目和企业产品，也吸引了数十个国家和地区的投资促进机构前来参展并举办投资说明会、推介会。参加投洽会的境内外客商可以花最少的时间和精力全面考察中国各地和其他国家和地区的投资环境，从最直接的渠道获取最新的投资政策和投资资讯，在最广泛的范围内选择最合适的投资项目和投资合作伙伴。

三、主办单位

中华人民共和国商务部（MOFCOM）。

四、承办单位

福建省人民政府、厦门市人民政府、商务部投资促进事务局。

五、首届时间

1997年。

六、举办地点

厦门国际会展中心。

七、官方网站

https://www.chinafair.org.cn。

全国糖酒商品交易会

一、简介

全国糖酒商品交易会（简称"糖酒会"）是由中国糖业酒类集团有限公司主办的大型全国性商品交易会。糖酒会于每年春、秋两季举办两次。糖酒会因其规模大、效果显著，而被业界誉为"天下第一会"。参会企业达数千家，参展商品达数万种，参会代表已突破10万人，展场面积突破6万平方米，成交额自1992年以后一般在100亿元人民币左右。糖酒会以前主要是国有企业参会，近几年来，已形成多种经济成分竞相参会的格局，特别是境外客商逐渐增多。糖酒会已显露出国际食品博览会的雏形。

二、展品范围

米面类、饮料类、糖与巧克力类、酒类、干果类、水果类、水产类、蔬菜类、肉制品、豆制品、蛋品类、茶类、烟类、乳制品、菌藻类、罐头类、调味品、食用油、淀粉类、休闲食品、方便食品、烘焙食品、冷冻食品、新型食品、婴幼儿食品。

三、主办者

中国糖业酒类集团有限公司。

四、首届时间

1955年。

五、举办地点

巡回展。

六、官方网站

http://www.qgtjh.org.cn。

上海国际汽车工业展览会

一、简介

上海国际汽车工业展览会（Shanghai International Automobile Industry Exhibition）又称上海车展（Auto Shanghai），创办于1985年，每两年举办一届，是中国第一个经UFI认可的专业国际汽车展览会。伴随着中国汽车工业与国际汽车工业的发展，上海车展受到了来自行业各界的高度关注，极高含金量的展示内容和全球性的战略属性，为世界汽车工业发展起到了顶级车展的领军作用，成为上海的一张城市名片。

二、展品范围

1.各类车辆：乘用车、商用车、新能源汽车、专用车等。

2.汽车设计及新概念产品。

3.汽车智能网联技术及产品：汽车芯片、自动驾驶系统、高精地图、雷达、摄像头、无线通信技术、仿真模拟系统、共享出行系统等。

4.汽车新能源技术及产品：电池、电机、电控、电网、充电设备、储能设备、氢能源产业链等。

5.部件及组件：驱动部分、底盘部分、车身部分、标准件、汽车内饰、充电用附件等。

6.电子及系统：电机电器、车辆照明、电子系统、舒适性电子产品、车载娱乐系统、汽车安全及防盗系统、汽车检测设备、仿真模拟系统等。

7.各类维修、保养设备：汽车养护用品、汽车油漆、润滑油、添加剂等。

8.汽车相关制造设备、技术和工具等。

9.飞行汽车及相关技术、产品、软硬件。

10.汽车金融服务等。

三、主办单位

中国汽车工业协会、上海市国际贸易促进委员会、中国国际贸易促进委员会汽车行业分会。

四、承办单位

上海市国际展览（集团）有限公司。

五、首届时间

1985年。

六、举办地点

上海国家会展中心。

七、官方网站

http://sh.autochinashow.org。

中国国际进口博览会

一、简介

中国国际进口博览会（简称"进博会"）由国家主席习近平亲自谋划、亲自提出、亲自部署、亲自推动。它的举办是中国着眼推进新一轮高水平对外开放的一项重大决策，是中国主动向世界开放市场的重大举措，是中国推动建设开放型世界经济、支持经济全球化的务实行动。自2018年首次举办以来，国家主席习近平连续五届在开幕式发表主旨演讲或致辞。

进博会包括国家综合展、企业商业展、虹桥国际经济论坛、专业配套活动和人文交流活动等板块。按照"越办越好"总要求，进博会展会质量持续提高，国际影响更加广泛，推动中国与世界市场相通、产业相融、创新相促、规则相联，依托中国大市场优势，发挥国际采购、投资促进、人文交流、开放合作平台功能，已经成为中国构建新发展格局的窗口、推动高水平开放的平台、全球共享的国际公共产品，对加快构建新发展格局和推动世界经济发展做出了积极贡献，赢得了海内外广泛赞誉。

二、展品范围

1.食品及农产品。

2.汽车。

3.技术装备。

4.消费品。

5.医疗器械及医药保健。

6.服务贸易。

7.创新孵化产品。

三、主办单位

中华人民共和国商务部、上海市人民政府。

四、承办单位

中国国际进口博览局、国家会展中心（上海）有限责任公司。

五、首届时间

2018年。

六、举办地点

上海国家会展中心。

七、官方网站

https://www.ciie.org/zbh/index.html。

中国香港玩具展

一、简介

中国香港玩具展（Hong Kong Toys & Games Fair）是亚洲首屈一指、全球排名第二的专业玩具展览盛会，蜚声全球。2008年该展会展出面积55 951平方米，共有来自36个国家和地区的2 003家企业参展，来自130个国家和地区约30 000名买家到会采购各种产品，其中50.7%来自海外。尽管香港玩具展早已蜚声国际，但香港贸发局仍不遗余力地通过各种途径招揽更多的新兴及发达市场潜力丰厚的买家和机构到场参观采购，2008年共有来自55个国家和地区的82个采购团到会，成效显著。

二、展品范围

婴儿玩具及用品；电池操作玩具及电子玩具；魔术用具；糖果玩具；压铸、机械玩具及动作玩偶；益智玩具及游戏；嗜好玩具；派对用品、玩具零件及配件；软身玩具及洋娃娃；户外及运动用品；纸品及玩具包装；综合产品。

三、地点

香港会展中心（Hong Kong Convention and Exhibition Centre）。

四、主办者

香港贸发局。

五、举办周期

每年一届。

六、首届时间

1995年。

七、官方网站

https://www.hktdc.com/event/hktoyfair/en。

中国香港珠宝首饰展览会

一、简介

中国香港珠宝首饰展览会（Hong Kong Jewellery & Gem Fair）是世界三大珠宝展之一，在全球珠宝业举足轻重。自2006年起，展会由香港会议展览中心扩充至亚洲国际博览馆，是香港唯一横跨两大展馆举行的大型商贸展览会，极具代表性。会上设有多个地区和团体展馆，为从业者缔造更多机会，建立商业联系和探索市场发展方向。大会举行交流酒会和多项活动，方便从业者与同行和国际传媒互相交流，建立友谊。

2024年2月29日，由香港贸易发展局主办的第40届中国香港珠宝首饰展览会在香港会议展览中心开幕，2024年3月4日，在香港会议展览中心闭幕，来自132个国家及地区的超过49 000名买家出席了该展会。

二、展品范围

黄金首饰；铂金首饰；白银首饰；珍珠；钻石和宝石首饰；金条、金币、金箔、金表和其他黄金制品；钻石；玉石；珍珠；宝石机械和设备；工具和技术；包装和陈列用品；相关产品和服务等。

三、地点

亚洲国际博览馆及香港会议展览中心。

四、主办者

香港贸易发展局。

五、举办周期

每年一届。

六、首届时间

1983年。

德国慕尼黑国际建筑机械、建材设备及工程车辆博览会

一、简介

德国慕尼黑国际建筑机械、建材设备及工程车辆博览会（Bauma）是全球规模最大，也是最重要的建筑行业贸易展会。在Bauma上，各展商均会展出各自最新、最多、技术含量最高的近期上市产品。欧洲是工程机械老牌生产制造和代表工程机械最高水平的新产品开发地区，其生产产品的品种、数量、技术含量是首屈一指的。例如，德国利勃海尔、宝马、维特根、普茨迈斯特公司等均以生产整机新产品为主，法国波克兰公司、意大利ITM公司等是以生产零部件为主的公司，并在全球广设代理商和服务公司。Bauma在新慕尼黑展览中心举行，有16个展馆，包括室外场地，展出面积达到50万平方米。所有世界建筑工程机械领域内的重量级企业都会参加，如利勃海尔、卡特彼勒、小松重工。中国著名企业，如三一重工、柳工、徐工、中联重科等也在展会上展示最新的大中型产品，彰显中国机械工业的风采。

二、展品范围

1.排水设备、水泵。

2.混凝土钢筋的加工设备和机械。

3.脚手架。

4.起重及传送设备。

5.灰浆、混凝土的搅拌、运输及传送机械和设备。

6.挖掘机、装载机、分类机和推土机。

7.隧道和坑道工程机械及设备。

8.钻孔机、打桩机、牵引设备、运河水道施工和养护系统、沟渠施工系统。

9.压缩机、气压和水压工具。

10.土方和公路施工压缩设备。

11.混凝土和柏油公路施工机械和设备、水道和铁路铺设机械设备及维护。

12.工程车辆。

13.建筑设备和工具。

14.施工现场的安装。

15.水泥、石灰、灰泥板、沙土、砾石及碎石设施和机械。

16.建筑材料回收及再循环设备和机械。

17.水泥、石灰和灰泥板建筑的生产设施和机械。

18.采石及石料加工设施和机械设备。

19.测试设备和控制系统。

20.驱动系统、液压工程、工程及建材机械和工程车辆的装配。

21.工程建材机械及工程车辆的设备、零配件及替换配件。

三、展览地点

新慕尼黑展览中心。

四、主办者

慕尼黑博览集团（Messe München）。

五、举办周期

三年一届。

六、首届时间

1954年。

七、官方网站

https://www.bauma.de/en。

法国巴黎国际建材展

一、简介

每两年一届的法国巴黎国际建材展（BATIMAT）由励展博览集团主办，是世界上最著名的建材及设备展。主办方励展博览集团非常注重对展会的宣传，在法国的400多家媒体及国际媒体上做广告宣传，向专业人士寄发180多万张参观卡和100万份宣传电邮。在2007年的展会上，展会面积达到134 655平方米，吸引了2 779家参展商，其中45%以上的参展商来自法国本土外的48个国家和地区，共有来自全球141个国家和地区的447 338位专业观众参加了此次展会。

二、展品范围

1.主体工程区：屋架屋面、结构构件、通风管道、防水材料、保温隔热材料、吊顶、钢材、水处理系统等。

2.五金及门窗区：木门窗、金属门窗、塑料门窗、复合材料门窗、橱柜、门窗闭锁开启系统、门窗密封材料、遮阳帘（蓬）及其自动开启设备、门窗小五金、门锁、玻璃制品、铁艺制品、百叶窗、木工配件、五金配件等。

3.装饰装修区：壁炉及烟道、隔断材料、厨房装饰、游泳池设备、户外运动及娱乐设施、面砖、大理石、花岗石、石材石板、木质板材、油漆涂料、墙地面装饰材料、照明、装饰配件等。

4.建筑施工设备区：木材加工设备、金属加工设备、塑料加工设备、施工机具、施工工具、工地安全和防护设备及用品、建筑工地使用的各种专用车辆等。

5.其他：建筑安全系统、因特网管理系统、建材可再生材料、排水系统、真空吸尘系统、电梯、楼宇安全系统、多媒体功能设备、IT服务区、贸易媒体及服务性组织等。

三、地点

巴黎凡尔赛门展览中心。

四、主办者

励展博览集团。

五、举办周期

两年一届。

六、首届时间

1959年。

法国巴黎国际工程机械展

一、简介

法国巴黎国际工程机械展（Intermat）是法国最大的展览会，全球工程机械行业第二大展。2009年，第八届法国巴黎国际工程机械展在巴黎北维勒班展览中心隆重开幕。本届展会拥有21万平方米的展览面积，其中室外展示区达到3万平方米。超过1450家国际展商参加了此次展会，中联重科、徐工、柳工等在内的中国工程机械制造商与利勃海尔、卡特彼勒、凯斯、大象等国际顶尖企业同台亮相。

二、展品范围

凡是与建筑及土木工程有关的机械设备及零配件都将在展会上展示，大体类别如下：

1.建筑原材料的处理机械及设备：水泥、石灰、石膏、砂石处理机械及设备；水泥、石灰、石膏预制件生产设备；采石设备及机械，天然石及人造石加工设备及技术；混凝土和砂浆制备、运输、振捣设备与机械；钢筋加工设备；工程原材料回收设备和机械。

2.一般工程机械：挖掘、推铲、粉碎等土方机械；钻孔、打桩、拔桩机械；土方及道路夯实机械；工程特种车辆；脚手架和模板；压缩机、气动和液压工具；装卸、起重机械。

3.特种工程机械：隧道工程机械和设备；铁路工程、河海水工建筑机械和设备；地下水位调节设备、工程用水泵。

4.部件、设备及配件：施工机具；建造体系、工艺、配件设备；建材检测、检验设备；土木建筑工程设备、工程车辆的马达和零部件；土木建筑工程机械及工程车辆的替换零部件、配件及设备。

5.其他机械与设备：污染防治机械与设备（水、大气、废弃物）；城市管理所需的各种机械及设备（清扫、照明、城市交通、交通信号及管理系统、体育及社会教育设施、城市家具及布置）。

6.服务及其他：培训、信息、资料、广告；行业协会、技术协会、管理部门；金融机构、银行保险机构；监理、安全监督机构；检测、控制、调节；工程学；计算机应用、远程通信；其他。

三、地点

巴黎北维勒班展览中心。

四、主办者

法国高美爱博国际展览集团。

五、举办周期

三年一届。

六、首届时间

1988年。

七、官方网站

https://paris-en.intermatconstruction.com。

美国拉斯维加斯国际工程机械展

一、简介

美国拉斯维加斯国际工程机械展（Conexpo-Con/Agg）是世界三大工程机械展之一，与德国 Bauma 展和法国 Intermat 展齐名。展会由美国设备制造商协会、美国预制混凝土协会、美国沙石协会主办，每三年一届，迄今已有百年历史。展会规模宏大，客商众多，集中了世界知名品牌，是业内展示最新技术、设备和展品的重要平台。展会云集了世界各地的采购商和专业观众。

二、展品范围

建筑机械设备、工程机械设备、混凝土设备、工程车辆设备、各类工程工具及配件。

三、地点

美国拉斯维加斯会展中心。

四、主办者

美国设备制造商协会（Association of Equipment Manufacturers，AEM）。

五、举办周期

三年一届。

六、首届时间

1909年。

七、官方网站

https://www.conexpoconagg.com。

科隆国际家具博览会

一、简介

科隆国际家具博览会（IMM）是目前世界上规模最大的国际家具博览会，来自全球各地的生产厂家在11个展馆约26万平方米的展出面积上展示全球家具发展的最新动向。IMM CUISINALE（两年一届的科隆国际厨房设备及浴室设施展）是科隆国际家具展的重要组成部分。展会对参展企业实行严格的资格审核，要求报名参展的企业在报名时必须提供具体参展产品目录，以保证展会的档次，防范侵权问题的发生。

二、展品范围

1.国际基本产品区：客厅和卧室家具；桌台、座椅、餐厅家具、信息服务及物流；实木家具、仿古家具和复制家具。

2.厨房家具及设施；软体家具（成套家具、扶手椅、单体沙发、沙发床、躺椅）；板式家具；床垫及卧具系统、床、水床、被褥、床上用品及附件；现代设计家居、家居饰品、纺织品、灯具以及完整的居住空间设计理念等。

三、展览地点

科隆国际展览中心。

四、举办周期

一年一届。

五、首届时间

1949年。

德国杜塞尔多夫专业成衣博览会

一、简介

德国杜塞尔多夫专业成衣博览会（CPD）由德国IGEDO公司主办，一年举办两届。展会总面积超过20万平方米，有来自全世界50多个国家和地区的2 000余家参展商，以及来自全世界90多个国家国家和地区的5万名专业贸易商参加。CPD展目前已经成为包括女装、男装、童装、面料服饰在内的综合性展览会，是世界上规模和影响力最大的服装、服饰和面料博览会之一，被誉为"欧洲时装业的晴雨表"。CPD展兼有时装订货、信息汇集两大功能，是参展商与买家、经销商之间的贸易平台。CPD展的市场定位为中等兼顾高档时装，2月的展会主要展示秋冬季服装，8月的展会主要展示下年度的春夏季服装。展会期间将举办几十场品牌服装发布会和时装表演，对把握国际流行趋势和获取市场信息有很大帮助。

二、地点

德国杜塞尔多夫展览中心（Düsseldorf Exhibition Centre）。

三、主办者

德国杜塞尔多夫展览集团（Messe Düsseldorf GmbH）。

四、举办周期

每年两次。

五、首届时间

1949年。

六、官方网站

https://igedo.com/?lang=en。

美国拉斯维加斯国际服装及面料辅料展览会

一、简介

美国拉斯维加斯国际服装及面料辅料展览会由美国Advanstar Communications集

团旗下的MAGIC展览公司主办，是美洲地区最大的服装、服饰和面料贸易展览会。展出面积逾20万平方米，有来自110多个国家的3 200家厂商参展，接待专业观众96 000多人次。自2008年开始，SOURCING展区（制造企业区）比其他展区提前一天开放，目的是让MAGIC品牌展区的参展企业（SOURCING展区的潜在品牌批发商）有一整天的时间可以到SOURCING展区采购，从而进一步提高了SOURCING展区的展出效果。

二、展品范围

女装、男装、套装、上装、针织服装、裘皮服装、晚装、婚纱装、青年服装、牛仔服装、服饰、浴装、内衣、服装饰品（领带、围巾、胸针等）、各种鞋帽及辅料、各种面料、皮革制品、各种服装附件（拉链、纽扣、衬布等）等。

三、地点

美国拉斯维加斯会展中心。

四、主办者

美国MAGIC展览公司。

五、举办周期

每年两次。

六、首届时间

1933年。

七、官方网站

https://www.magicfashionevents.com/en/home.html。

德国科隆五金展

一、简介

德国科隆五金展（International Hardware Fair Cologne）是国际五金及 DIY 行业规模最大、最有影响力的盛会。

二、展品范围

工具及配件、锁具及配件、保安系统、紧固件、洁具及配件、门窗及配件、DIY产品、园艺设备及花园用品、烧烤及露营设备等。

三、地点

德国科隆国际博览中心。

四、主办者

德国科隆国际展览公司。

五、举办周期

每两年一届。

六、首届时间

1952年。

七、官方网站

https://www.eisenwarenmesse.com。

墨西哥国际五金展

一、简介

墨西哥国际五金展（Mexico National Hardware Show）每年在墨西哥第二大城市瓜达拉哈拉举办，是拉丁美洲规模最大的五金及建筑行业的专业展会。近几年，每届都有来自世界20多个国家和地区的约900家展商参展，展览面积34 500平方米，各类观众超过65 000人次。

二、展品范围

五金工具、锁具、园艺工具与设备、紧固件、卫浴管件、阀类、建筑材料及配件、油漆及涂料、化工材料、照明产品、各类灯具、电池、手推车等。

三、地点

墨西哥瓜达拉哈拉展览中心（Expo Guadalajara Exhibition Center）。

四、主办者

墨西哥国家工商部。

五、举办周期

每年一届。

六、首届时间

1989年。

七、官方网站

http://www.expoferretera.com.mx。

美国拉斯维加斯国际五金工具及园艺展览会

一、简介

美国拉斯维加斯国际五金工具及园艺展览会（National Hardware Show）是目前国际上规模最大、最著名的五金工具专业展会之一，主办单位为美国励展集团。2008年，展出面积达767 000平方英尺，有来自16个国家和地区的3 280家展商参展，来自30多个国家和地区的35 000多名客商到会参观并洽谈。

二、展品范围

1.工具类：手动工具、电动工具、园艺工具、小型加工机械等。

2.五金类：日用五金、建筑五金、装饰五金、紧固件、筛网等。

3.保安器材：锁类、防盗及报警产品、安全器材等。

4.汽车附件：维修工具、泵类及各类配件等。

5.照明器材：灯具及配件、节日灯、圣诞灯、草地灯、各类电工器材和材料等。

6.园艺及庭院产品：园林维护和修剪产品、铁艺产品、庭院休闲产品、烧烤产品等。

7.DIY产品：家庭装饰和装修用品、宠物用品等。

8.厨房及卫浴产品：洁具、浴室设备、厨房设备等。

三、地点

拉斯维加斯会展中心。

四、主办者

励展集团。

五、举办周期

每年一届。

六、首届时间

1945年。

七、官方网站

http://www.nationalhardwareshow.com。

美国拉斯维加斯消费电子展

一、简介

美国拉斯维加斯消费电子展（International Consumer Electronics Show，CES）由美国电子消费品制造商协会（CEA）主办，每年1月拉斯维加斯举办，是世界上规模最大、影响最为广泛的消费类电子技术年展，也是全球最大的消费技术产业盛会。该展览会专业性强，贸易效果好，在世界上享有相当高的知名度。历年的CES展均云集当时最优秀的传统消费类电子厂商和IT核心厂商，它们带去最先进的技术理念和产品，吸引众多的高新技术设备爱好者、使用者及业界观众。2024年美国拉斯维加斯消费电子展有超过4 000家企业参展，线下报名参会人数超过13万。其中，中国企业有1 100余家，占参展商数量的1/4。中国企业携带诸多新产品、新技术亮相，涵盖人工智能、屏幕显示、电动车、清洁能源等领域，展现了"中国智造"的强劲创新实力。

二、参展范围

1.消费类电子产品：家庭影院、液晶电视、液晶显示器、DVD、MP3、MP4、广播电视设备及配套产品、卫星电视产品、蓝牙产品、数码产品、扬声器、耳机、录像设备、视听设备、摄像机、收音机、组合音响、汽车电子产品、GPS、电子礼品、各种灯具、钟表、激光唱机、电子琴、电子游戏机、电子娱乐产品。

2.通信产品及配件：移动电话、个人电脑、多媒体设备、软件、通信硬件、声音通信、数字通信、图像通信、移动通信和广播通信技术、卫星通信技术、通信电缆和光缆等传输设备、计算机配件、手机配件、网络产品、外设及配件等。

3.相关电子元器件及电子材料：电源及稳压器、电池、插座、电子元器件、组件、电线、电缆等。

三、地点

拉斯维加斯会展中心、桑德斯会展中心。

四、主办者
美国电子消费品制造商协会（CEA）。
五、举办周期
每年一届。
六、首届时间
1967年。

德国汉诺威国际信息与通信技术博览会

一、简介
德国汉诺威国际信息与通信技术博览会（CeBIT）源于1947年在德国汉诺威创立的旨在向国际市场展示德国产品的汉诺威工业展览会（Hannover Messe）的办公自动化展区。1970年，意为"办公及信息技术中心"的德语缩写"CeBIT"一词首次出现在展览会上。随着20世纪80年代个人电脑的快速发展，1986年CeBIT最终脱离汉诺威工业展览会而成为独立的IT展览。直到今天，CeBIT已发展成为全球规模最大的信息、通信和软件领域的权威展览会。2009年共有来自世界上77个国家和地区的5 845家企业参展，展出净面积超过250 000平方米，分布在室内外的20多个展馆内。

二、展品范围
1.消费类电子：数码影像、数字娱乐、家庭娱乐产品、游戏硬件软件。
2.卫星导航、汽车解决方案、交通及运输。
3.互联网及移动解决方案：电子营销、数字媒体解决方案。
4.电脑及笔记本电脑、周边及配件、显示技术及产品、数字标签技术及产品、机箱、音箱及电源、办公自动化、打印机和复印机及其配件、移动存储产品。
5.商务应用：公共资源、企业应用、产品管理系统、文件管理解决方案、行业解决方案、CRM、商业智能/企业信息集成、咨询和服务、企业内容管理、网站内容管理、自动识别系统（RFID）、安防、卡技术、人力资源管理。
6.通信：交换机、移动通信技术及产品、数据集成、无线技术及产品、广播及卫星通信、固定线路及IP技术及产品、网络技术及相关硬件和软件。
7.金融：银行设备及系统、金融解决方案、银行及金融服务类软件、保险公司软件、与银行和金融行业相关的卡技术、POS系统、自助服务终端系统（信息亭）。

三、地点
德国汉诺威展览中心。
四、主办者
德国汉诺威展览公司（Deutsche Messe AG）。
五、举办周期
每年一届。

六、首届时间

1947年。

德国科隆国际家用电器博览会

一、简介

德国科隆国际家用电器博览会（DOMOTECHNICA）是由德国科隆国际展览公司独家举办的全球家电行业规模最大、最具权威性的家用电器专业展览会，两年一届。从2006年起，科隆成为国际家用电器博览会的单一、永久举办地。2006年，德国科隆国际家用电器博览会的展出面积逾80 000平方米，共有来自40多个国家和地区的1 041家展商参展，更有来自115个国家和地区的近18 000人次的专业观众参加了此次盛会。

二、展品范围

1.大型家用电器：暖气、热水器及空调设备；烹调、焙制及烘烤设备；冰箱及冷冻设备；洗衣机、洗碗机、厨房设备及电器（包括水槽）。

2.小型电器：厨房设备、用具及小家电；小型加热器；清洁设备；空调设备、空气调节器；加湿器、风扇及小型空调；家庭健身与个人护理设备；卫生间设备。

3.部件及配件：大型及小型家用电器的模具、系统及零部件；水、煤气、油及通风装置的配件；灯具、照明用具及配件；其他配件及电气装置。

4.厨房设备：厨房内设施、设备；嵌入式厨房设备等。

5.家庭自动控制：照明、灯具和安全系统。

三、地点

德国科隆国际展览馆。

四、主办者

德国科隆国际展览公司。

五、举办周期

两年一届。

六、首届时间

1974年。

德国杜塞尔多夫国际医院及医疗设备展览会

一、简介

德国杜塞尔多夫国际医院及医疗设备展览会（MEDICA）由德国杜塞尔多夫展览集团主办，为世界上规模最大、最权威的医院及医疗设备、用品专业展览会，以其不可替代的规模和影响力位居世界医疗贸易展的首位。近几届展会有来自130多个国家和地区的3 600多家公司参展，其中51%来自德国以外的国家，展出总面积达108 000平方米。世界著名大公司和常规医院设备、医疗产品的生产企业都在展会推出最新产品，推广新技术；世界各地的医疗器械商、药品批发商、采购商、卫生部门、医疗专家等顶尖业内人员云集展会，洽谈贸易，每届展会观众逾10万人次，是集科技、商贸和信息于一体的大型国际盛会。

二、展品范围

电子医疗设备技术、实验室设备和急救设备、诊断设备、各类成药、生化疗法、矫正术、外科及医院各种消耗品、棉织品及消毒清洁用品、建筑技术、医院通信技术、医院厨房和餐厅、医院家具及设施、服务及出版物等。

三、地点

杜塞尔多夫展览中心。

四、主办者

杜塞尔多夫展览集团。

五、举办周期

每年一届。

六、首届时间

1968年。

七、官方网站

https://www.medica-tradefair.com。

美国国际空调、加热、制冷博览会

一、简介

美国国际空调、加热、制冷博览会（AHR Expo）是制冷、空调、通风和供暖工业（HVAC&R）领域最大的国际展览会，由美国国际展览公司主办，美国、加拿大及北美地区各大工业领域的制造协会、联合会、工程协会等20多个组织机构联合支持。每年一届的AHR Expo展集新产品、新思想、新服务于一体，吸引了大量的专业人士到场参观。2009年的AHR Expo展在美国芝加哥举行，展出面积高达600 000平方英尺，有1 800家参展商及26 000余名观众前来参展。

二、展品范围

1.制冷设备：冷凝系统、液冷系统、制冰设备、热力泵、其他制冷机器；热交换设备、蒸发器、冷凝器、水冷设备、空气压缩机、膨胀器、膨胀阀、制冷分配器、液体分离器、压力开关、恒温器、螺线管阀、截止阀、释压阀、干燥器、过滤器、除霜设备、马达、泵、计时器、继电器、制冷剂、制冷机润滑油、热导材料；冷藏与冷冻食品柜、冰激凌机、冰片机、冷藏箱；冷藏格、冷冻格；冷藏集装箱、冷藏与冷冻食品柜零配件等。

2.建筑空调与通风：通风与空调系统设施、通风与空调系统的进气与排气设备、通风系统的中央进出气设备、通风与空调系统屋顶或室外装置、家用整体式空调机、家用分体及多重分体空调、风扇换流器；流动空气处理装置、风扇、隔音、吸音设备、排气管、防火烟控板、空气通道、吸顶式空调、热恢复系统、抽油烟机、安全与监测系统。

3.制冷与空调的测量器具：温度计、压力计、湿度计等。

三、地点

美国芝加哥 McCormick Place 国际展览中心、奥兰多 ORANGE COUNTY 展览中心。

四、主办者

美国国际展览公司。

五、举办周期

每年一届。

六、首届时间

1930年。

七、官方网站

https://www.ahrexpo.com。

德国纽伦堡国际玩具博览会

一、简介

德国纽伦堡国际玩具博览会（Spielwarenmesse International Toy Fair Nürnberg）每年举办一届，1949年始办，是世界玩具领域知名度最高、影响力最大、参展商最多的三大玩具展之一。德国纽伦堡国际玩具博览会是世界上首屈一指的并且趣味盎然的休闲盛会，几乎每年都会吸引来自100多个国家和地区的8万名专业观众和60多个国家和地区的2 000多名展商，以及6万余种新品玩具。玩具展为生产商带来的创新概念使之成为世界上最知名的发布新产品的平台。德国纽伦堡国际玩具博览会的多样性和完整性体现在它的展品的多样化，从传统的玩具如玩偶、毛绒和木制玩具，到模型火车、模型汽车，以及其他模型类产品，到游戏软件、户外用品应有尽有。其他代表性的展品有原创设计和节日及流行玩具。德国纽伦堡展览公司还为来自全球生产企业、批发商、进口商、超市、零售商场等领域的大型玩具企业定期提供会议场地，以此促进世界玩具产业的发展。

二、展品范围

玩具娃娃、毛绒玩具、皮毛玩具、木制玩具、竹编玩具；糖果玩具、积木玩具及实验玩具；户外运动用品；火车及轨道模型系列、汽车及快速轨道模型系列、机械玩具和电动玩具；建筑玩具及体育玩具、书籍及棋牌娱乐用品；制作模型、手工制作材料；节日用品及圣诞树饰品；电脑游戏软件和高科技玩具等。

三、地点

德国纽伦堡国际展览中心。

四、主办者

德国纽伦堡展览公司。

五、举办周期

每年一届。

六、首届时间

1949年。

七、官方网站

https://www.spielwarenmesse.de。

纽约玩具博览会

一、简介

美国玩具工业协会主办的纽约玩具博览会（TOY FAIR）是美洲最大的玩具博览会，也是世界三大玩具博览会之一，仅对专业观众开放。该展会历史悠久，成交效果显著。2009年该展净展出面积近4.2万平方米，来自94个国家和地区的近20 000名专业买家和玩具从业人员参观展会，770名世界各地的媒体代表到会采访，有近2 100家公司参加了展出，吸引了来自世界各地的贸易观众达23 000人次。从2007年起，中国玩具展团已正式搬入纽约贾维茨会展中心3楼中心展区，与世界顶级玩具公司同台竞技，在同等质量的情况下充分展现了我国玩具产品的价格优势，观众络绎不绝，签单踊跃。

二、参展范围

儿童玩具、婴儿玩具、电动玩具、长毛绒填充玩具、益智玩具、户外运动玩具、木制玩具、模型、节日饰品、圣诞树及饰品等。

三、地点

纽约贾维茨会展中心（Javits Convention Center）。

四、主办者

美国玩具工业协会。

五、举办周期

每年一届。

六、官方网站

https://www.toyassociation.org。

美国拉斯维加斯珠宝展

一、简介

美国拉斯维加斯珠宝展（JCK）是世界上规模最大、影响最广泛的珠宝业盛会。作为国际知名的珠宝专业展览，美国拉斯维加斯珠宝展汇集了国际知名的珠宝品牌，并吸引着世界各地的专业买家，成为珠宝商拓展国际业务、树立品牌形象以及寻求国际合作的绝佳平台。

二、展品范围

黄金首饰；铂金首饰；白银首饰；珍珠；钻石和宝石首饰；金条、金币、金箔、金表和其他黄金制品；钻石；玉石；珍珠；宝石机械和设备；工具和技术；包装和陈列用品；相关产品和服务等。

三、地点

拉斯维加斯会展中心（Las Vegas Convention Center）。

四、主办者

励展集团。

五、举办周期

每年一届。

六、首届时间

1991年。

七、官方网站

https://lasvegas.jckonline.com。

瑞士巴塞尔国际钟表珠宝博览会

一、简介

瑞士巴塞尔国际钟表珠宝博览会是世界钟表和珠宝领域规模最大的展会，被视为全球奢侈品市场的风向标。展会的总面积约为16万平方米，每年有2 000多位展商参展，近10万名专业的观众买家和近2 500家国际媒体到会。

二、展品范围

各式钟表、手表及表带、各式珠宝、古董珠宝、名特珠宝、各种宝石、珍珠、银器、首饰等。

三、地点

瑞士巴塞尔展览中心。

四、主办者

MCH公司。

五、举办周期

每年一届。

六、首届时间

1917年。

七、官方网站

https://www.baselworld.com。

德国世界食品博览会

一、简介

德国世界食品博览会（ANUGA）是德国科隆国际展览公司主办的重要展览项目之一，是德国及国际食品饮料工业最重要的贸易展览会，也是世界上最大的食品及饮料贸易展览会。该展会每届都吸引着来自世界各地的食品、饮料生产商和专业贸易人士，是食品行业建立客户联系、订购产品的理想场所和交流盛会。展会清晰的布局（10个专业馆区分明显，使得参观者能够有目的、有选择地参观）、丰富的产品类目以及参展产品所具有的国际级水准，使得展会上大量的产品系列备受关注，保证了展会的高度影响力。

二、展品范围

基本食品和精细食品；冷冻食品；肉制品；冷藏食品；奶制品；面包、焙烤食品和热饮；饮料；餐饮技术；零售技术；美食和美食鉴赏；非处方药 OTC 论坛。

三、地点

德国科隆国际展览中心。

四、主办者

德国科隆国际展览公司。

五、举办周期

两年一届。

六、首届时间

1922年。

七、官方网站

http://www.anuga.cn。

意大利 Cosmoprof 美容展

一、简介

意大利 Cosmoprof 美容展创办于 1967 年，是全球美容品牌第一展，历史悠久、享有盛誉，每年定期在意大利博罗尼亚会展中心举行。2007 年，其净展出面积 7.5 万平方米，有来自世界 50 多个国家和地区的近 2 000 家企业参展，其中国际参展商达到 1 000 家，到会参观采购的专业观众达到 12 万人次，其中有 25% 属于国际采购商。世界绝大部分著名美容品公司都在这里设立了大型展位，发布最新的产品和技术。除了大量产品和技术，意大利 Cosmoprof 美容展还直接影响着世界潮流的走向。

二、展品范围

化妆品、香水、专业美发产品、美容用具、口腔卫生用品、家用卫生洗涤用品、家用芳香用品、礼品、首饰、发廊和化妆品专卖店用家具和器械、发廊用品和最新产品、专业美容院产品及设备、化妆品包装及原材料等。

三、地点

意大利博罗尼亚会展中心。

四、主办者

SOGECOS 和意大利博洛尼亚展览集团。

五、举办周期

每年一届。

六、首届时间

1967年。

美国国际电力展

一、简介

美国国际电力展（POWER-GEN International）由专业提供能源信息的国际知名企业——PennWell传媒公司举办，历届展会在全球范围内极具影响力和权威性，是位列全球第一的电力展会，同时也是全球范围的专业的电力行业产品交易场所。根据美国贸易展会周刊的调查，美国国际电力展也是美国前50个快速发展的展会之一。

二、展出内容

电厂发电技术、电厂运行与维护、新型燃气轮机技术、维修与检查、联合循环技术、未来服务概念、简单循环技术、性能提高解决方案与降低运营成本战略、燃气轮机燃煤电站改造、原动机经济学改良、联合发电、储运损耗管理与运营和维修服务外包、气化、自动化与控制系统、运作经验、锅炉改造；新增容量；以最低的成本发电、确保最佳性能的维护与维修技术、核电、输电系统、清洁煤炭与先进的煤炭燃烧技术；输电网发展：高压直流系统、高压交流系统、变电站设计、内燃机与柴油机、分布式发电、废物变能源、蒸汽轮机技术、超临界电厂、太阳能等。

三、地点

美国拉斯维加斯。

四、主办者

PennWell传媒公司。

五、举办周期

每年一届。

六、首届时间

1986年。

七、官方网站

https://www.powergen.com。

柏林国际旅游交易会

一、简介

一年一度的柏林国际旅游交易会（ITB）是国际旅游界公认的规模最大、层次最高、成果最为显著的国际旅游盛会，享有"世界旅游业奥林匹克"的盛誉。每年都有10 000多家参展商（其中80%来自国外）和175 000多名参观者来到柏林国际旅游交易会。参展企业是旅游业界的佼佼者，引领着国际旅游业的最新潮流。2008年的柏林国际旅游交易会吸引了来自全球186个国家和地区的企业前来参展，展场面积达16万平方米，分为40个展馆。

二、地点

柏林会展中心。

三、主办者

德国柏林展览公司。

四、举办周期

每年一届。

五、首届时间

1966年。

六、官方网站

https://www.itb.com/de。

德国柏林国际轨道交通技术展览会

一、简介

德国柏林国际轨道交通技术展览会（Innotrans）分为轨道技术展区、交通技术设施建设展区、隧道建设展区、公共交通展区和车辆内饰展区五大展区。为参展商的产品和技术提供了最佳的展示效果。展会现已成为全世界轨道交通行业规模最大、发展最快、专业观众最多的国际展览盛会。

二、展品范围

轨道交通车辆成套设备及组件，车辆保养技术与产品；车内装置设备，车辆内饰产品；轨道交通基础设施建设；公共轨道交通，包括固定设施、乘客信息系统、票费管理等；运输信息技术，包括交通管理、通信、数据处理、货运交通物流等；隧道建设，包括隧道建设机械设备与部件、材料与技术、通信和安全工程、通风系统、电力供应和照明系统等；轨道交通专业服务，包括咨询、科研等专业机构等。

三、地点

柏林会展中心。

四、主办者

德国柏林展览公司。

五、举办周期

两年一届。

六、首届时间

1996年。

七、官方网站

https://www.innotrans.de/en。

法兰克福车展

一、简介

法兰克福车展（Frankfurt Motor Show）创办于1897年，是世界上最大的车展，有"世界汽车工业奥运会"之称。在第35届之前，该车展的举办地在柏林，当时只有8辆机动车参展。此后搬迁到法兰克福，并确定一年为轿车展，一年为商用车展。展览时间一般在9月中旬，每两年举办一次，展览场地净面积22万平方米，展出产品主要有轿车、跑车、商用车、特种车、改装车及汽车零部件等。此外，为配合车展，德国还举行不同规模的老爷车展览。

二、地点

法兰克福会展中心。

三、主办者

德国汽车工业协会。

四、举办周期

两年一届。

五、首届时间

1987年。

六、官方网站

https://www.iaa.de。

巴黎车展

一、简介

享誉全球的巴黎车展（Paris Motor Show），自1898年创办以来，直至1976年每年一届，以后每两年一届，是世界第二大汽车展。巴黎车展的展览时间一般在9、10月间，每两年举办一次，与法兰克福车展交替举办，展览地点位于巴黎市区，共有8个展馆，展出产品主要有轿车、跑车、商用车、特种车、改装车、古董车、电动车及汽车零部件等。巴黎车展是国际车展中商业味最浓的一个。

二、地点

凡尔赛门展览中心。

三、主办者

Hopscotch Groupe 和 Plateforme Automobile（PFA）。

四、举办周期

两年一届。

五、首届时间

1898年。

六、官方网站

https://mondial.paris。

日内瓦车展

一、简介

日内瓦车展（The International Geneva Motor Show）是欧洲唯一每年都举办的大型车展。日内瓦车展每年3月份举行，是各大汽车商推出新产品的最主要的展出平台，素有"国际汽车潮流风向标"之称。日内瓦车展在展览面积7万多平方米的室内展馆举行，由于瑞士无汽车工业，日内瓦车展成为最无偏向性的国际车展。技术和观念是日内瓦车展的核心所在，因此高科技、高配置的豪华车和代表流行趋势的概念车是最大看点。日内瓦车展每年能吸引30多个国家和地区900多辆汽车参展，是世界上举足轻重的车展之一。车展期间，日内瓦大小饭店均告客满，由于人数众多，许多人不得不住到洛桑、苏黎世、伯尔尼等城市甚至邻近的法国。

二、地点

日内瓦 Palexpo 国际展览中心。

三、主办者

Orgexpo 基金会。

四、举办周期

每年一届。

五、首届时间

1905 年。

六、官方网站

https://www.gims.swiss。

北美车展

一、简介

北美车展（North American International Auto Show）创办于 1907 年，最先叫作"底特律车展"，是世界最早的汽车展览会之一，1989 年更名为"北美车展"，每年 1 月份举行。近年来，概念车在北美车展上所占的比例越来越高。北美车展展览面积约 8 万平方米，会议室、会谈室近百个。车展每年为底特律带来了可观的经济收益，年均 4 亿美元。

二、地点

美国底特律科博会展中心（Cobo Convention Center）。

三、主办者

北美车展组委会。

四、举办周期

每年一届。

五、首届时间

1907 年。

六、官方网站

https://www.naias.com。

东京车展

一、简介

东京车展（Tokyo Motor Show）创办于 20 世纪 40 年代，每年 10 月底举行，单数年为轿车展，双数年为商用车展，历来是日本本土生产的各种千姿百态的小型汽车唱主角。展馆位于东京附近的千叶县幕张国际展览中心，是目前世界上条件最好的展览中心之一。展出的展品主要有整车及零部件。

二、地点

日本千叶县幕张国际展览中心。

三、主办者

日本汽车工业协会（JAMA）。

四、举办周期

每年一届。

五、首届时间

1954年。

纽约国际车展

一、简介

始于1900年的纽约国际车展（New York International Auto Show）是北美地区历史最悠久、规模最大的车展之一。纽约车展每年在复活节之前拉开序幕，并于复活节之后的第一个星期天谢幕，为期9天左右。

二、地点

纽约贾维茨会展中心。

三、主办者

北美国际汽车工业协会。

四、举办周期

每年一届。

五、首届时间

1900年。

六、官方网站

https://www.autoshowny.com。

附录2 中国获UFI资格认证展览会名单（部分）

1.上海国际汽车工业展览会

2.中国国际工程机械、建材机械、工程车辆及设备博览会

3.北京国际工程机械展览与技术交流会

4.中国长春国际汽车博览会

5.中国国际服装服饰博览会

6.中国国际投资贸易洽谈会

7.国际医疗仪器设备展览会

8.北京国际印刷技术展览会

9.国际制冷、空调、供暖、通风及食品冷冻加工展览会

10.中国东莞国际鞋展·鞋机展

11.中国（深圳）国际钟表珠宝礼品展览会

12.中国国际医药（工业）展览会暨技术交流会

13.中国国际机床工具展览会

14.中国国际石油石化技术装备展览会

15.中国国际纺织机械展览会暨ITMA亚洲展览会

16.中国国际安全生产及职业健康展览会

17.中国（大连）国际服装纺织品博览会

18.中国国际模具技术和设备展览会

19.中国国际地面材料及铺装技术展览会

20.国际食品、饮料、酒店设备、餐饮设备、烘焙及服务展览会

21.中国国际家具生产装潢与装饰机械及配件展览会

22.中国国际高新技术成果交易会

23.国际名家具（东莞）展览会

24.广州（锦汉）家居用品及礼品展览会

25.锦汉纺织服装及面料展览会

26.中国国际铸造、锻造及工业炉展览会

27.多国仪器仪表学术会议暨展览会

28.中国国际加工、包装及印刷科技展览会

29.中国国际流体机械展（新加坡）

30.中国国际通信设备技术展览会

31.中国（深圳）国际品牌服装服饰交易会

32.深圳国际礼品、工艺品、钟表及家庭用品展览会

33.深圳国际玩具及礼品展览会

34.中国深圳国际机械及模具工业展览会

35.中国国际石材产品及石材技术装备展览会

36.中国国际林业、木工机械与供应展览

37.义乌国际袜子、针织及服装工业展（香港）

38.华南国际印刷展（香港）

39.中国国际电力展（香港）

40.中国国际塑料橡胶工业展览会（香港）

41.顺德木工展（香港）

42.华南国际包装技术展（香港）

43.中国国际线缆及线材展

44.中国国际管材展

45.中国（上海）国际建材及室内装饰展览会

46.中国国际染料工业暨有机颜料、纺织化学品展览会

47.中国（深圳）国际文化产业博览交易会

48.中国国际全印展-中国国际印刷技术及设备器材展

49.中国国际社会公共安全产品博览会

50.深圳国际家具、家居饰品、家具配料展览会

51.中国国际家居博览会

52.亚洲国际流体机械展

53.中国国际中小企业博览会

54.中国（上海）国际建筑节能及新型建材展览会

55.中国（东莞）国际纺织制衣、鞋机鞋材工业技术展

56.中国国际光电博览会（CIOE）

57.中国义乌国际小商品博览会

58.中国国际农用化学品及植保展览会

59.中国新疆国际煤炭工业博览会

60.成都国际汽车展览会

61.上海国际广告印刷包装纸业展览会

62.CTW肯尼亚中国贸易周

63.中国郑州工业装备博览会（ZIF）

64.杭州西博车展

65.广州国际渔博会

66.中国糖果零食展

67.中国国际化工展览会

68.大连国际工业博览会

69.北方（烟台）国际果业博览会